波普尔

论 开放社会与极权

Karl Popper

[奥地利] 卡尔·波普尔 著

石磊 编译

中国商业出版社

图书在版编目（CIP）数据

波普尔论开放社会与极权／（英）波普尔著；石磊编译．—北京：中国商业出版社，2016.2（2021.6重印）

ISBN 978-7-5044-9254-8

Ⅰ．①波… Ⅱ．①波…②石… Ⅲ．①波普尔，K.（1902～1994）—哲学思想 Ⅳ．①B561.59

中国版本图书馆 CIP 数据核字（2016）第 019926 号

责任编辑　姜丽君

中国商业出版社出版发行
010-63180647　www.c-cbook.com
（100053　北京广安门内报国寺1号）
新华书店经销
三河市悦鑫印务有限公司

* * * *

890 毫米×1260 毫米　16 开　16 印张　202 千字
2016 年 4 月第 1 版　　2021 年 6 月第 3 次印刷
定价：48.00 元

* * * *

（如有印装质量问题可更换）

序

如果本书就人类精神领袖中某些最伟大的人物讲了一些刺耳的话，我相信，我的动机并不是希望贬低他们。我的动机出于我的信念，即倘若我们的文明要继续存在的话，我们就必须破除遵从伟人的习惯。伟人可能会犯一些伟大的错误；而本书所试图表明的正是，以往的某些最伟大的领袖支持着对自由和理性的不断攻击。他们的影响极少受到挑战，对那些文明赖其保卫的人持续地加以误导，并使他们产生分化。如果我们犹犹豫豫，不能对公认为我们知识传统一部分的东西直言批判的话，这种悲剧性的、可能还是致命的分裂就会由我们来负责。由于不情愿对其中的某些东西加以批判，我们可能会助长对我们知识传统的彻底摧毁。

本书是一部政治哲学和历史哲学的批判性导言，也是对某些社会重建原则的审查。其目的和研究方法在《引言》中得到陈述。即使是回溯既往之处，书中的问题也是我们自己时代的问题；而我也竭尽所能简单地说明这些问题，希望能澄清我们全都关注的这些争议。

尽管本书以读者能接受新思想为唯一的先决条件，但其宗旨并不全然是对这些被加以探讨以求解决的问题进行普及推广。然而，出于服务于这两种意图的尝试，我将更具专业趣味的所有问题，都放在本书结尾所辑的《注释》之中。

目录

一、论历史主义 …………………… 001

　（一）历史主义和命运的神话 …… 001

　（二）赫拉克利特与变化观念 …… 004

　（三）柏拉图的形式论或理念论 … 011

　（四）柏拉图与理想国 …………… 027

二、论柏拉图的政治纲领 ………………… 046

　（一）论极权主义 ………………… 046

　（二）论领导的原则 ……………… 081

　（三）论乌托邦主义 ……………… 098

　（四）论开放的社会 ……………… 110

三、论社会学和社会革命 ………………… 145

　（一）社会学的决定论 …………… 145

　（二）社会学的自主性 …………… 151

　（三）资本主义及其命运 ………… 161

　（四）社会主义的来临 …………… 187

四、论马克思主义 ················· 199
  （一）论历史唯物主义 ············ 199
  （二）论阶级战争 ··············· 209
  （三）论法律和社会体系 ··········· 216
  （四）论社会革命 ··············· 232

一、论历史主义

（一）历史主义和命运的神话

人们普遍相信，对待政治学真正科学的或哲学的态度，和对一般意义上的社会生活更深刻的理解，必定建立在对历史的沉思和阐释的基础之上。尽管一般人认为生活环境、亲身经验和小坎小坷的重要性是理所当然的，但据说社会科学家和哲学家却必须从一个更高层面上眺望这些事情。在他们看来，个体的人是一个工具，是人类总体发展过程中一个微不足道的工具而已。他还发现，历史舞台上真正重要的演员要么是伟大的国家或伟大的领袖，要么就可能是伟大的阶级或伟大的观念。无论如何，他想试图理解历史舞台上演的这幕戏剧的意义；他想试图理解历史发展的法则。如果他在这方面获得了成功，他当然就能预测未来的发展了。那样，他就可以给政治学提供一个坚实的基础，并给我们提供可行的忠告，告诉我们哪些政治活动可能成功，哪些政治活动可能失败。

这是对一种我称之为历史主义的见解的简要描述。这种见解是一个古老的观念，或者更确切地说，是一系列松散地联系在一起的观念，这些观念不幸已完全成为我们精神氛围的一部分，人们通常将它们视为理所当然，几乎从未提出过质疑。

在别的地方,我已试图表明,历史主义对社会科学的态度导致了恶劣后果。我还试图概述一种我相信会产生更好结果的方法。

然而,如果历史主义是一种造成毫无价值后果的错误方法,那么,看一看它怎样产生,它怎样如此成功地确立自身的牢固地位,或许是有益的。同时,出于这个目的进行的历史概述,也有助于分析在历史主义中心学说周围积累起来的各种各样的观念——历史主义中心学说,即历史受控于明确的历史或演化法则,这些法则将使我们能够对人的命运进行预言。

就我以相当抽象的方式所作的描述而言,历史主义可以通过其种种形式中最朴素和最古老的一种——选民说充分加以说明。这个学说通过一种有神论的解释,即确认上帝为历史舞台上所上演的戏剧的作者,成为使历史得以理解的种种尝试之一。选民说更加明确地设定上帝挑选一个民族作为他意志选中的工具,这个民族将获尘世。

在这个学说中,历史发展法则由上帝的意志制定。这是区别历史主义的有神论形式同其他形式明确的相异之处。例如,自然主义的历史主义也许将发展法则看成自然法则;唯灵论历史主义会将其看成精神发展的法则;而经济历史主义又会将其看成经济发展的法则。有神论历史主义与其他这些形式的学说同样主张存在种种历史法则,这些法则能够发现,在它们的基础上能够做出关于人类未来的预测。

无疑,选民说产生于部落形式的社会生活。强调部落至高无上的重要性,离开部落,个人就微不足道,这种部落主义是我们将会在许多种形式的历史主义理论中发现的一个要素。不再是部落主义的其他形式的历史主义或许仍然保留一种集体主义要素;它们或许仍然强调某些团体或集体——例如,一个阶级——的重要性,离开这个团体或集团,个人便微不足道。选民说的另一个方面是它所提出作为历史目的的东西遥不可及。因为尽管以相当程度的明确性描述了这个目的,但要达到它我们还必须得走上一段漫长的路程。而这段路程不仅漫长,并且还弯弯曲曲,忽上忽下,忽左忽右。因此,终究有可能把想得到的历史事件妥善地放到解释框架中。没有想象得到的经验能够驳倒这个目标。而对那些相信这一点的人来说,它提供关乎人类历史终极结局的确定性。

在本书中,我将试图对有神论历史解释展开批判,还将指出某些最伟大的基督教思想指斥这种理论是偶像崇拜。因此,对这种形式历史主义的攻击不应被解释为是对宗教的攻击。在本章中,选民说仅仅作为一个例证而已。它在这方面的价值可以从这一事实中看到:它的种种主要特征为两种最现代形式的历史主义(对它们的分析将构成本书的主要部分)所共有——一方面(右翼的)种族主义或法西斯主义的历史哲学和另一方面(左翼的)马克思主义历史哲学。种族主义以选中的种族(戈比诺的选择)取代选中的民族,作为命运的工具,最终获得世界。马克思的历史哲学以选中的阶级取代选中的民族,作为创造无阶级社会的工具,同时,这个阶级也注定获得世界。这两种理论都将其历史预言建立在最终发现一种历史发展法则的历史解释上。就种族主义而论,这种法则被看作一种自然法则;选中的民族在血缘上的生物学优越性对历史进程——过去、现在和未来进行了解释;它只能是种族间争夺控制权的斗争。就马克思的历史哲学而论,这个法则是经济法则;全部历史被解释为阶级间争夺经济优势的斗争。

这两个运动的历史主义特征使我们的研究引人注目。在本书的下文中,我们将回头再谈这两个运动,它们之中每一个都直接回溯到黑格尔哲学。因此,我们也必须论及那个哲学。而既然黑格尔基本上是沿袭某些古代哲学家的,因而,在返回这些历史主义的更现代的形式之前,讨论赫拉克利特、柏拉图和亚里士多德理论,将是很必要的。

(二) 赫拉克利特与变化观念

并不是直到赫拉克利特，我们才在希腊发现种种就其历史主义特征而论堪与选民说相提并论的理论。在荷马的有神论或更确切地说多神论的解释中，历史是神的意志的产物。但荷马的诸神并不制定历史发展的普遍法则。荷马试图强调和解释的不是历史的统一性，而恰恰相反，是历史没有统一性。历史舞台上戏剧的作者不是独一无二的上帝；形形色色的神祇全都涉笔于此。荷马的解释与犹太人的解释的共同之处是某种模糊不清的命运感和有关种种幕后力量的观念。但荷马并未揭示出终极命运，与相对应的犹太人的解释不同，荷马的解释仍是神秘主义性质的。

第一位提出更为显著的历史主义学说的希腊人是赫西奥德，他或许受到源于东方的影响。他使用了历史发展普遍倾向或趋势这个观念。他对历史的解释是悲观主义的。他相信人类在自黄金时代以后的发展过程中，注定在物质和道德这两方面要退化。早期希腊哲学家提出各种历史主义观念，其高潮随着柏拉图的出现而到来，他在解释希腊各部落，尤其是雅典人的历史和社会生活的尝试中，为世界描绘了一幅宏伟壮观的哲学图景。在其历史主义中，他受到各位先驱，特别是赫西奥德的强烈影响；但最重要的影响却是来自赫拉克利特。

赫拉克利特是位发现了变化观念的哲学家。到这时，受东方观念影响的希腊哲学家已经将世界看成一座以物质性的东西为建筑材料的巨型大厦。这就是事物的总体——宇宙（其原意似乎是一种东方的帐篷或遮盖物）。哲学家对自己提出的问题是"世界由什么质料构成"或"它怎样建构的，它的实际蓝图是什么样的"。他们将哲学或物理学（二者长期难以区分）看成对"自然"，即建构世界这座大厦的原初物质的研究。无论任何过程，都被想象成不是在这座大厦内部进行，就是建构或维持这座大厦，打乱和恢复人们认为基本上是静止的结构的稳定平衡。它们是循环的过程（除了与这座大厦之由来相关的那些过程以外；东方人、赫西奥德和其他人讨论了"谁建造了它"这个问题）。这种十分自然的看法甚至在今天对我们也很自然，它被赫拉克利特以其天赋所取代。他提出的观点是这种大厦、稳定结构和宇宙根本就不存在。他的格言之一是，"宇宙充其量像胡堆乱放的垃圾堆"。他没有将世界设想为一座大厦，反而将其设想成一个其大无比的过程；没有将其设想为一切事物的总和，反而将其设想为一切事件或变化或事实的总和。"万物皆流，无物常驻"是其哲学的座右铭。

　　赫拉克利特的发现在很长一段时间里影响了希腊哲学的发展。巴门尼德、德谟克利特、柏拉图以及亚里士多德等人的哲学全都可以被恰如其分地看作解决赫拉克利特所发现的那个变化世界各种问题的尝试。这个发现之伟大怎样评价可能都难说过高。它已被描述成一个可怕的发现，其后果已与"一场事物……似乎都在震荡的地震"的后果相提并论。而且我也不怀疑，由于所处时代的社会动乱和政治动乱，赫拉克利特本人遭受了可怕的经历，这使他对这个发现刻骨铭心。赫拉克利特是第一位不仅论述"自然"，而且更多地论述伦理—政治问题的哲学家，他生活在一个社会革命的时代。正是在他的时代，希腊的部落贵族开始让位于新的民主势力。

　　为了理解这场革命的后果，我们必须回顾部落贵族制的稳定刻板的社会生活。社会生活由社会禁忌和宗教禁忌决定；每个人在整个社会结构中都有其指定地位；每个人都觉得他的地位是适当的"自然的"位置，它是由统治世界的种种力量指定给他的；每个人都"了解他的地位"。

　　根据传统说法，赫拉克利特本人的地位是以弗所祭司王王族继承人，但他把这个权利转让给他的兄弟。尽管他高傲地拒绝参与其城邦的政治生活，但他却支持那些贵族的事业，他们枉费心机，试图遏止新生革命力量的兴起之势。在社会和政治领域中的这些经历在其著作的残片中有所反映。"以弗所每个成人都应该吊死自己，把城邦留给未成年的少年统治……"，这是赫拉克利特的一次情感爆发，原因是人民决定放逐他的一位贵族朋友赫尔莫多罗。他对人民动机的解释极其有趣，因为它表明，自民主制的最初岁月以来，反民主论点的手法就不曾改变过。他们说："我们中间不应有优秀的人；要是有谁出类拔萃的话，那就让他到别处，与别人为伍吧！"对民主制的这种敌意在残篇中随处可见："群氓像畜牲一样填饱肚皮……他们将游吟诗人和大众信仰奉为圭臬，而意识不到其中许多东西是坏的，只有很少东西是好的。……泰乌塔米斯的儿子比亚斯住在普列尼，他的话比其他人的话更有价值。

但赫拉克利特为其城邦的古代法律进行的战斗是徒劳无功的，万事万物的转瞬即逝给他留下强烈的印象。他的变化论表达了这种感觉："万物皆流。"他说："人不能两次踏入同一条河流。"由于理想破灭，他反对既存社会秩序将永久不变这种信念："我们不能像孩子一样行事，他们是通过'由于它是从过去传给我们的'这种狭隘观念培养成人的。"

对变化，特别是社会生活变化的这种强调，不仅是赫拉克利特哲学的一个重要特征，也是历史主义者普遍具有的一个重要特征。事物在变，甚至国王也在变；对那些认为社会环境天经地义的人来说，特别有必要强调一下这个事实。这些全都应当认可。但赫拉克利特哲学却表露了历史主义的一个不太值得称道的特征，即对变化的过分强调，与对一种不可更易、永远不变的命运法则的信仰，彼此兼具并存，相互补充。

在这种信念中，我们会面对这样一种态度，尽管乍看之下它与历史主义者对变化的过分强调相矛盾，但却是绝大部分——如果不是全部的话——历史主义者特有的态度。如果把历史主义者对变化的过分强调解释为他们克服对变化观念的无意识抵触所不可或缺的努力的征兆，我们或许能说明这种态度。这也说明一种紧张情绪，这种紧张情绪使如此之多的历史主义者（甚至在今天），对他们闻所未闻的新奇发现大加强调。这样的想法暗示这种可能性：这些历史主义者害怕变化，不经过激烈的内心交战，他们就不可能接受这种变化观念。常见的情形似乎是，他们试图坚持变化由一个不变的法则所驾驭这种观点，以减缓自己对稳定世界的不复存在所产生的失落感（在巴门尼德和柏拉图那里，我们甚至会发现这个理论：我们所寄居的变化世界是一种幻象，此外还存在一个更加真实的不变的世界）。

就赫拉克利特而言，强调变化使他得出这种理论，一切物质实体，无论是固体、液体还是气体，都如同火焰——它们与其说是物体，毋宁说是过程，它们都是火的变形；外表呈固体的土（由灰尘构成）不过是一团改变了形态的火，甚至液体（水、海）也是变形的火（并且或许以油的形态可以成为燃料）。"火首先转化为海，而海的一半是土，一半是热气。"因而其他所有"元素"——土、水和空气——都是变形的火："万物都等换为火，而火也等换为万物；正如金子等换为货物，货物也等换为金子。"

但在将万物归结为火焰，归结为如同燃烧的过程后，赫拉克利特在这个过程中分辨出一个法则、一种尺度、一种理性、一种智慧；而在摧毁宇宙大厦，将其宣称为一座垃圾堆之后，他又重新提出宇宙是世界过程中各种事件的预定秩序。

世界上的每个法则，特别是火本身，都依据一个明确的法则——它的"尺度"而发展。它是一个不可改变、不可抵制的法则，在此程度上它既类似我们现代的自然法观点，又类似现代历史主义者的历史或进化法则。但国家强加的法律是通过惩罚实施的理性敕令，就此而言，它又不同于这些观点。一方面是法律律令或法律准则，另一方面是自然法则或自然规律，不能在二者之间做出这种区分是部落禁忌制度的特征：两种法则一视同仁，皆被看作神秘的东西；这使得对人为禁忌进行理性批判，如同对自然世界的法则或规律这种终极智慧或理性尝试改良一样，简直不可想象："一切事件皆因命运的必然性而产生……太阳不会越出其轨道的尺度；否则正义的侍女——命运女神便会将其找出来。"但太阳并不仅仅是服从这个法则；火以太阳和（我们将看到的）宙斯的雷电的形式，守护着这个法则，并依其进行裁决。"太阳是时间的管理者和监护者，限制、裁决、宣示和彰显变化产生万物季节……这个宇宙秩序即万物既不是由神祇，也不是由人创造；它过去、现在、将来一直是一团永恒的活生生的火，按照尺度燃烧，按照尺度熄灭……火在其升腾中占据、裁决和处置万物。"

与历史主义毫无怜悯的命运观念相关，我们频频发现一种神秘主义的成分。这里，我只想指明反理性主义和神秘主义在赫拉克利特哲学中的角色，"太阳喜欢隐藏起来"，他写道，而且"在德尔斐发布谶语的主人既不说明，也不掩盖，而是通过征象表明他的意思"。赫拉克利特轻视那些更具经验主义思想的科学家，这是采纳这种看法的那些人的典型特征："博学者并不一定很有思想，否则赫西奥德、毕达哥拉斯以及克塞诺索尼就更有思想了……毕达哥拉斯是骗子的鼻祖。"与其对科学家的轻视相伴而生的是神秘的直视知性论。赫拉克利特的理性理论以这个事实为其出发点：在我们醒着时，我们生活在一个共同的世界中。我们可以相互联系，相互控制，相互制约；而此中存在一种我们不做假象的牺牲品的信念。然而，这种理论还被赋予一种次要的象征性神秘含义。提供给选民们，提供给那些醒着的、有视、听、说能力的人们的，正是这种神秘直觉论："人们不应像睡着了一样行动和讲话……那些醒着的人拥有独一的共同世界；那些睡着的人则转入他们的各自世界。……他们没有听说的能力……即使听得见，他们也像聋子一样。这个谚语适用于他们：他们存在却又不存在……智慧只是一种事情：理解通过万物主宰万物的思想。"对那些醒着的人来说，对这个世界的感受是共同的，这个世界是个神秘的统一体，是万物的同一状态，只能通过理性来理解："人们必须遵循人人共有的东西……理性是人人共有的……万物为一，一为万物……一是唯一的智慧，它愿意又不愿被称为宙斯……它是主宰万物的雷霆。"

赫拉克利特有关宇宙的变化和隐藏的命运的哲学较普遍的特征就谈到这里。从这种哲学中产生了一种有关一切变化背后的驱动力的理论；这个理论通过强调与"社会静力学"相对立的"社会动力学"，显示其历史主义特征。赫拉克利特关于一般意义上的自然，特别是社会生活的动力学，进一步确认了这种观点，他的哲学受到他所经历的社会和政治动乱的激发。因为他声称冲突或战争是一切变化、特别是人们之间一切差别的动力和创造性源泉。而作为一个典型的历史主义者，他将历史审判当作道德审判来接受；因为他坚持主张战争的结果是公正的："战争是万物之父，也是万物之王。它证明这些是神，那些仅仅是人，让这些人变成奴隶，而让前者变成主人……人们必须晓得，战争是普遍的，正义即是冲突，万物通过冲突和必然性而生成。"

但倘若正义就是冲突或战争，倘若"命运女神"同时又是"正义之神的侍女"，倘若历史，或更确切地说，成功，即战争中的成功，是价值尺度，那么，价值标准本身必定在"流变"。赫拉克利特通过其相对主义和对立统一学说对待这个问题。这来自他的变化理论（这种理论仍然是柏拉图理论的基础，更有甚者，还仍然是亚里士多德理论的基础）。一种变化的事物必定要放弃某些属性，才能获得相反的属性。它并非全然等同于由一种状态向相反状态转化的过程，因而是相对立状态的统一："冷的物体变暖，暖的物体变冷；湿的东西变干，干的东西变湿……疾病能使我们重视健康……生与死、醒与睡、青年与老年，所有这些都是同一的；因为一种情形转变成另一种情形，而后者又变回前者……对立统一于自身：这是一种产生于相对立状态的和谐，就与弓与琴的情形一样……相反的东西彼此归属，不和谐的音调形成最美的和谐，一切皆由冲突生成……向上的道路和向下的道路是同一条……直路和弯路是同一条路……对于神祇来说，万物皆美，皆善，皆正义；而人们则将一些东西看成不义的，而将另一些看成正义的……善与恶是一回事。"

但是，上述残篇中所表达的价值相对主义（它甚至可以被说成一种道德相对主义），并没有阻止赫拉克利特在其战争正义和历史审判理论的背景上发展出一种部落主义的浪漫伦理，其中名誉、命运和伟人至上等，十分令人惊诧地类似某些十分现代的观念；"战死者将受到神祇和人们的赞美……战死得越伟大，命运也就越荣光……最优秀者追求一种超越于其他一切的东西：永恒的名誉……一个人如果伟大的话，就抵得上一万个人。"

令人吃惊的是，从这些公元前几百年一直流传至今的早期残篇中，竟然能找到如此之多现代历史主义和反民主趋势的特征。赫拉克利特是位才能和创造力无与伦比的思想家，因此，他的观念有许多（通过柏拉图的中介）已成为哲学传统的一个主要部分；但除了这个事实，学说上的相似性或许可以在某种程度上通过相关时期社会条件的相似性加以解释。似乎在社会大变动的时代里，各种历史主义很容易凸显出来，他们在希腊部落生活解体时出现过，在犹太人的部落生活为巴比伦征服的冲击所粉碎时也出现过。我相信，几乎不可能存在什么疑问，赫拉克利特的哲学表达了一种漂泊感；这种感觉似乎是对古代部落形式社会生活的解体产生的典型回应。在近代欧洲，在工业革命期间，尤其是通过美国和法国政治革命的冲击，各种历史主义观念又复兴起来。黑格尔是对法国大革命所产生的回应的代言人，他从赫拉克利特思想中获益甚多，并把这些东西传输给所有历史主义运动；这似乎不仅仅是一种巧合。

（三）柏拉图的形式论或理念论

柏拉图生活在一个战乱和政治冲突的时期，据我们所知，这一时期甚至比困扰赫拉克利特的那个时期还要动荡不安。在他成长期间，希腊人部落生活的崩溃在其出生的城市雅典造成一个僭主制时期，后来又导致民主制的建立；这个民主制竭力保卫自身，提防任何重蹈僭主制或寡头制，即显赫贵族家族的统治的任何企图。在其青年时期，民主制的雅典卷入一场反对伯罗奔尼撒半岛的首要城邦斯巴达的生死之战；斯巴达一直保留着许多古代部落贵族制的法律和习俗。伯罗奔尼撒战争持续了18年之久，其间仅中断一次（第10章更加详尽地重温这个历史背景，在这一章中人们将看到，这场战争并非像人们有时所力主的那样，随着公元前404年雅典的失败而结束）。柏拉图生于战争期间，而战争结束时他差不多24岁了。战争带来可怕的流行病，在其最后一年还造成饥馑、雅典城陷落、内战，以及通常被称为三十僭主统治的恐怖统治；这些僭主由柏拉图的两个舅父领导，这两人在维护其统治、反对民主派的企图失败时丢掉了性命。民主制和和平的重建并非就意味着柏拉图的痛苦得到缓解。他所挚爱的老师苏格拉底被处以极刑；后来他使其成为他的大多数对话的主要发言人。柏拉图本人似乎也一在身处危险之中；他和苏格拉底派的其他同人一起离开了雅典。

后来，当第一次访问西西里岛时，柏拉图卷入到叙拉古僭主老狄奥尼修斯的宫廷政治阴谋中，甚至在返回雅典建立学园后，柏拉图和他的一些学生一起，继续积极并最终决定性地介入构成叙拉古政治的阴谋和革命之中。

这个有关政治事件的概要或许有助于解释为什么在柏拉图著作中，如同在赫拉克利特著作中一样，可以找到他在政治上动荡不安时期备受苦难的痕迹。和赫拉克利特一样，柏拉图有王族血统；至少，传说其父亲的家族可溯源到阿提卡最后一个部落王科德鲁斯。柏拉图对其母亲的家族颇为自豪，根据他在其对话（《卡尔米德篇》和《蒂迈欧篇》）中的说明，他母亲的家族与雅典立法者梭伦的家族有关。他的舅父，三十僭主的领袖人物克里底亚和卡尔米德，也属于其母的家族。由于这种家族传统，柏拉图理所当然地对公共事务深为关注；而事实上，他的大多数著作都是对其期望的满足。他本人提到（如果《第七封信》真实的话），他"从一开始便极其渴望政治活动"，但他青年时期的动荡经历阻止了他。"看到万物都毫无目标地摇来摆去，我感到眩晕和绝望。"我相信从社会、进而"万物"都在流变这种感觉中产生了他和赫拉克利特哲学的动因；正如他的历史主义前辈所为，柏拉图提出历史发展法则时对其社会经验进行了概括。这一法则，下一章更加充分地讨论。根据这一法则，所有社会变化都是腐败、退化或衰亡。

这一基本的历史法则，在柏拉图看来，是宇宙法则——对所有被创造物或生成物都适用的法则——的一部分。一切流变物，一切生成物注定要退化。和赫拉克利特一样，柏拉图意识到在历史上发挥作用的力量是宇宙力量。

然而，几乎可以肯定的是，柏拉图相信这个衰败法则并非全部实情。在赫拉克利特身上，我们已发现一种把发展法则设想为循环法则的倾向；这些法则是按照决定季节循环交替的法则设想的。同样，在柏拉图的某些著作中，我们也能发现大年的提法（其时间长短似乎是36000个普通年），其改进或生成时期，大概相当于春夏两季，退化或衰亡时期，相当于秋冬两季。根据柏拉图的对话中的一篇《政治家篇》，黄金时代，即克罗诺斯时代——一个克罗诺斯本人统治世界，人们在地球上产生的时代——之后是我们自己的时代，即宙斯时代。这一时代中，众神抛弃了世界，任世界独立运转，因而这个时代顺理成章地是一个日益衰败的时代。而且《政治家篇》的叙述还示意,在彻底衰败到最低点之后,神将再度为宇宙这艘船掌舵,事情将开始改善。柏拉图在多大程度上相信《政治家篇》中的这个故事,人们尚不能确定。他相当清楚地表明他不相信故事全然真实。另外,几乎毋庸置疑,他在宇宙背景中去想象历史;他相信他自己的时代是一个腐败深重——或许是所能达到的至深程度——的时代,先前的整个历史时期都受内在的衰败趋势支配,这一趋势是历史发展和宇宙发展二者共有的。他是否相信一旦衰败达到极点,这种趋势必然注定要终结,这一点我无法确定。但他肯定相信通过人为的,或更确切地说是超人的努力,我们有可能克服这个致命的历史趋势,终结衰败过程。

正如柏拉图和赫拉克利特之间存在很大的相似性,我们在此还发现二者之间的一个重大差异。柏拉图相信,人的道德意志在人类理性力量的支持下,可以违背历史命运法则——衰败法则。

柏拉图如何调和这种观点和命运法则信念,我们尚不很清楚。但存在一些迹象,能够解释这个难题。

柏拉图相信衰败法则直接导致道德退化。至少在他看来,政治腐败主要取决于道德退化(和知识贫乏);而道德退化则主要归咎于种族退化。正是通过这种方式,衰败这一普遍宇宙法则在人类事务领域中体现自身。

因此,可以理解,重大的宇宙转折点会同人类事务领域——道德和知识领域——的转折点同时出现,所以,对我们来说,它可能是人类在道德和知识上的努力造成的。或许柏拉图完全相信,正如衰败这一普遍法则在道德退化导致政治腐败过程中体现自身,宇宙转折点同样通过一个立法者的出现体现出来,这个立法者有能力以其推理能力和道德意志结束政治腐败时期。或许《政治家篇》中回归黄金时代——新的千禧年的预言,是这样一种信念的神话表达方式。不管这是否可能,他确确实实地对二者都相信——既相信衰败这一普遍历史趋势,也相信我们或许会通过抑制一切历史变化,进而阻止政治领域的腐败。因此,这是他的奋斗目标。他实现这目标的方式,是建立一个没有其他所有国家的邪恶的国家,因为它不衰败,它不变化。没有变化和腐败之恶的国家是尽善尽美的。它是不知变化为何的黄金时代国家。它是受到抑制的国家。

由于对这样一个不变的理想国的信念,柏拉图从根本上背离了我们在赫拉克利特身上发现的历史主义信条。但与这种差异同样重要的是,它造成柏拉图和赫拉克利特之间更多的相同点。

赫拉克利特尽管推论唐突,但似乎回避了以混沌取代宇宙的观念。据我们揣摩,他似乎坚持变化由一个不变法则支配的观点,以自慰失去一个安定的世界。这种从历史主义最终后果回缩的趋向也许是历史主义者的典型特征。

在柏拉图身上,这种趋向至为重要(在此他受到赫拉克利特的伟大批判者巴门尼德的哲学的影响)。赫拉克利特将社会变动的经历扩及"万物"世界,以对其进行概括,而我也暗示过,柏拉图也是这样做的。但柏拉图还把他对一个不变的完美国家的信念扩大到"万物"领域。他相信对各种普通的或衰败的事物而言还存在一种不衰败的完美事物。这种对完美的不变事物的信念通常被称为形式论或理念论,并成为柏拉图哲学的核心学说。

柏拉图相信,我们可能会违背必然进程的严格规律,并且由于阻止住一切变化而避免衰败。这表明他的历史主义倾向是有一定限度的。不妥协的和充分展开的历史主义不敢承认人们由于做出努力就能改变历史必然规律,尽管人们已经发现那些规律。它将坚持,人们不可能做出相反的事情,因为人们的全部计划和行动都是那条不可改变的发展规律用来实现人们的历史天命的手段而已;如同俄狄浦斯所遭到的命运是由于那个预言以及他父亲为了避免俄狄浦斯的命运而采取的措施,而不是与所有这些无关。为了对这种彻底的历史主义的态度有较好的理解，并且为了分析在柏拉图的信念中所固有的相反倾向（他相信他能影响命运），我将把我们在柏拉图身上所发现的历史主义同一种与此截然相反的态度加以对比。该种态度也是在柏拉图身上发现的，可以称之为社会工程师的态度。

社会工程师并不关心历史趋势或人类命运。他相信人是历史的主宰，相信我们可以按照我们的目的来影响或改变人类历史，就像我们已经改变地球表层一样。他并不相信这些目的是我们的历史背景或历史趋势强加给我们的，而认为这是我们自己的选择或创造，就像我们创造新的思想、新的艺术作品、新的房子或新的机器一样。历史主义者则认为，只有首先判定历史的未来进程，才能有明智的政治行动。然而，与历史主义者相反，社会工程师认为，政治的科学基础将是完全不同的另一回事儿；它是按照我们的愿望和目的来创造和改变各种社会建构所必需的事实知识。这种科学必须告诉我们，比方说，如果我们希望避免经济衰退或出现经济衰退，或者如果我们希望财富分配较为平均或较为不平均，我们就要采取哪些步骤。换言之，社会工程师把社会工艺视为政治的科学基础（我们将看到，柏拉图把它比作医学的科学背景）。而历史主义者则与此相反，他们认为政治的科学基础是不可改变的历史趋势的科学。

绝不能从我就社会工程师的态度所说的话得出结论说，在社会工程师的队伍中不存在重大分歧。恰恰相反，我们说的"零星社会工程"和"乌托邦社会工程"这二者之间的区别是本书的主要论题之一（参阅第9章，在那里我将提出我的理由来倡导前者和拒绝后者）。但在此刻，我只论及历史主义者和社会工程师这二者对社会建构，如保险公司、警察、政府或杂货铺等所采取的态度，这样它们之间的对立也许就会更清楚了。

历史主义者主要以社会建构的历史这个观点，即从它们的起源、发展以及现在和未来的作用，来观察各种社会建构。他也许坚持说，它们的起源是由于某个计划或设计，由于对某些目的（人的目的或神的目的）的追求；或者他会断言，它们不是为了达到任何明确拥有的目的而被设计出来的，而是某些本能和情欲的直接表现；或者说，它们曾一度作为某些目的的手段，但它们已经丧失这个性质了。然而，社会工程师和社会工艺师不大关心社会建构的起源或它们的缔造者的原意（虽然没有理由说他不应该承认"只有少数社会建构是有意识地被设计出来的，而大多数社会建构是'生长'出来的，是人类活动未经设计的结果"）。他宁可这样提出他的问题：如果我们有某些目的，那么，这个建构是否设计得很好或组织得很好以服务这些目的呢？举例来说，我们可以考察保险公司这个建构。社会工程师或社会工艺师不大关心保险公司建构的起源是否作为一种谋划的事业；也不太关心它的历史使命是不是为公共福利服务。他可以对某些保险建构提出批评，或者表明如何可以增加利润，或者相反，表明如何使它们为公众带来好处；他也可以提出一些方法，使它们能够更有效地服务某个目的。还可以再举一个社会建构的例子，让我们考察一下警察部队。有些历史主义者可能将其描述为保护自由和安全的工具，而另一些历史主义者则把它视为阶级压迫和阶级统治的工具。然而，社会工程师和社会工艺师也许会建议采取一些措施，使它成为保护自由和安全的合适工具，他还可以设计出一些措施使它转为阶级统治的有力武器（由于他是一个追求他所信奉的目的的公民，他可以要求应该采取这些目的和适当的手段。然而，作为一个社会工艺师，他会仔细分清目的和选择的问题有别于事实问题，即所要采取的措施的社会效果问题）。

稍加概括地说，我们可以说，工程师和工艺师理智地把建构视为服务某些目的的手段，而且他作为一个工艺师完全按照它们的适当性、有效性、简单性等来评判它们。然而，历史主义者则试图发现这些建构的起源和历史必然性，以便估计它们在历史发展中所起的"真正作用"。例如,把它们评价为"上帝的意旨""历史必然的意旨"或"重要的历史趋势的工具",等等。所有这些并不意味着,社会工程师或社会工艺师要断言建构就是达到目的的手段或工具;他知道得很清楚,社会建构在许多重要的方面和机械工具或机器是很不相同的。例如,他不会忘记,它们的"生长"和有机体的生长情形有所相似(虽然并非完全相同);他知道这个事实对社会工程是很重要的。他不会赞成关于社会建构的"工具主义"哲学(没有人会说,一个橙子是一个工具,或者是某个目的的手段;但我们常常把橙子看作某个目的的手段,比方说,如果我们想吃橙子,或者以卖橙子谋生)。

历史主义和社会工程这两种态度有时会出现特殊的结合。这种结合的最早也许最有影响的例子,就是柏拉图的社会政治哲学。例如,一方面在前景中有一些显然是属于技术方面的因素,另一方面在背景中又突出了精心展现的历史主义特色。这种结合是相当多的社会政治哲学家的代表,他们创造出我在下面所描述的乌托邦系统。所有这些系统都提倡某种社会工程,要求采取某种建构手段来达到他们的目的,但那些手段并不总是切合实际的。然而,我们着手考察这些目的时,往往发现它们是取决于历史主义的。尤其是,柏拉图的政治目的在很大程度上取决于他的历史主义学说。首先,他的目的在于逃避赫拉克利特所说的表现为社会革命和历史衰败的流变。其次,他相信,建立一个如此完善以至不参与历史发展趋势的国家,就能做到这一点。最后,他相信他的完善国家的模型或原型可以在遥远的过去中,在历史初期曾出现过的黄金时代中被发现;因为如果世界在时间上是逐渐衰败的,那么我们回到过去越远就一定会发现越为完善的状况。这个完善的国家有点像其后的国家的老祖宗,而其后的国家好比是这个完善的或美好的或"理想的"国家的没落子孙;一个理想的国家不是一个幻想,不是一个梦,不是"我们心中的观念",而是由于它是恒定的，因而它比那些在流变中的并且容易在某个时候消失的衰败社会更为真实。

于是，甚至柏拉图的政治目的——最佳国家，基本上也是以他的历史主义为基础的。的确，他的国家哲学，正如我们已经表明的那样，可以扩大为关于"万物"的普遍哲学，扩大为他的形式论或理念论。

在流变中以及在衰败中的事物（例如国家）仿佛是完善事物的产物，是它们的子女。流变中的事物，像子女一样，是祖辈的摹本。它的父亲或原型就是柏拉图所说的"形式"或"模式"或"理念"。就像前文所说，我们必须表明，形式或理念，无论它被称作什么，都不是"我们心中的观念"，它不是一个幻想，不是一个梦，而是真实的事物。它确实比一切在流变中的一般事物更为真实，因为一般事物尽管看起来是实实在在的，但它们注定要衰亡，而形式和理念则是完善的，不会消失的。

不要认为形式或理念像可消失的事物那样存在于空间和时间之中。它们不但超越了空间，而且也超越了时间（因为它们是永恒的）。但它们又和空间和时间相联系。由于它们是那些被创造的并在空间和时间中发展的事物的先祖或模型，因此它们必须和空间有联系，并处在时间的起点。既然它们不是在我们的空间和时间中和我们在一起，因此它们不能通过我们的感官而被感知；而普通的、变化着的事物则同我们的感官有交互作用，因而被称为"可感知事物"。这些可感知事物是同一个模型或原型的摹本或子女，它们不仅和原型——它们的形式或理念——相似，而且它们彼此之间也相似，就像同一个家庭的子女彼此相似一样，就像子女用父亲的姓氏来称呼一样，所以可感知事物也采用它们的形式或理念的姓氏；正如亚里士多德说，"它们都是用它们的形式来称谓"。

就像儿子抬头看他的父亲一样，他在父亲那里看到一个理想，一个独一无二的模型,看到他所渴望的神一般的人格;这是完善、智慧、稳定、荣耀和美德的化身;是在他来到世界之前把他创造出来的力量,现在保护和抚养他;并且他因此而存在。柏拉图就是如此看待形式或理念的。柏拉图的理念是事物的原型或起源,是事物之理,事物存在的理由——是事物得以存在的恒定而持久的原则。它是事物的品质、理想和完善。

  柏拉图在他晚年的对话录之一《蒂迈欧篇》中,把一类可感知事物的形式或理念同子女的父亲相比。这个对话录和他的许多较早的著作十分相似,并对此给予相当的解释。但是,在《蒂迈欧篇》中,柏拉图比他的先前著作越出了一步,因为他以一阵微笑来说明形式或理念与时空世界的联系。他把可感知事物在其中运动的那个抽象"空间"(起先是天堂和尘世之间的那个空间或区间)描述为一个容器,并把它比作事物的母亲,并且在时间的起点上,形式在这个窗口中把可感知事物创造出来,给纯粹的空间打上形式的印记,从而给予这些被创造出来的事物以形状。柏拉图写道:"我们必须设想有三种东西。其一是经历生成的东西;其二是生成发生之处;其三是生成的事物与之相似的模型。我们可以把接收原则比作母亲,把模型比作父亲,把它们的产物比作子女。"他接着就更详尽地描述模型父亲,不变的形式或理念。他写道:"首先有不变的形式,它不是被创造的,也不是可毁灭的……是不能为任何感官所看见和感到的,而只能由纯粹的思维来沉思到的。"某个形式或理念所产生的可感知事物,是属于该形式或理念的,"它们是另一种东西,有着其形式的称谓并与该形式相似,但它们是可以由感官来感知的,是被创造的,是永远在流变之中的,是在某个空间生成又在该空间消失的,并且是通过基于感知的意见而被认识的"。对于比作母亲的那个抽象空间则作出如下描述:"第三种是空间,它是永恒的,不可毁坏的,它为一切被生成的事物提供住处……"

把柏拉图的形式论或理念论和古希腊的一些宗教信仰加以比较，对理解他这个学说可能有所帮助。在许多原始的宗教中，至少在一些希腊宗教中，诸神不过是理想化的部落的祖先和英雄——该部落的"品质"或"完善"的人格化。于是，一些部落和家族把他们的祖光追溯到某个神。（据说柏拉图自己的家族追溯到波塞冬神的后裔。）要知道这些神与凡人之间的关系如同柏拉图的形式或理念与其摹本（可感知事物）之间的关系（或他的完善国家与各种实存的国家之间的关系），那么，我们只需想到这些神是不朽的或永恒的而且是完善的——或者几乎如此——而凡人则不免处在万物流变之中。然而，希腊神话和柏拉图的形式论或理念论之间又有着重大的区别。希腊人把许多神奉为各个部落或家族的祖先，而理念论则要求人的形式或理念必须只有一个；形式学说的一个核心观点，就是认为事物的每一个"种"或"类"只有一个形式。形式的单一性相应于祖先的单一性，这是这个学说的必要因素，因为它要履行它最重要的功能，即解释可感知事物的相似性，这就是说类似的事物是一个形式的摹本或复印了。如果有两个等同的或相似的形式，它们的相似性就迫使我们设想这二者是第三个原型的摹本，于是第三个原型成为唯一真实的独一形式了。或者正如柏拉图在《蒂迈欧篇》中所说："这样，相似性就得更精确地不解释为这二者之间的相似，而要以另一个更超级的东西为准，其余二者只是它的副本。"在早于《蒂迈欧篇》的《理想国》中，柏拉图更明确地说明了他的观点。他以"本质的床"，即床的形式或理念为例来说明："神……造了一张本质的床，而且只造一张；没有造两张或两张以上，永远也不会……因为……假使神造了两张床，而且只造了两张床，那么就会出现另一张床，即那两张床所显示的形式；于是，这张床而不是那两张床就是本质的床了。"

这种议论表明，形式或理念不仅给柏拉图提供了在时间和空间中的各种发展的起源或始点（尤其是人类历史发展的起源或始点），而且给他提供了对同类事物之间的相似性的解释。如果事物之所以彼此相似是由于它们都有某个品质或性质（例如白、硬、善）的话，那么这个品质或性质就必定只有一个而且在该类一切事物中是同一个；否则它就不能使它们彼此相似了。按照柏拉图的说法，这些事物如果都是白色的，那么它们就都带有一个白的形式或理念；如果它们都是硬的，那么它们就都带有一个硬的形式或理念。说它们带有，其意思就像子女带有父亲的财产或天赋一样；就像一块刻画的复制品一样，它们都是从同一个刻板印出来的，因而彼此相似，它们可以带有原型的美。

这个理论是特意用来说明可感知事物的相似性的，乍看起来这似乎与历史主义毫无关系。但是，联系是有的；正如亚里士多德告诉我们的，正是这种联系才使柏拉图提出理念学说。我将对这个发展提出扼要的说明。我采用亚里士多德的评论以及在柏拉图自己的著作中的一些话。

如果万物是在不停地流变之中，那么，关于这些事物，就不可能作出确定的表达。我们对它们不能有任何真实的知识，而充其量只有含糊的和虚妄的"意见"。我们从柏拉图和亚里士多德那里知道，这一点曾使赫拉克利特的许多后继者感到为难。作为柏拉图的先辈之一并对柏拉图有很大影响的巴门尼德曾教导说，与经验的虚妄意见相反，纯粹的理性知识只能以一个不变世界作为它的对象，而且纯粹的理性知识事实上已揭开了这个世界。但是，巴门尼德认为他在可消灭的万物世界的背后已发现了不变的和不可分的世界，它与我们生死于其中的这个世界不相干。所以它不能解释这个世界。

柏拉图对此感到不满意。不论柏拉图如何讨厌和轻视这个流变中的经验世界，但他在内心深处对它却是很感兴趣的。他想揭开它的衰败的秘密，揭开它的剧烈变化的和不幸的秘密。他希望能够发现拯救它的方法。巴门尼德认为，在他所经受的这个令人迷惘的世界背后有一个不变的、真实的、实实在在的和完善的世界；这个学说给柏拉图以深刻的印象；但巴门尼德的这个说法并不解决他的问题，因为它和可感知事物的世界不相干。他所寻求的知识不是意见，而是关于不变世界的纯粹理性的知识，并且能够用这种知识来研究这个变化世界，尤其是探讨变化的社会政治变迁及其特有的历史规律。柏拉图的目的在于发现政治和统治艺术的高级知识的秘密。

然而，严格的政治科学就像关于流变中的世界的任何严格科学一样，似乎是不可能获得的。在政治领域中没有固定的对象。"政府"或"国家"或"城邦"这类词的意义随着历史发展的每一个新阶段而有所改变，这样，我们又如何讨论政治问题呢？在柏拉图看来，在他和赫拉克利特所处的年代里，政治学说似乎和政治实践一样不可捉摸、令人沮丧和深奥莫测。

在这种情况下，正如亚里士多德告诉我们，柏拉图从苏格拉底那里获得了一个极其重要的暗示。苏格拉底对伦理问题很感兴趣；他是一位伦理改革家，一位道德家；他找各种各样的人，要他们对自己的行为原则加以思考、解释和评论。他常常向他们提问，但对他们的回答不轻易表示满意。他所得到的典型回答——我们以一定的方式行事是因为如此行事是"明智的"或"有效的"或"正当的"或"虔诚的"等——这只是促使他接着提问：什么是明智、有效、正当或虔诚呢？换句话说，这引导他探讨某事的"品质"。于是，比方说，他讨论在各种买卖和行业中所表现的智慧，以便发现在各种不同的和变化的"明智"行为方式中的共同东西，进而发现智慧究竟是什么，或"智慧"究竟是什么意思，或者（用亚里士多德的话来说）它的本质是什么。亚里士多德说，"苏格拉底当然应该找寻本质"，即找寻一物的品质或理由，以及找寻这个词的真正的、不变的或本质的意义。"在这方面，他成为提出全称定义问题的第一人。"

苏格拉底对"正义"或"谦虚""虔诚"这些伦理学名词的讨论

已恰当地被拿来同近代关于自由的讨论（例如穆勒），或对权威的讨论，或关于个人与社会的讨论（例如卡特林）相比较。我们没有必要作出假定，苏格拉底在寻求这些名词的不变的或本质的意义时，把这些名词人格化或把它们看作事物一样。亚里士多德的记载至少表明他没有这样做，而正是柏拉图把苏格拉底寻求意义或本质的方法发展为判定一物的真实本性或形式或理念的方法。柏拉图保留"赫拉克利特的学说，认为一切可感知事物永远都处在流变的状态中，并且认为对这些事物的认识是不存在的"。另外，柏拉图在苏格拉底的方法中找到了克服这个困难的办法。尽管"对任何可感知事物不可能有定义，因为它们老是变化的"，但可以有关于各类事物（可感知事物的品质）的定义和真知。亚里士多德说："如果知识或思想要有一个对象的话，那么，除了可感知的东西之外，必须有不变的东西。"他在记述柏拉图时说："对这另一种东西，柏拉图称之为形式或理念，而可感知事物与它们不同，但都用形式来称谓。具有与某个形式或理念相同名称的许许多多事物因带有形式或理念而存在。"

亚里士多德的评述和柏拉图自己在《蒂迈欧篇》所提出的议论十分吻合。这表明柏拉图的根本问题在于发现一个科学的方法来研究可感知事物。他希望获得纯粹的理性知识，而不是仅仅获得意见；由于可感知事物的纯粹知识是不可能得到的，于是，正如上面所说的，他坚持至少要获得在某个方面与可感知事物相联系并能应用于它们的那种纯粹知识。关于形式或理念的知识能满足这个要求，因为形式与它的可感知事物有联系，就像父亲和他的未成年子女有联系一样。形式是可感知事物的当然代表。因此，在涉及流变世界的重大问题上，可以去请教它。

根据我们的分析，柏拉图关于形式中理念的学说在他的哲学中至少有三种不同的功能。（1）它是一个最重要的方法论设计，因为它使纯粹的科学知识成为可能，甚至使能够应用于变幻事物的世界的知识成为可能（对于变换事物的世界，我们不能直接获得任何知识，而只能获得意见）。因此，探讨变动的社会的各种问题和建立政治科学就成为可能了。（2）它给迫切需要的变化学说和衰败学说以及生成和衰亡的学说提供线索，尤其是为研究历史提供线索。（3）它在社会的领域里打开了一条通向某种社会工程的道路；它使制造工具来阻止社会变化成为可能，因为它建议要设计一个"最美好的国家"，这个国家同国家的形式或理念如此相似，以致它不会衰败。

问题（2），即关于变化和历史的学说，将在下两章，即第4章和第5章讨论。那两章将讨论柏拉图的描述性的社会学，即他对他所处的变动社会的描述和解释。问题（3），关于社会变化的阻止，将在第6章至第9章论及，并讨论柏拉图的政治纲领。问题（1），关于柏拉图的方法论，已在本章借助亚里士多德对柏拉图学说的历史评论作了简要的概括。关于这个讨论，我想在这里再说一些话。

我用方法论本质主义这个名称来表示柏拉图和许多他的后继者所主张的观点。这种观点认为，纯粹知识或"科学"的任务是去发现和描述事物的真正本性，即隐藏在它们背后的那个实在或本质。柏拉图尤其相信，可感知事物的本质可以在较真实的其他事物中找到，即在它们的始祖或形式中找到。其后有许多方法论本质主义者，例如亚里士多德，在这一点上虽然和他并非完全相同，但是他们都和他一样都认定纯粹知识的任务是要发现事物的隐藏本性、形式或本质。所有这些方法论本质主义者都和柏拉图一样认为，本质是可以借助智性直觉来发现并识别出来的；认为每一本质都有一个专门的名称，而可感知事物则按该名称来称谓；认为它是可以用语词来描述的。对事物本质的描述被称为"定义"。根据方法论本质主义，可以有三个方法来认识事物："我的意思是，我们能够认识事物的不变实在或本质；我们能够知道本质的定义；我们也能够知道它的名称。因此，关于任何实在的事物都可以提出两个问题……即人们可以给出名称和寻求定义；或者可以给出定义和寻求名称。"柏拉图用"偶数"（与"奇数"相对立）的本质作为这种方法的一个例子。"数……可以是能分为相等部分的事物。如果它可以如此划分，那么该数被称为'偶数'；'偶数'这个名称的定义就是'可以分为相等部分的数'……当我们被给出这个名称并被问及定义时，或者当我们被给出定义而被问及名称时，在这两种情况下，我们都说及同一个本质，不管我们现在把它称为'偶数'或者把它称为'可分为相等部分的数'。"提出这个例子之后，柏拉图接着用这个方法来"证明"灵魂的真正本性。关于这一点，我们在下面就知道了。

方法论本质主义认为科学的目的在于揭示本质并且用定义加以描述。把这种学说与其对立面，即方法论唯名论相对照，就可以对它有较好的了解。方法论唯名论的目的不是要发现事物确实是什么，不是要给事物的真正本性下定义；它的目的在于描述事物在各种情况下的状态，尤其是在它的状态中是否有规律性。换句话说，方法论唯名论认为，科学的任务是描述经验中的事物和事件，是"解释"这些事件，即借助一些普遍规律来描述它们。它在我们的语言中，尤其是在一些语言规则中找到科学描述的重要工具，而那些语言规则可分清什么是合适结构的语句和推理，什么是纯属一堆语词。方法论唯名论把语词看作实现这个任务的辅助工具，而不是看作本质的名称。它不会认为"能是什么"或"运动是什么"或"原子是什么"这类问题是物理学的重要问题；而认为"怎样利用太阳能"或"某个行星是怎样运行的"或"在什么条件下原子会辐射光"等问题才是重要的问题。如果有些哲学家对方法论唯名论者说，在没有回答"是什么"的问题之前就无法精确解答"是怎样"的问题，那么，他若要回答的话，他就表明，他宁要他的方法所能达到的那种一般精确度，也不要他们的方法所达到的那种狂妄的含糊。

正如我们的例子表明的，目前方法论唯名论在自然科学中已被广泛接受。然而，社会科学的问题大部分仍然用本质主义的方法来处理。我认为这是社会科学之所以落后的主要原因之一。现在已有许多人注意到这种状况。但他们对此又有不同的看法。他们认为，方法上的不同是必要的，它反映了两个研究领域之间的"本质"差别。

通常用来支持这种看法的论点是强调社会变化的重要性，这显露出历史主义的其他方面。物理学家有着典型的论点。他所研究的对象，例如能量或原子，虽然是变化的，但保持一定程度恒定性。他可以描述这些相对不变的实体所出现的变化，而没有必要去构想或洞察本质或形式或类似的不变实体，未获得永久的东西，以便给予确定的陈述。然而，社会科学家的情况却完全不同。他的全部研究领域都是变化的。在社会领域里没有永久的实体，一切都处在历史河流的冲击之中。例如，我们怎么能够研究政府呢？如果不假定在各个历史时期出现的不同国家中的各种政治有着某种在本质上共同的东西，我们又怎么能够识别什么是政府呢？如果我们认为某个建构在本质上是政府，这就是说，它符合我们关于政府的直觉，并且我们能够给这个直觉下定义，那么，我们就把这个建构称为政府。对于别的社会学对象，例如"文明"也可以这样说。于是，历史主义者得出结论说，我们必须把握它们的本质，并以定义的形式把它写下来。

我认为，这些近代的论点同上面提到的、亚里士多德认为使柏拉图得出形式论或理念论的那些论点十分相似。唯一的区别在于：柏拉图（他不接受原子论也不知能量为何物）把他的学说也应用到物理学的领域里，因而应用到整个世界。我们在这里表明一个事实：在社会科学中，对柏拉图方法的讨论即使在今天也是有意思的。

在着手讨论柏拉图的社会学和他如何把他的方法论本质主义用于该领域之前，我想表明，我对柏拉图的评论只限于他的历史主义，限于他的"最佳国家"。因此，我们必须提醒读者，不要以为这是柏拉图全部哲学的表述，也不要以为这可以称为对柏拉图主义的"公正而正当"的评论。我对历史主义的态度是公然敌对的,因为我深信历史主义是无用的,而且比这更糟。因此,我对柏拉图主义的历史主义性质的论述是强烈的批评。固然,我很敬佩柏拉图的哲学,即我认为绝不属于苏格拉底的那些部分,但现在我的任务并不包括对他的天才的无限称赞。我倒是要决心摧毁我认为他哲学中的有害部分。柏拉图政治哲学的极权主义倾向,就是我将要加以分析和批判的。

(四) 柏拉图与理想国

国家将树立纪念碑……来纪念他们。要把他们作为受崇拜的人……作为神一样的受神的圣宠保佑的人,祭品应当献给他们。

——柏拉图

柏拉图和苏格拉底之间信念的差别甚至比我已揭示过的还要大。我说过,柏拉图效仿了苏格拉底对哲学家的界定。我们在《理想国》里读到"你称谁为真正的哲学家?——那些热爱真理的人"。但当他作出这一论断时,他本人并不十分诚实。他并不真正相信这个论断,因为在别的地方他直截了当地宣称,充分地利用谎言和蒙骗是王家统治特权的一种:"它是城邦统治者的事,如果说它属于谁的话,去撒谎,为了城邦的利益欺骗他的敌人和他的公民。其他人绝不能沾染这种特权。"

"为了城邦的利益",柏拉图说。我们再次发现,诉诸集体功利原则是终极的道德思考。极权主义的道德支配着一切,甚至包括对哲学家的界定及其理念。几乎用不着提及,用同样的政治技术原则,逼迫被统治者说出真相。"如果统治者发现其他人对他撒谎……那么他将以有了损害威胁城邦的举动为由惩罚他们……"只有在这种毫无指望的意义上,柏拉图的统治者——哲学王——才是爱真理者。

柏拉图以医生为例,描述了把他的这一集体效用原则适用到真实性问题上的情况。该例子系精心选择，因为柏拉图喜欢视自己的政治使命为社会病体的一位医治者或救星。除此而外，柏拉图给医学分配的任务也使柏拉图城邦国家的极权主义特征清楚地显现出来，在那里国家的利益支配着公民从摇篮直到坟墓的生活。柏拉图把医学看作是政治的一种形式，或者如他自己所说，他"把医神阿斯克勒比斯看作是一位政治家"。医术，他解释说，绝不能把延长生命，而只应当把国家的利益视为目的。"在一切合理地统治的社会里，每个人有国家所安排给他的特殊工作。他必须做这些工作。没有人会把一生的时间花在生病和治病上。"相应地，医生"没有权利护理每个不能行其职责的人；因为这样的人对己对国都没有用处"。对此还应当进一步思考，这样的人也许有"同样病重的孩子"，他们也将成为国家的负担（年老之后，柏拉图提到医学时带有更强烈的个人情绪，尽管他对个人主义的仇恨有增无减，他抱怨医生甚至把自由公民也当奴隶一样医治，"像个人意愿即为法律的独裁者一样发号施令，然后匆匆忙忙地奔向下一个病奴"。他恳求医生在医疗上更仁慈更有耐心，至少对那些不是奴隶的病人）。关于说谎和欺骗，柏拉图主张它们"只当作一种药物还是有用的"；但国家的统治者，柏拉图坚持认为，其行为绝不能像某些"普通的医生"一样没有施猛药的勇气。哲学王，作为哲学家他是爱真理者，作为国王他必须是"更有勇气的人"，因为他注定要"处理众多的谎言和骗局"——这是为了统治者的利益，柏拉图赶紧接着说。这就意味着，如我们已经知道的，而且我们在这里从柏拉图论及医学时又一次了解到的，"为了国家的利益"（康德曾用另一种截然不同的态度评论说，"真诚是最好的政策"这个论断大可值得质疑，与此同时，"诚实比政策更好"的论断则无可辩驳）。

当柏拉图鼓励他的统治者施猛药时，他心中的谎言是哪种类型的呢？格罗斯曼正确地指出，柏拉图指的是"宣传，一门控制……被统治的大多数人行为的技术"。当然，柏拉图心目中把它们放在第一位；

但格罗斯曼认为宣传谎言的唯一意图是为了麻痹统治者,而统治者应当是充分启蒙了的知识分子,我对此不敢苟同。我倒认为,柏拉图跟一切类似苏格拉底唯理智论的东西的彻底决裂没有比这里更显而易见的,在这里他两次表达了他的希望,即使统治阶级自身,至少在数代以后,也一定要被引导去相信他伟大的宣传谎言。我指的是他的种族主义,他的"血统与土地的神话",被认为是这里我们看到柏拉图的功利主义和极权主义原则支配了一切,即使是统治者认知、以及要求被告知真理的特权。柏拉图愿望的动机是,统治者自己应当相信,宣传的谎言是增加他的健康功效的希望,也即是加强对精英种族的统治、最终阻止一切政治变化的希望所在。

柏拉图引入他的"血统跟土地的神话"时,坦承这是个骗局。"那么好吧",《理想国》里的苏格拉底说,"我们现在也许能用什么方法顺手编造一谎言,我们刚才谈到过使用谎言问题。我们只用一个高贵的谎言,如果我们很幸运的话,甚至可能说服统治者——但至少可以说服城邦里的其他人。"很耐人寻味的是注意到使用了"说服"一词。说服某人相信谎言,意思说得更准确些,就是误导或欺骗他;把这段话加以转译,将更符合直言不讳的犬儒主义。"我们可以,如果我们幸运的话,甚至能欺骗统治阶级自身。"但柏拉图频繁地使用"说服"一词,该词在这里出现使其他的段落意思更加明显。可以以此为警告,在类似的篇章中,他的心中可能有宣传的谎言;尤其是在有些地方他倡导政治家应当"用说服和强制两种手段"来统治时。

在宣告其"高傲的谎言"之后,柏拉图没有直接开始叙述其神话,而是先来了一段冗长的序言,有点类似于他发现正义之前的那个冗长的序言。我认为,这就显出了他内心的不安。看起来他似乎并不指望后面所得出的建议能多么地适合他的读者。该神话本身导引出两个观点。第一个是加强对祖国的护卫;这种思想认为,他的城邦的战士是土生土长的本地人,"诞生在祖国的土地上",时刻准备着保护祖国，他们的母亲。这一古老而尽人皆知的观念当然不是柏拉图犹犹豫豫的原因。(尽管对话的措词聪明地暗示了这一点)可是，第二个观点，"故事的其余部分"，是种族主义的神话。"神……在有能力统治的人身上加入了黄金，在辅助者身上加入了白银，在农民及其他生产阶级身上加入了铁和钢。"这些金属世袭遗传，他们是种族主义的特征。在这一段里，柏拉图羞答答地第一次推出了他的种族主义，这种可能性的存在，即孩子生下来时可能会搀合有其父母亲并不具有的金属；我们必须承认，在这里他宣告了下面的规则：假如在较低的阶级里"发现他们一生下来就带有金银的混合物，他们应当……被任命为护卫者，和……辅助者"。但是这一让步，在《理想国》后面的章节（《法律篇》也如此），尤其是在讲述到人类的堕落及数的故事时，(前面第五章曾引用了一部分) 又被宣告无效。从这段中我们得知，低贱金属的任何混合种都必须从高等阶级当中排除出去。那么（金属的）混合及相应地位的变化只有一种可能性：生来高贵但却退化了的孩子可以被降下去，但任何生来低贱的都不能提升上来。在人类堕落故事的结论性段落里，柏拉图描述了任何金属的混合都将导致毁灭的诸情形："铁和银、铜和金一旦混合起来，将产生变种和荒唐的不一致（的事物）；只要哪里有变种和不一致，就在那里引起战争和仇恨。不论冲突发生在何地，我们必须认为这就是血统和出身的冲突。"有鉴于此，我们必须认为，那个人类的故事最后得出的结论是构造了犬儒主义的预言，神谕说："铜铁护卫，国家必亡。"柏拉图不愿马上用更极端的形式来提出他的种族主义，我猜想是因为他知道要反对他那时民主的和人文主义的倾向是何其艰难。

如果我们考虑到柏拉图明确地承认了他的血统与土地的神话是个宣传的谎言，那么评论家们对这个神话的态度就有些令人费解了。例如，亚当写道："没有它（神话），一个国家现在的图景就不完整。我们需要为城邦的永存作出保证……最符合柏拉图的……教育的道德和宗教精神,最好的办法是他能发现对信仰甚于理智所做的保证。"我同意(虽然不完全合亚当之意),没有什么能比他对宣传谎言的倡导更能与柏拉图的极权主义伦理观保持一致的了。但我不甚明白的是,何以宗教的唯心的评论家们竟能宣称,通过暗示,宗教和信仰也不过是机会主义者的谎言而已。事实上,亚当的评论是对霍布斯约定论老调的重弹,认为宗教信条虽然不真实,却是一种最原则最必不可少的政治设施。这种思考就昭示我们,无论如何,柏拉图比我们所能想到的更是一位约定论者。只要没能"通过约定"(我们必须相信承认这只不过是一种伪造的)建立一种宗教式的信仰,他决不罢休。而那位著名的约定论者普罗塔哥拉至少相信法律由人来制造,仅靠了神圣心感的帮助。为何那些柏拉图的评论家们更称赞他跟智者学派破坏性的约定论所做的斗争,称赞他建立在宗教基础上的终极的精神自然主义的努力,却没能考察他创制一种习俗,或者不如说是一种发明,作为宗教的终极基础?要理解这些问题的确不易。事实上,他对已被他的"富有灵感的谎言"所揭示清楚了的宗教的态度,在实践当中跟他热爱的舅父克里底亚的态度保持了一致,他的这位舅父是三十僭主时代的风云人物,伯罗奔尼撒战争后在雅典建立了不很光彩的血腥统治。克里底亚也是一位诗人,他第一个美化宣传的谎言用铿锵有力的诗句,赞美了聪明机智者们的发明,为了"说服"人民,也即为了使他们俯首听命,他们构造了宗教。

  那时出现了聪明机智的人

  他第一个发明了神的敬畏

  他编造了一个故事,一套昭人耳目的学说

  他把虚假故事的面纱蒙在真理头上

  他把神威严的住所传了出去

  在那惊雷滚滚的九重天上

  电闪的光芒使眼睛失明

就这样他用恐惧的枷锁把人类禁锢
居住在公平之地的神包围着他们
他用他的符咒惑众——唬人
法律和秩序取代了无法无天

在克里底亚看来，宗教不过是一位伟大而机敏的政治家高傲的谎言而已。柏拉图的观点与之惊人地相似，不论是《理想国》里提到的那个神话的介绍（在那里，他明确承认这个神话是个谎言），还是《法律篇》中他所说的仪式或神的设置安排是"一位伟大的思想家的事"——但这就是柏拉图宗教态度的全部真相吗？难道在这方面柏拉图仅仅是个机会主义者，其早期著作中截然不同的思想仅仅是苏格拉底式的吗？当然难以有把握地解答这一问题，尽管我感到，凭着直觉，即使是以后的著作有时候中间流露着一种颇为真实的宗教感情。但我相信，只要柏拉图考虑到宗教事务跟政治的关系，他的政治机会主义就置其他的感情而不顾。因此，在《法律篇》中柏拉图要求对那些对神的观念偏离了国家的观点的人，哪怕他的诚实可敬，也要施行严厉的惩罚。他们的灵魂要被由调查者组成的一晚间委员会处置，如果他们不改悔甚至重犯的话，将以"不敬神"的名义而判处死罪。难道他已经忘了苏格拉底成了这种审判的一个牺牲品？刺激这些需要的主要是国家利益，而不是这类宗教信仰的利益，可以用柏拉图主要的宗教信条来衡量判断。在《法律篇》中他告诫道，他把善与恶之间的冲突解释为集体主义与个人主义之间的冲突，神将严厉惩罚所有那些站在错误一边的人。神，他坚持说，对人类极感兴趣，他们不仅仅是旁观者。要平息他们的怒火是不可能的，无论是通过祈祷还是奉献祭品都不能逃脱惩罚。在这些告诫的后面，政治意图是明显的，并且由于柏拉图下面的主张而更为明显，就这种政治宗教信条的任何部分，尤其是神从不免除惩戒的信念，所提出的疑问都必须加以打消。

柏拉图的机会主义及他的谎言理论自然给解释他所说过的话带来

了困难。他到底在多大程度上相信他的正义理论？他到底在多大程度上相信他所鼓吹的宗教教义的真理性？虽然他主张对其他的（较少的）无神论者加以惩罚，但他本人有可能是个无神论者？尽管我们不指望明确地回答当中的任何问题，但我相信，如果连假设柏拉图是无辜的也不做，将不但要面临困难，而且在方法论上也是不正确的。尤其是对他的信仰，即阻止一切变化已是当务之急的忠心耿耿，我认为是几乎不容置疑的（在第10章中，我将回头再讨论这个问题。另外，我们不能怀疑柏拉图使苏格拉底对智慧的爱从属于更为重要的原则，即必须加强精英阶级的统治）。

然而引起人们兴趣的是，我们注意到柏拉图的真理理论略微不如他的正义理论激进。正义，我们已经看到，在实践当中，被界定为他的极权国家的利益服务。要用同样的功利主义或实用主义方式来界定真理概念当然也是有可能的。那个神话是真实的，柏拉图可能会说，因为凡是服务我们的国家利益的事物都必须相信，那么就必须称它们是"真实的"；除此再没有其他的真理标准。在理论上，黑格尔实用主义的后继者们确实也采取了类似的步骤；在实践上，黑格尔本人及他的种族主义的后继者们采取了类似的步骤。但是，柏拉图怀有足够的苏格拉底的精神来坦率地承认他在撒谎。黑格尔派所采取的步骤，我认为，永远也不可能发生在苏格拉底的任何一位同事身上。

关于真理理念在柏拉图最好国家中所起的作用，我们的探讨到此为止。但是，反对我把柏拉图的政纲解释为以历史主义为基础的纯粹极权主义，那么，除了正义和真理以外，我们还需进一步思考其他一些理念，如善、美及幸福。通过对我们关于真理理念的探讨所带来的某种否定性后果的思考，我们可以达到探讨上述这些理念，也包括智慧（我们在上一章中已有所涉及）理念的目的。因为这一后果提出了一个新问题：倘若他把哲学家界定为真理的热爱者，却又在另一方面坚持王必须"更有勇气"，并且运用谎言，那么为什么柏拉图主张哲学家为王或王为哲学家呢？

对这一问题的唯一回答是，也只能是，事实上，当柏拉图运用"哲学家"这一词时，他心中别有意思。的确，我们在上一章已经看到柏拉图的哲学家并不是热心的真理的追求者，相反却以真理的占有者自居。他是有学问的人，是个圣者。这样一来，柏拉图所主张的就是学问的统治——智慧统治——如果我可以这么称呼的话。为了理解这一主张，我们必须想方设法搞清楚是什么原因使得柏拉图的国家的统治者应当是知识的占有者，如柏拉图所说，是一位"名副其实的哲学家"。其原因可分为两大类，即跟国家基础有关的功能，及跟国家的保护有关的功能。

哲学王首要的也是最重要的功用是建立城邦并制定法律，柏拉图需要一位哲学家肩负这项任务的原因是清楚的。要使国家稳定，它就必须是国家神圣形式或理念的真实仿制品。然而，只有一位哲学家彻底精通最高层次的科学，即辩证法，他能够看见，并仿制神圣的原物。在《理想国》里这一点得到了更多的强调，柏拉图发展了哲学家的统治权论点。哲学家们"热衷于看到真理"，而一个真正的热爱者常常喜欢看到全部，不仅仅是部分。因此，他的行为与普通人不同，他不爱可感知的事物以及它们"美丽的声音、色彩和形体"，但他想"看到，并且崇尚美的真正本质"——美的形式或理念。用这样一种方式，柏拉图给"哲学家"这一术语赋予了新的含义，他是神圣的形式或理念世界的热爱者和见证者。如此一来，哲学家就有可能成为一个有德行的城邦的建立者："和神意有着交往的哲学家"可能是由于实现他理想的城邦和其理想的公民这个神圣的梦压倒了一切，他像一位制图员或者一位画家，把"神意作为自己的模特"。只有真正的哲学家才能"描绘出城邦的平面图"，因为只有他们能看见原型并加以仿制，他们"让自己的眼睛来回移动，从模特移到画像，再从画像移到模特"。

作为"制度的画家",哲学家必须借助于善和智慧的光芒。关于这两个理念,以及它们对哲学家作为城邦建立者所起的显著作用,我们将再进行一些评论。

柏拉图善的理念是最高级的形式。它是神圣的形式中理念世界的太阳,不仅把光芒洒在所有其他成员身上,同时还是它们存在的根源。它也是一切知识和真理的源泉或依据。因此,对辩证法家来说,发现、鉴赏并认识善的能力是不可或缺的。既然它是形式世界的太阳,是光的源泉,它就使哲学画家能辨别他的目标,因此,对城邦的缔造者而言,它的功用是至关重要的。但我们所得到的仅是纯粹形式的信息。柏拉图善的理念在这里起了更为直接的伦理的或政治的作用;我们从未听到何种行为是善,或产生了善,除了众所周知的集体主义道德规范,没有借助善的理念,它的规则就被引阶进来。善是目标,每个人都在追求,这样的话语并没有丰富我们的信息。这种空洞的形式主义在《斐里布篇》中仍然很明显,在这里善跟"方法"或"手段"的理念同一。在他著名的演讲《论善》当中,由于柏拉图把善定义为"被明确地看成一个整体的类别",从而使一位未受过教育的听众感到沮丧。当我读到这里时,我同情那位听众。在《理想国》中,柏拉图坦言他不想解释他的"善"到底意味着什么。我们实际上所得到的唯一见解是我们在第四章开头所提到的——一切持久的事物都是善,而一切导致腐化与堕落的东西都是恶(然而,看起来在这里"善"并不是善的理念,而是事物所具有的一种使其类似与善的理念的性质)。因而,善措的就是事物静止不变的一种状况;是事物保持静止的状态。

但这并不能使我们远离柏拉图的政治极权主义;对柏拉图智慧理念的分析带来的结果同样令人失望。智慧,我们已经看到,对柏拉图而言并不意味着苏格拉底式的自知之明;也不是如我们多数人所期盼的那样,意味着对人类和人类事务的浓厚兴趣及有益的理解。柏拉图笔下的智者,全神贯注于较高世界的问题,"他们没有时间俯察人类的事务,他们目不转睛地仰视那个有秩序的整齐的世界"。正是这种学问使人聪明:"哲学家的禀性是热爱这样一门学问,它给他们展示了一种亘古永存,不受生育与退化困扰的真实世界。"看来柏拉图对智慧的态度并不能使我们超越他的阻止社会变化的观点。

尽管对城邦奠基者作用的分析并没能揭示出柏拉图学说中任何新的道德因子,但它已经表明城邦的奠基者必须是哲学家有一条确切的理由。但这依旧不能充分证明为何需要哲学家的持久统治权。它只是解释了哲学家为何必须是第一位立法者,但没能解释为何需要他作永久的统治者,尤其考虑到后继的统治者中没有一位肯定带来任何的变化。要使哲学家应当统治获得充分的证明,我们就必须得接着分析关于维系城邦的任务。

从柏拉图的社会学理论中我们了解到,只要统治阶级的联合体不出现分裂,国家一旦建立,将长治久安。所以,这个阶级的引出,乃国统治权巨大的维系功能,只要国家存在,这一功能就必须存在。这到底在多大程度上证明了国家必须由哲学家来统治的主张?要回答这个问题,我们得再次区分这一功能里面的两类不同活动:教育的督导及优生的督导。

为什么教育的领导者应当是一位哲学家?为什么国家和教育制度建立后,让一位有经验的将军,一位武士王来管理是不够的?如果说,教育制度不仅要培养出战士,还得有哲学家,因而就认为哲学家跟战士一样可以做监管人,这样的回答显然不能令人满意。因为,假使不需要哲学家做教育的督导者和持久的统治者,那就没有必要让教育制度提供新的哲学家。对教育制度的需要并不能就此证明柏拉图的国家里有对哲学家的需要,或者就能从中假定统治者必须是哲学家。如果柏拉图的教育除了为国家的利益服务外还有一个人主义的目标,例如为了自己的缘故而发展哲学才智,情况将有所不同。但当我们看到，如我们在前面一章所看到的，柏拉图对允许独立思考一类的东西是何等的恐慌；当我们现在看到这种哲学教育终极的理论目标只不过是一种"关于善的理念的了解"，这种知识对于清晰地说明该理念是必不可少的，那么我们就开始认识到这并不是应有的理解。如果我们还记得第4章，在那里我们也看到主张对雅典的"音乐"教育以限制时，这种印象就得以加深。柏拉图之所以赋予统治者的哲学教育以最大的重要性，只能通过其他原因——必须从纯粹政治上——来解释。

我们能发现的主要原因是，最大限度增加统治者权威的需要。如果对辅助者合适地施行教育，就会有一大批优秀的战士。因此，对于树立一位未遇挑战也不可挑战的权威而言，仅有杰出的军事才能是不够的。它的树立必须依赖更高的要求，柏拉图依靠的是超自然的要求，是他的领袖所展示的神秘的力量。他们属于另一个世界，他们与神意往来。因此，哲学王有几分部落牧师之王（这种制度我们曾经提到过，跟赫拉克利特有关）复制品的味道（这种部落牧师之王或者巫医或者巫师制度，它们令人惊讶而又朴素的部落禁忌似乎也曾影响过老毕达哥拉斯学派。显然，这些禁忌当中的大多数甚至在柏拉图之前已经不复存在，但毕达哥拉斯学派给权威以超自然的根据的主张依然流行）。因此柏拉图的哲学教育就有一种明确的政治功用，它给统治者打上了印记，在统治者与被统治者之间构筑了障碍（直到我们的时代，它依然是"高等"教育的主要功能）。获取柏拉图式的智慧主要是为了建立一种持久的政治阶级的统治。它可以被描述为政治"医药"，把神秘的力量给予它的占有者——巫医。

然而，对于我们的国家里政治家的功用问题而言，这并不是满意的答案。毋宁说这样一来意味着为何需要哲学家的问题已经发生了转移，我们现在可以提出类似巫医或巫师实际的政治功能问题。当柏拉图设计他的专门的哲学训练时，他肯定已有了一些明确的目标。我们必须为统治者寻求一项持久的功能，类似今天立法者的功能。发现这样一项功能的唯一希望似乎在培养统治种族领域内。

要找出为何哲学家有必要成为一位持久的统治者的原因,最好的办法是提这样一个问题:按照柏拉图的意思,假如国家没有持续地由一位哲学家统治,那么将会发生什么情况?柏拉图已经给这个问题以明确的答复。如果国家的护卫者,哪怕出类拔萃,却不知道毕达哥拉斯的神话和柏拉图的数,那么该护卫者种族,以及由此导致整个国家肯定要退化。

因而种族论在柏拉图政治纲领中所占据的核心地位超过了我们的第一感觉。正如柏拉图的种族或婚姻的数目为他的描述性社会学提供了场所,"柏拉图的历史哲学也是在该场所中构造的"(亚当这么说),它因而也为柏拉图哲学家的统治权这一政治主张提供了场所。我们已经谈过柏拉图国家的放牧人或者牲畜饲养者的背景后,我们就不至于在发现他的王是饲养者之王时连一点准备也没有。但是,可能仍有一些人对他的哲学家变为哲学的培养者而感到吃惊。对科学、数理辩证法及哲学的培养教育的需要并不是要求哲学家统治权后面最终的论据。

在《理想国》里,怎样来强调并阐明获得纯粹的人类监督者的种的问题。但到目前为止,还没有任何可信的理由来解释为何只有一位聪明且完全合格的哲学家才应当是一位老练成功的政治培养者。然而,狗、马或鸟的饲养者都知道,没有一套规范,没有一个目标指导他的工作,没有一种想法以使他可以通过淘汰和筛选来达到目标,合理的饲养是不可想象的。没有这样一套标准,他甚至确定不下来哪位子孙"足够的好";他根本不可能辨别"好的子孙"与"不好的子孙"。但这个标准恰好跟柏拉图计划培养的种的理念有关。

根据柏拉图的观点,正如同只有真正的哲学家、辩证法家能够看到城邦的神圣原型,也只有辩证法家才能看到其他的神圣起源——人类的形式或理念。只有他才能够照原型复制,把它从天国唤回人间,并且在这里获得实现。它是个高贵的理念，关于人的理念。它不是，如一些人所想的，代表人类共享的东西；它不是一般概念上的"人"。相反，它是人类神圣的原型，是不发生变化的超人；它是位超级希腊人，是位特级大师。哲学家们必须想办法在人间实现柏拉图描绘的"最坚定、最勇敢、同时在可能的范围内最有风度的人……出身高贵，性格严肃"的人的种族。它将是男人和女人当中"塑造得相当俊美，就算不是神圣的，也和神有类似之处的"种族——一种高贵的种族，其本性注定它要拥有王位和统治权。

我们看到哲学王的两种功用有类似之处：他要复制城邦的神圣原型，同时他还得复制人类的神圣原型。他是唯一能够、并且拥有这种欲望，"在单个人身上，以及在城邦里实现他的神圣的原版本"。

现在我们就能明白为什么他放弃了原先的暗示：他所需要的统治者须有中人之上的才能，在同一个地方，他第一次声称动物繁衍的原则必须运用于人类。我们，他说道，在繁殖动物时，尤为慎重，"如果不这样来繁殖它们，难道你不觉得你的鸟和你的狗的种很快将要退化吗？"当从这里推出必须用同样谨慎的方法来繁殖人类时，"苏格拉底"惊呼道："天哪！……如果同样的原则运用于人类，我们该要求我们的统治者具有何等高超的才干啊！"这声惊呼引人注目；它第一次暗示了统治者应当组成一个有地位、受过训练、具有"高超才能"的阶级；这就使我们相信他们应当是哲学家乃势所必然。然而，当念及该段落直接导出柏拉图的政治主张：做人类的医生，运用谎言和欺骗是统治者的职责时，那么该段落就更显意味深长。谎言是必须的，柏拉图断言："要让你们的种尽善尽美"；因此，"为了使护卫者种族免于不和"，就必须"除统治者外谨守秘密，不让他们知道这种安排"。与此相关，为使统治者把谎言当医药用时更有勇气，他的确向他们提出了呼吁（前面所引）；这也给读者们预备好了下一个主张，柏拉图认为它尤其重要。他宣称，为了与年轻的辅助者配对成婚，统治者应当设计"一套巧妙的抽签办法，以使求偶受挫者只能怨自己运气不好而不怪统治者"，统治者们秘密地行使抽签权。想出这项卑劣的建议后，为了搪塞承担责任，（把它通过苏格拉底之口表达出来，柏拉图谤污了他伟大的老师）"苏格拉底"很快提出了一项建议，马上就被格劳孔采纳并加以详尽阐发，因此我们可称之为格劳孔敕令。我指的是那项残忍的法令，它要求男女长幼一律依从勇敢者的意愿，理由是战争在继续。"只要战争还在进行，没有人可以对他说'不'。相应地，假如一个战士想向别人（男的或女的）表示爱意，那么这项法令将使他更热切地赢得光荣。"这里谨慎地指出，国家因而将得到两点明确的好处——其一，更多的英雄，因激励所致；其二，还是更多的英雄，因英雄的孩子们数目的增加（这后一个好处，从长远的种族政策的角度看更为重要，它是通过"苏格拉底"之口表达出来的）。

这种素养的获得并不需要特殊的哲学训练，然而，哲学素养在抵制退化的危险上起着重要的作用。要跟这些危险作斗争，就需要一位完全合格的哲学家，也即一位在纯粹数学（包括立体几何）、纯粹天文学、纯粹教育学以及在辩证法中取得至高无上成就的人。只有他，才了解数学优生学和柏拉图数的奥秘，才能让他们享受人类堕落之前所享受的幸福和欢愉，并替他们保持。所有这些都应该牢记心间，格劳孔敕令颁布后（随后有一幕小插曲，是探讨希腊人和野蛮人天生的差别，据柏拉图讲，这就相当于主人跟奴隶之间的差别），该学说就已被清晰地阐明，并且柏拉图审慎地把它视为最让人激动的政治要求的核心——哲学王的统治。仅这一项要求，他教导说，就足以终结社会生活中的邪恶；终结国家中蔓延的邪恶，也即政治不稳定性及其潜在的根源，人类种族的成员里蔓延的邪恶，也即种族退化。该段就是这样表述的。

"啊"，苏格拉底说，"现在我正在接近此前我所比拟为滔天大浪的那个主题了。然而我还要继续说下去，尽管我已预见到这将遭致铺天盖地的讥笑。确实，我现在已能看到了，就这股浪潮，把我的头淹没在嘲笑和贬损的汪洋大海里。……"——"不要纠缠你这个故事了！"格劳孔说。"除非，"苏格拉底说道，"除非，在他们的城邦里，哲学家们被授予王权，或者我们现在称为国王和寡头的人成为名副其实的哲学家；除非政治权力和哲学二者合二为一（而现在许多顺乎自然、得此失彼的人应由暴力加以镇压），除非这样的事发生，我亲爱的格劳孔，否则的话，将永无宁日；邪恶将继续蔓延于城邦——以及，我相信全人类。"（就此，康德聪明地回答道："国王成为哲学家，或者哲学家成为国王，似乎是不可能发生的，也不需要发生，因为权力之位将不可避免地降低理智及独立的判断力。然而，一位国王或是如国王般的人，也即自我管治的人及人民，不应压制哲学家，而应留给他们公开言论的权利，这一点无论如何是不可或缺的。"）

柏拉图这段重要的话被公允地称为整部作品的核心。该段最后的几个词："以及，我相信，全人类"，我认为相比较在这里是次要的舆论，然而，有必要对它们作一番评论，因为把柏拉图理想化的习惯导致了这样一种解释：柏拉图在这里谈论的是"人道"，把他的谎言从拯救国家扩及拯救"全人类"。就此必须指出，超越了民族、种族、阶级差别的伦理学范畴"人道"，对柏拉图而言是极为陌生的。事实上，我们有充分的证据表明柏拉图对平等主义信念的敌意，从他对安提斯泰尼——苏格拉底的一位老学生兼朋友的态度就可见一斑。和阿基达玛、利科弗龙一样，安提斯泰尼也属于高尔吉亚派，他把他们平等主义的思想融入到全人类兄弟一家、人类大一统帝国的学说里。在《理想国》里，作者拿希腊人和野蛮人天生的不平等与主人和奴仆的关系相比照，从而攻击了平等主义信念，碰巧就在我们时下正谈论的这个重要段落之前，发动了攻击。由于这些及其他的理由，我们似乎可以放心地断定，当柏拉图谈到人类蔓延的邪恶时，他在暗示一种理论，一种此时他的读者非常熟知的理论，也即，国家的福祉最终取决于统治阶级诸位成员的"本性"；他们、他们的种族乃至子孙后代的"本性"反过来又受到个人主义教育的邪恶及更为重要的种族退化的威胁。柏拉图的话语，清晰地道出了神圣的静止和邪恶的变化衰退之间的对立，预示着"数目与人类堕落的故事"。

在阐释他最重要的政治要求的段落里暗示出其种族主义是最合适不过的了。如果没有那些在对优生学至关重要的学科里受过训练的"名副其实的哲学家"，国家将迷失方向。在"数目与人类堕落"的故事里，柏拉图告诉我们，退化了的护卫者所犯的最大也最致命的过失之一，就是失去了对优生学，对监管、检验、提纯人种的兴趣："这样一来统治者们将被告知，他们不再适合护卫者的任务；也即监管、检测、提纯金属种（这即赫西奥德的种族，也是你的种族）金、银、铜、铁的任务。"

这一切都源于对神秘的婚姻数目的无知。但毫无疑问数目并不是柏拉图自己的发明。（数以纯粹的和声学为前提，而和声学反过来又以立体几何——写作《理想国》时的一门新兴学科——为条件。）因此我们就发现，通晓真正的护卫职位的奥秘、掌握破解其钥匙的，除柏拉图外别无他人。这就只意味着一件事：哲学王就是柏拉图自己，而《理想国》就是柏拉图本人对神圣权力的要求——他认为这种权力非己莫属。如他所做的，哲学家要求和殉道者科德鲁斯（最后一位雅典国王，据柏拉图讲，他"为了给他的孩子们保全王国"而牺牲了自己）后嫡及法定继承人的要求在他身上有机地结合起来。

得出此结论后，许多问题豁然开朗。比如，在柏拉图的作品里，到处是对当代问题及其特征的暗示，我们几乎用不着怀疑，作者的用意并不仅是一篇理论长文，而是一份针砭时弊的政治宣言。"我们将彻底误解柏拉图，"A. E. 泰勒说，"如果我们忘了《理想国》不仅仅是探讨政府的理论文汇……而是一部由一位雅典人提出的严肃认真的现实改革方案……像雪莱一样，燃烧着'改造世界的热情'。"这一点毫无疑问是真实的，仅从这种考虑出发，我们就该得出结论：在描绘他的哲学王时，柏拉图肯定想到了同时代的一些哲学家。而在写作《理想国》时，全雅典称得上哲学家的只有三位知名人物：安提斯泰尼、伊索克拉特及柏拉图本人。如果我们带着这些思考来解读《理想国》，那么，我们马上就可发现，在探讨哲学王的过程中有一冗长的段落，因其中蕴含了柏拉图的个人意向而格外醒目。在开头，它确凿无疑地在暗示一个广为人知的人物，即阿基达玛，结尾时，它坦白地提到了泰阿格斯的大名，而苏格拉底指的就是他自己。这样就只有极少数人能称得上真正的哲学家，能胜任哲学王之职。阿基达玛出身高贵，属于合适人选；但他抛弃了哲学，尽管苏格拉底曾试图挽救他。哲学一方面被一些人轻视、抛弃；另一方面又被一些根本不配此道者宣称对其拥有所有权。最终的情况是，"有资格和哲学相联的人只剩下为数不多的几个人了"。从我们业已论及的观点出发，我们不得不猜测"根本不配此道者'即安提斯泰尼、伊索克拉特及其他们那一学派。（他们也是柏拉图在论及哲学王时的关键段落中要求对之予以"武力镇压"的那种人。）事实上还有一些别的论据能印证这种猜测。与此相似，我们不妨猜测"有资格的少数人"中包括柏拉图，还可能包括他的一些朋友（戴奥很可能被包括）。实际上这段文字几乎令人确切无疑地相信柏拉图在此说的正是他自己："这个小圈子里的人……能看清多数人的疯狂和所有公共事务的普遍腐化。哲学家……就像一个身居野兽笼中的人。他不具备许多人都有的非正义，但是他个人的力量还未强大到靠他一个人的力量来战斗的地步，因为他被困于一个野兽的世界之中。就在他能够做一些有益于他的国家或朋友的事之前，他自己就可能被害……已充分地考虑过这些，他保持平静，只局限于做自己的工作……"这些尖酸且极非苏格拉底式的词句中所表露的强烈的憎恶之情，表明这是柏拉图自己的意思。然而为充分理解之见，这段个人坦白应和下面的词句相对照："经验丰富的航海家乞求无技术经验的水手接受其命令，这和聪明的人趋附富人一样都是违反自然的事情……而真实且自然的过程应当是不管富人还是穷人，只要他生了病就应该对医生趋之若鹜。同理，那些被统治的人应围在有能力统治者的家门周围。如果一位统治者有真本事，他就根本用不着乞求他们接受他们的统治。"谁还听不出该段所洋溢的个人自傲感？我来了，柏拉图说，我是你们天生的统治者，是知道怎样统治的哲学王。如果你们需要我，你们就必须得想到我，如果你们再坚持，我也许会成为你们的统治者，但我不会乞求你们的。

他相信他们会来吗？跟许多伟大的文学作品一样，《理想国》里也有证据表明，作者经历了对成功的极度渴望及与此相伴的失望和悲伤。至少，有时柏拉图希望他们能来；希望他的著作获得成功，他的智慧的名声能把他们吸引过来，然后他又感到，他们只会受到刺激而进行恶意进攻；他能给自己带来的只是"嘲笑和诽谤的浪潮"——也许还有死亡。

他雄心勃勃吗？他已触及了天上的星星——接近了神圣。我有时纳闷，人们对柏拉图的热情为何不部分地归于他曾表述过许多神秘梦想这一事件，即使在那些驳斥野心的地方，我们也只能感到他受到了野心的刺激。他给我们保证，哲学家不能有野心，"尽管注定要统治，他却是最不想统治的人"。但所给的理由却是——他的地位太高了，他只要已跟神意有过沟通，就可能从自己的高位降到凡人的位置，为了国家的利益而牺牲他自己。他并不渴求，但作为一个天生的统治者和拯救者，他随时准备着出马。可怜的平民百姓们需要他。如果没有他，国家必将毁灭，因为只有他才知道怎样维系它——即知道防止退化的秘密。

我认为我们必须正视这一事实，即在哲学王统治背后隐藏的是对权力的追求，给最高统治者的画像就是一幅自画像。我们从这一令人震惊的发现中平静过来后，就该重新审视这幅令人敬畏的画像。而且，如果我们勇于正视苏格拉底讽刺式的药剂，那么我们或许将不再觉得它有多么可怕。我们也许将开始了解它的人性，确实是它的富有人性的特征。我们可能甚至会为柏拉图感到一丝惋惜。他感到满足的只能是建立了第一个哲学教授职位，而不是哲学王位。他永远不可能实现他的梦想，照他自己的形象构建的国王理念。靠着讽刺式的药剂坚强起来后，我们可能还会发现，柏拉图故事中的忧郁，类似《丑陋的猎狗》的故事里对柏拉图主义单纯无意识的小小讽刺，其中那只名叫托诺的丹麦大狗凭它自己的想象形成了他的"大狗"之王的理念（只是最终它愉快地发现他自己就是大狗）。柏拉图的哲学王理念到底是怎样一座关于人类渺小的丰碑！它跟苏格拉底的相互比较与人道形成了多大的反差！苏格拉底警告政治家防范因其权力、才能、智慧而忘乎所以的危险，并且力图教导我们，最为要紧的是——我们都是脆弱渺小的人类，从（苏格拉底）讽喻、理性、真实的世界到柏拉图因其具有魔幻般的权力而使他凌驾于普通人之上（尽管还没有高到无须运用谎言或者无视每个巫师的卑鄙交易——他们兜售咒符，兜售生育的咒符，以换取凌驾于同行之上的权力——的地步）的哲人王国，这是何等的退步！

二、论柏拉图的政治纲领

（一）论极权主义

分析了柏拉图的社会学后，使得介绍他的政治纲领容易起来。可以用两个方案中的任何一个来表述他的最基本的要求：第一个跟他的理想主义的变化和静止观有关；第二个则关于他的自然主义。理想主义的方案是：阻止所有的政治变革！变化是邪恶的，静止是神圣的。如果国家是照它最初的样子——即城邦的形式和理念制作而成的精准的复制品，则所有的变化都可被阻止。若要质问这样做的可行性，我们可用自然主义的方案作答：回到自然中去！回到我们祖先时代的最初的国家，原始国家的建立与人类的本性相适应，因而也是稳定的；回到人类堕落之前的部落父权制时代，回到那个聪明的少数人统治无知的多数人的天然的阶级统治时代。

我相信事实上柏拉图政治纲领中的所有要素都可导源于这些政治要求。而这些要求又皆次第植根于其历史主义；而且它们必须跟他的与阶级统治稳定性条件之有关的社会学说联系起来。在我看来，最主要的要素是：

（A）严格的阶级区别，也即组成统治阶级的牧人和看家狗必须严格地和人类的家畜区分开来。

(B) 国家和统治阶级共命运；该阶级的独特利益，即（国家）整体的利益；要服从这个整体，对这个阶级的生育和教育的严格规定，对其成员的利益的严格监督和集体化。

从这些最基本的要素出发，可以推得其他要素，例如：

(C) 统治阶级对军队的品行、军训、带兵权、接受各种类型教育权等方面享有垄断权，但统治阶级被排除在任何形式的经济活动之外，尤其是经商。

(D) 针对统治阶级的智力活动，必须有一套相应的检查制度，必须进行持续的宣传以造就他们统一的思想。在教育、法律、宗教方面所出现的一切革新必须进行阻止甚至镇压。

(E) 国家必须自给自足。它必须以经济的自给自足为目的，否则统治阶级要么得依赖商人，要么自己就变成商人。第一种后果将削弱其权力基础，第二种后果将有损国家的团结与稳定。

这样的纲领，我想，描述为极权主义是颇为公允的。当然，它是以一定的历史主义社会学为基础的。

但这就是其全部吗？柏拉图的纲领里再没有其他既不是属于极权主义，也不是以历史主义为基础的特征、要素了吗？柏拉图对善与美的渴望，或者说他对智慧与真理的爱到底是怎么回事？他的聪明人即哲学家应当统治的主张是怎么回事？如何认识他所希求的要使他的国家的公民视品德为幸福？以及如何认识他所主张的国家应当建立在正义的基础之上的主张？即便是那些批评柏拉图的作家也相信，他的政治学说，尽管与当代的极权主义有些相似之处，但就他的目标、公民的幸福、正义的统治论，二者之间仍然是泾渭分明。比如像格罗斯曼，他的批判性态度可从下述言论中窥得，"柏拉图的哲学是对自由主义思想的最猛烈也最深刻的打击，这点历史可以证明"，即使他也相信柏拉图的计划是"创制一个最美好的国家，在那里每个公民都真正幸福"。另一个例子是乔德，他详细地探讨了柏拉图纲领和法西斯主义政纲之间的类似点，但他最后断言二者有着根本性的区别，因为，在柏拉图的理想国里，"普通人……依自己的本性而取得相应的成就"，并且这个国家是建立在"绝对的善和绝对的正义"理念基础之上的。

  除却上述的纷争，我相信柏拉图的政治纲领在道德上远非优越于极权主义，二者本质上是相一致的。我深知对我这一观点的反驳是基于一种古老而又根深蒂固的偏见——对柏拉图理想化的倾向。格罗斯曼已做了大量工作来指出并制止这一倾向，这可从下述论点看出："在第一次世界大战之前……柏拉图……很少被明确地认为是坚决地反对自由主义信仰的诸条原则。相反，他被拔高为显赫的阶层……脱离开实际的生活，梦想着超常的上帝之城。"然而，格罗斯曼本人也并没有彻底摆脱这种他揭示得已很清楚的倾向。令人感兴趣的是，虽然格罗特和冈珀茨已经指出了《理想国》和《法律篇》中某些学说的反动特征，这种倾向仍然延续如此之长的时间，不过他们并没有完全理解这些学说的全部含义，他们从未对柏拉图本质上是个人文主义者的说法进行过怀疑。对跟他们观点相左的批评不是置之不理，就是认为其没能正确理解估价柏拉图这位被基督徒视为"基督降生前的基督徒"、被革命者们视为革命者的人物。毫无疑问，对柏拉图毫无保留的忠诚今天仍然占据统治地位，例如菲尔德认为，有必要警告他的读者："如果我们把柏拉图当成一位革命的思想家，那我们就大错特错了。"的确，此说言之成理；但假如视柏拉图为革命的思想家，或至少是位进步主义者的倾向没有广为流传，则此说就显得毫无意义可言。然而菲尔德本人对柏拉图怀有同样的忠诚；因为当他接下来说柏拉图对他的时代"新的破坏性的趋势持强烈的反对态度"时，他确实过于轻易地接受了柏拉图破坏这些新趋势的证据。自由的敌人通常假颠覆之名来指控自由的捍卫者，而且，他们几乎常常能成功地让憨直善良之辈信服他们。

对这位伟大的理想主义者的理想化，不仅渗透进对柏拉图原著的阐释上，而且也包括它的译著。在翻译者看来，柏拉图的激烈的言论中那些不是一位人文主义者所应该陈述的内容，经常不是被变换了腔调，就是被误解歪曲了。这种倾向从对柏拉图的所谓"共和国"一文书名的翻译就开始了。听到这个书名的第一感觉是，该文的作者即便算不上个革命者，至少也是个自由主义者。然而"共和国"这一称呼仅仅不过是一个希腊词语的拉丁译法的英文形式，这个词跟上面的那种感觉毫无关联，其正确的英译应当是"宪章"或"城市国家"或"国家"。"共和国"这一传统译法毫无疑问有助于人们普遍深信柏拉图不曾是个反动分子。

考虑到柏拉图对善、正义，及前面提到的其他理念的言论，我必须维护我提出的他的政治期望是地道的极权主义和反人文主义这一论点。为了从事这项辩护工作，下面四章中，我将不再进行历史主义的分析，而是集中力量对所提到的道德理念及其在柏拉图政治要求中的分量进行批判性的检讨。在本章中间，我将首先考察正义理念，接下来的三章则是关于智者与能人应当统治的学说及真理、智慧、善和美诸理念。

当我们言及"正义"时，我们究竟意指什么？我不觉得这一口头上的问题无足轻重，也不认为有可能给它以明确的答案，因为类似这样的术语通常在多重意义上使用。不过，我认为对我们中间的大多数，特别是其哲学观点属人文主义的，该问题可能意味着诸如此类的东西：

（a）公民的责任，也即社会生活中所必需的对自由的那些限制，应当均等分配；（b）在法律面前所有公民一视同仁；由此自然有了（c）法律既不偏袒也不歧视任何单个公民或集团或阶级；（d）正义法庭的公正无偏见；以及（e）国家的全体成员给其公民提供的利益（不光是负担）的均等分配。假如柏拉图的"正义"果真意指这类东西的话,我所声称的他的纲领是十足的极权主义显然就是错误的,而所有那些相信柏拉图的政治学是建立在一种可以接受的人文主义基础之上的人则将是正确的。然而,事实上他的"正义"所指的完全是另外一码事。

柏拉图的"正义"到底意味着什么?我断言在《理想国》中,他用"公正"这一术语作为"为了最完美国家的利益的一切"之同义语。而什么才维护这一最完美国家的利益?用保持严格的阶级差别和阶级统治的方法,来遏止一切变化。如果在这一解释中我是正确的,那么我们就不得不说柏拉图在正义方面的要求使其政治纲领停留在极权主义层次上;而且我们理应进一步得出结论,我们必须提高警惕,防止被只言片语所影响的危险。

在《理想国》中,正义是中心话题。事实上,"论正义"是它传统的副标题。在深入考察正义的本质时,柏拉图运用了上一章所提到的方法;他首先努力寻找国家中的理念,然后竭力把这一结果运用于个人。谁也不会说柏拉图的问题"什么是正义"很快就能找到一个答案,因为它只在"第4章"里给出。得出这一结论的诸思考将在本文下面的部分进行更充分的分析。简单地说,它们就是这些。

城市建立在人类的本性、需要及局限性基础之上。"我们一再重申,而且你应当记住,在我们的城邦里每个人只能干一项工作,也即,干那项最适合他的本性的工作。"在这里柏拉图得出结论:每个人应当牢记自己的职责;木匠就应该本本分分干木工活,鞋匠就该老老实实做他的鞋。当然,就算两个工人对调他们天生的位置,带来的伤害并不很大,"但如果任何一位从本性上看是工人(或者是赚钱阶级中的一员)……想办法进入战士阶级,或者一位战士想进入自己并不配的护卫者阶级……那么,这种变化或秘密谋划将意味着城市的陷落"。部队的调遣应当是一个阶级的特权从跟这一原则紧密相关的论据出发,柏拉图得出了他的最终结论:三个阶级之间的任何改变或混合一定是非正义的，反之，则是正义的："当城市中的任何一个阶级，赚钱阶级、辅助阶级和护卫阶级牢记他们的职责，那么这一切将是正义的。"随后这一结论被再次肯定并被总结为："如果城邦三个阶级的任何一个都能各司其职，各尽其责……城邦就是公正的。"但是这一陈述意味着柏拉图把正义与阶级统治和阶级特权原则等同了起来。因为各个阶级各司其职、各尽其责的原则，简洁明白地说就意味着：只要统治者统治，工人们工作，而奴隶们被奴役，国家就是正义的。由上述分析可见，柏拉图的正义概念与我们通常的见解大相径庭。柏拉图称阶级特权为"公正"，而我们通常所说的公正指的恰恰是不具备这种特权。但是二者之间的差别远不止这些。我们用正义意指对待个人的某种平等；而柏拉图不把正义看作是个人之间的一种关系，而是视为以阶级关系为基础的整个国家的一种性能。只有具备了健全、强大、统一——稳定，国家才是正义的。

但是柏拉图可能对了吗？难道"正义"也许真如他所说的那样？我并不打算讨论这个问题。如果谁愿坚持认为"正义"意味着没有遇到挑战的一个阶级统治，那么我最简单的回答是，我完全拥护非正义。换言之，我相信没有什么取决于口头上的语言，而一切都视我们的实际需要或者制定我们将要采纳的政策和建议而定。在柏拉图对正义的定义后面，呈现出他的极权主义阶级统治的需要，以及他要使之变为现实的决心。

但是，在另外一种意味上，难道他不对吗？其正义的理念（正义观）难道符合希腊语中该词的用法吗？希腊人可能用"正义"意指某种整体性的东西，例如"国家的健全"，那么，假如我们期望从柏拉图那里得到公民在法律面前一律平等这样的现代正义观就是不公正的、非历史的了吗？这个问题确已得到了明确的答复，曾有论称柏拉图"社会正义"的整体观是传统希腊观念的特征，这位"希腊天才""不像罗马人那样严格地讲求法度（合法性）"，而是"特别的形而上学"。但是这一论断是站不住脚的。事实上,希腊人那里"正义"一词的用法跟我们今天个人主义和平等主义的用法有惊人的相似。

为了说明这一点,我得首先涉及柏拉图本人,在《高尔吉亚篇》中(早于《理想国》),他谈到"正义即平等"的观点,受到绝大多数人的赞赏,这个观点不仅合乎"约定",而且合乎"人类本性"。我还可以进一步引证亚里士多德——又一位平等主义的反对者,他在柏拉图自然主义的影响下,在其他的事务当中,精心提出有些人就本性看是天生的奴隶的理论。要展开对"正义"这一术语的平等主义和个人主义的解释,没有人会对此兴趣稍减。至于法官——柏拉图把法官描述为"公正事物的人格化",亚里士多德则认为"重建平等"是法官的职责。他告诉我们"人皆以为正义是一种平等",也即"关乎众人"的平等。他甚至认为(但这里他错了),希腊的"正义"一词是由意为"均等的分配"的某个词根派生而来的。("正义"意味着"官爵与荣誉均等分配给公民"的观点,跟柏拉图《法律篇》中的观点相一致,在那里,官爵和荣誉分配中的两类平等——"数字的"或"算术的"平等和"比例的"平等;其中的第二种用以说明议论中的人所拥有的品德、教养、财富的程度——在这里这一成比例的平等被说成构成了"政治正义"。)而当亚里士多德讨论民主的原则时,他说"民主的正义是数字的平等(以区别于比例的平等)原则的运用"。所有这些当然不仅仅是他对正义之意义的个人理解;也不可能仅仅是在柏拉图之后,受《高尔吉亚篇》和《法律篇》的影响,对该词用法的一种描述;而是表达了"正义"一词普遍古老而且流行的一种用法。

由于这一证据,我们必须说,我认为,在《理想国》中对正义整体性的反平等主义的解释是一种创新,柏拉图力陈其极权主义的阶级统治是"公正的",而这与现代人对"正义"的通常理解正好相反。

这就带来了一系列触目惊心的难题：如果正义最普遍的意思是平等的话，那么，为何在《理想国》中，柏拉图声称所谓正义就意味着不平等？在我看来唯一可能的答复似乎是，他通过说服人们相信他的极权主义的国家是"公正的"而替它做宣传。但是他的这种努力值得吗？如果考虑到它们并不是字面上而是我们从中体味到的东西时。当然这是值得的，这可以从他成功地说服了他的读者——直到我们的今天——这一事实中看得出来，他坦率地倡导正义，倡导他们正孜孜以求的正义。因而，他事实上在平等主义者和个人主义者心中布满疑虑和困惑，在柏拉图权威的影响下，他们开始扪心自问，是不是柏拉图的正义理念要比他们的更真实更优秀？既然"正义"一词对我们而言象征着如此至关重要的目标，既然有那么多人准备着为之而忍受一切、为了它的实现而尽力所为，那么，征召这些人文主义的力量入伍，或至少使平等主义者麻痹无力，当然是值得一位极权主义的信徒从事的目标了。但是柏拉图意识到正义对人类意味着这么多吗？他当然知道，因为他在《理想国》中写道："假定有一个人认为自己是非正义的……他的勇气拒绝被激发出来是对的吗？……但是，假如一个人认为自己受到了不公正的待遇，他的力量和愤怒会不马上激发出来吗？他不会加入到他认为是正义的那方面作战，并且忍受饥寒以及其他诸如此类的苦楚吗？他直到杀死对方或者被对方杀死，否则不会罢手，是这样吗？"

读到这些话，我们就不会怀疑柏拉图是知道信仰的力量的，尤其是对正义的信仰，我们不会怀疑的是《理想国》肯定倾向于违背这一信仰，而代之以截然相反的信仰。而根据可得到的证据，在我看来柏拉图对他的所作所为很有可能一清二楚。平等主义是他的头号敌人，他将倾力摧毁它，毫无疑问就他的真实信仰看，平等主义是最大的邪恶，最大的危险。但他对平等主义的攻击并不足信。柏拉图不敢公开地直面这位敌人。

我将提出支持这一论点的证据。

《理想国》可能是关于正义有史以来最为精致的专著。它考察了关于正义的种种观点，这样做在某种程度上诱使我们相信柏拉图对他所了解的比较重要的理论一个也没有疏漏。事实上柏拉图曾明确地暗示过，由于要对当时的所有观点做归根究底的努力徒劳无用，对正义进行新的研究是必需的。然而，在他对当时的理论进行考察和探讨时，正义即在法律面前平等（"政治平等"）的观点从未提及。对这一忽略只能有两种解释：或者是他忽略了平等主义理论；或者是他有目的地逃避它。如果我们考虑到《理想国》布局谋篇的审慎仔细，以及如果他想把自己的论点有力地陈述出来，他必然要分析他的对手的理论，那么第一种可能性似乎是不大可能。当我们再考虑到平等主义理论的广泛流行时，这种可能性显得更加不可能。然而我们不需要依靠只具有可能性的论据，因为可以很轻易地被揭示出来，在写《理想国》时，柏拉图不仅知道平等主义理论，而且他还深知其重要性。在稍早的《高尔吉亚篇》中，平等主义扮演了相当重要的角色，并且甚至得到了维护；在《理想国》的任何地方柏拉图都没有对平等主义的优点和缺点进行严肃认真的探讨确属事实，柏拉图没有改变想法来思考它的影响，因为《理想国》本身的名声正在得到证明。在那里平等主义被暗指为一种非常流行的民主信仰；但它却遭到了蔑视，关于平等主义我们所能听到的就是一些嘲笑和刺耳之语——这跟对雅典民主的猛烈抨击正相配套。因此，就应当排除柏拉图没有注意到平等主义正义理论的可能性。这就剩下另外一种可能性，他没有认识到探讨一种跟自己截然相反的有影响的理论是必不可少的。在《理想国》中，他的沉默只有偶被几例滑稽的言论所打破（显然他认为平等主义的观点很容易就可被压制下去），对此事实我们只有认为他是有意识地拒绝探讨平等主义才能得到解释。有鉴于此，柏拉图给读者施加影响以使他们相信他已把所有重要的理论都考察过了的做法，我难以理解怎么能跟知识分子的诚实准则相一致。虽然我们肯定得接着说，他的失败毫无疑问可归因于他对他所深信不疑的善的事业的毫无保留的奉献。

为了能彻底了解在这个问题上柏拉图实际上并未打破沉默的个中意味，我们首先必须得清楚地知道，他所理解的平等主义运动代表了所有他仇恨的东西，在《理想国》以及后来的所有著作中，他自己的理论，主要的是对新的平等主义和人文主义的强有力挑战的回击。为了表明这个观点，我将讨论人文主义运动的三项主要原则，并跟相应的柏拉图极权主义的原则进行对比：

人文主义的正义理论提出了三项主要的要求或建议，即（a）彻底的均等原则，也即，建议根除"自然的"（天生的）特权，（b）普遍的个人主义原则，以及（c）这一原则认为，保护它的公民的自由应当是国家的任务和目的。对这些政治要求或建议中的每一条而言，在柏拉图那里都有与其截然相反的相对应的原则，即（a1）自然特权原则，（b1）普遍的整体主义或集体主义原则，以及（c1）这个原则认为，保持并加强国家的稳定应当是个人的任务和目的。——我将依次探讨这三点，其中的每点我分别在本章第四、第五和第六节中探讨。

地道的平等主义要求国家的公民应当受到公正无偏见的待遇。这就要求出身、家庭关系或者财富绝不能影响那些对公民执法的人。换句话说，它不承认任何的"自然"特权，尽管某些特权可能会被公民授予他们所信任的人。

在柏拉图诞生前几十年，在修昔底德所保留下来的一篇演说中，伯里克利已经把平等主义的这一原则令人尊敬地阐述出来。在第10章中我将更完整地引用这一演说，但在这里有必要先把其中的两句话给出："我们的法律，"伯里克利说道，"在私人争端中，将一视同仁地为所有人提供均等的正义，但是我们不会无视优秀人物的要求。如果一位公民卓尔不群，那么他更喜欢从事公共事务，不把它作为一种特权，而是视为对其品行的一种嘉奖；贫穷并不是一种障碍……"这些句子表达了伟大的平等主义运动的一些基本目标，如我们已经看到的，平等主义甚至没有回避对奴隶制的攻击。在伯里克利那一代，这一运动以欧里庇得斯、安提芬及庇亚斯为代表，在上一章中他们都被提到过，而且也被希罗多德引用过。在柏拉图的年代，则以阿基达玛、利科弗龙为代表，两人前面皆已提到；另一位倡导者是安提斯泰尼，他曾是苏格拉底最亲近的朋友之一。

柏拉图的正义原则，当然是和所有这些人的截然对立。他为天生的领袖要求自然的特权，那么他究竟是如何与平等主义原则相较量的？他又是如何确立自己的主张的？

从上一章开始就应当记住，平等主义主张的一些最为人熟知的公式是用虽给人印象深刻但却留有疑问的"自然的权利"语言表达出来。而它的一些代表人物通过强调指出"自然的"也即生物的人类的平等来替这些主张辩护。我们已经看到这一论点并不切题；在某些重要的方面，人是平等的，但在其他的方面，人又是不平等的；而且，从这一事实或者其他任何事实不可能得出合乎规范的主张。因此很有意思的是，我们注意到自然主义的论点并没有被所有的平等主义者运用，像伯里克利就是这样一位，他甚至连提都没有提到。

柏拉图马上发现自然主义是平等主义学说里的薄弱点，他充分地利用了这一弱点。告诉人们你们是平等的肯定会得到一些道义上的欢迎，但如果比起告诉他们你们比其他人优秀、而其他人比你们低贱这样的宣传来，这种欢迎的程度就小多了。你生来就跟你的仆役、你的奴隶、你的那些不比动物更强的手工工人平等？这个问题本身就是滑稽可笑的！柏拉图曾经似乎是第一个理解这种不同反应、反对歧视、讽刺和讥笑自然平等要求的人。这就解释了他为何急着要把自然主义的论点归咎于那些甚至并不倡导自然主义的他的对手。在《米纳塞努篇》——一篇模仿伯里克利的演讲中,他因此把平等法则和自然平等两个主张联结在一起,"我们宪政的基础是生而平等",他讽刺道:"我们都是兄弟,都是同一个母亲的孩子……出身的自然平等引导我们为在法律面前的平等而奋斗。"

后来,在《法律篇》中,柏拉图用一个公式总结了他对平等主义的回答:"对不平等的公平对待必定导致不平等。"亚里士多德用另一个公式对此作了发展:"平等对待平等、不平等对待不平等。"这个公式表明了什么是对平等主义最恰当的反驳。这一反驳认为,只有人是平等的,平等才是最好的,但这却是不可能的,因为人不会生而平等。这一看起来很现实的反驳事实上是很不现实的,因为政治特权从来没有建立在自然禀赋的差异性之上。而且,的确,在写作《理想国》时,柏拉图对他的这一反驳似乎并没有太多的信心,因为在那里谈到民主制度时他只用了个嘲笑:"把平等给予平等者和不平等者。"除了这些话外,他宁愿忘掉平等主义而不去攻击它。

总而言之,可以说柏拉图从来没有低估过平等主义理论的重要性——它受到了伯里克利之流的支持。但是,在《理想国》里,他根本没有探讨平等主义;他对它进行了攻击,但并不是光明正大的。

那么他又是如何确立自己的反自然主义、他的自然特权原则的呢?在《理想国》中,他提出了三个不同的论证,然而其中的两个名不副实。第一个论证发出惊人之语:既然国家的其他三个品质都考察过了,剩下的第四个,即"牢记自己的职业",必须是"正义的"。我很不情愿相信这就是一个论点,但它肯定是,因为柏拉图最主要的代言人——"苏格拉底"——通过发问"你知道我是怎么得出这个结论的"来引出这个论证。第二个论证更为有趣,因为它努力想表明他的反平等主义可以从正义即无偏见这一平庸的(即平等主义的)观点推出。我充分地引用了该段落。谈到城市的统治者也应当是城市的法官时,"苏格拉底"说:"每个人都不拿别人的东西,也不让别人占有自己的东西，除此而外，司法还有别的目的吗？"——"说得对，"格劳孔插话道："这是它们的唯一目的。"——"这是个正义的目的吗？"——"是的。"——"因此，我们大概也可以根据这一点达到意见一致了：正义就是有自己的东西和干自己的事情。"根据我们通常的正义观念，这就是司法公正原则。这里，第二个论证结束，第三个论证出现（下面将要分析）并得出结论：诸阶级或阶层各尽其责、各司其职，即正义。

第二个论证的唯一目的就是要迫使读者相信，"正义"一词通常的意思，就是要求我们信守自己的岗位，因为我们应当一直保有属于自己的东西。也就是说，柏拉图希望他的读者可以从中得出推论："保有自己的东西，干自己的事情就是正义。我的岗位（或我的职责）是我自己的。因此坚守我的岗位（或干我的本职工作）就是公正的。"这就跟另一论断异曲同工："保有自己的东西，干自己的事情是公正的。偷你的钱是我自己的计划，因此对我而言执行我的计划是公正的，要具体付诸实施，也就是去偷你的钱。"很显然柏拉图希望我们得出的推论不过是就"某人自己的"这一术语玩了个蹩足的把戏而已。（因为问题在于，正义是否要求在某种意义上"我们自己的"一切，如"我们自己的"阶级，都应当不仅作为我们的财产，而是要作为我们不可剥夺的财产来对待。但柏拉图本身并不信仰这一原则，因为显然它将使向共产主义的过渡不可能。而且抚养我们自己的孩子又是怎样的情形？）这一蹩足的把戏是柏拉图在亚当所说的"他自己的正义观跟该词流行的……意义之间"建立"契合点"的方法。这就是这位有史以来最伟大的哲学家是如何竭力使我们相信他发现了正义的真正本质的。

柏拉图所提出的第三个也即最后一个论证更为严肃认真。它呼吁整体主义或集体主义原则，以及与个人的目的是保持国家的稳定这一原则之间的联系。所以，在下面的第五、第六节，对此进行分析讨论。

但在探讨这些论证之前,我希望大家把注意力放在"序言"上——柏拉图把它放在我们现在正在审查的"发现"之前。我们必须依靠我们已经做出的观察来考虑问题。从此观点出发,那篇"冗长的序言"——柏拉图本人就是这么描述的——看来是在"发现正义"之前为读者所做的准备中聪明的一着,要使读者相信争论仍在进行,而实际上,读者所面临的只是一幕旨在软化其批判能力的戏剧表演。

发现智慧是护卫者特有的品德、勇气是辅助者特有的品德后,"苏格拉底"表明了为发现正义而做最后努力的意图。"还剩下两种东西,"他说,"我们要在这个国家里寻求,就是节制以及我们整个的研究对象——正义。"——"正是",格劳孔回答说。于是苏格拉底建议把节制搁在一边,但格劳孔就对苏格拉底让步了。他说,拒绝讨论"可能是错误的"。这一小小的争辩是给读者重新介绍正义做了铺垫,向他们表明苏格拉底已拥有了它的"发现"手段,向他们重新肯定格劳孔在论辩过程中正在仔细地审视柏拉图知识分子的诚实,而读者们自己因此就根本用不着考察。

苏格拉底接下来讨论节制,他发现这是劳动者所唯一特有的品德。(顺便提一下,柏拉图的"正义"是否区别于他的"节制",这一不断争论的问题可以很容易回答。正义意味着保持自己的地位;节制意味着知道自己的地位。——说得更准确一点,就是为自己的地位感到满足。像野兽一样只知填饱肚子的工人还能有什么特有品德呢?)当发现节制后,苏格拉底问道:"剩下的那个能让我们国家再具备一种美德的东西还能是什么呢?显然就是正义了。"——"显然是的",格劳孔答道。

"我亲爱的格劳孔啊,"苏格拉底说,"现在正是要我们像猎人包围野兽的藏身处一样密切注意的时候了。注意别让正义漏了过去,别让它从我们身边跑掉,在不知不觉中消失了。它显然在附近的某个地方。把你的眼睛睁大些,努力去发现它。如果你先看见了,请你赶快告诉我!"格劳孔,如读者一样,当然是不能做到这种事的,于是请求苏格拉底带头。"既然如此,"苏各拉底说,"为了胜利,就请你跟我前进吧。"但即使是苏格拉底也发现这块所在地"难以穿越,因为布满林木;它一片黑暗,难以寻找……但",他说,"不管怎样,我们总得前进"。格劳孔并没有这么反抗:"怎么前进?靠我们的探索,也即我们的论证?可是我们甚至还没有开始。在你已说过的话中连一点道理(感觉)也没有。"他和天真的读者一样顺从地答道:"是的,我们得前进。"现在苏格拉底告知他已经"隐约看见了"(我们没有)并且变得兴奋起来,"喂!喂!"他喊道,"格劳孔!这看来是它的踪迹了!我相信猎物是不会从我们这里逃掉的!"——"这是个好消息",格劳孔答道。"哎呀,"苏格拉底说,"我们的确太愚蠢了,我们在远处寻找的东西一直就在我们眼前!我们却总是看不到它!"苏格拉底的呼喊和这样的主张重复了一段时间后,被格劳孔打断了,他表达了读者们的情感并问苏格拉底发现了什么。但苏格拉底说:"我们一直以某种方式在谈论这个东西,但是我们却始终不知道我们是在谈论它。"格劳孔表达了读者们的不耐烦情绪并说道:"你这篇序言太长了,你赶快言归正传吧。"就在那里,柏拉图才开始提出我已经略述过的那两个"论证"。

格劳孔最后的话可以认为表明了柏拉图意识到了他在"冗长的序言"里干什么。我难以对它作出解释,除了认为它是一种企图——被证明是非常成功的——欺骗读者批判性的能力,以及对语言愤怒的戏剧化的表演,把读者的注意力从他们这篇辉煌的对话所表现的智慧的贫乏上转移开来。它诱使人们认为,柏拉图知道它的弱点,以及如何把它隐藏起来。

个人主义与集体主义这一问题跟平等与不平等密切相关。在开始探讨这一问题之前,应当有必要就专门用语作些议论。

"个人主义"这一术语(据《牛津字典》)有两种不同的用法:(a)与集体主义相反,及(b)与利他主义相反。前一种意义再没有其他的词来表达,但后者则有数个同义词,例如"利己主义"和"自私"。这就是为何在下文中我将用"个人主义"一词专指(a)意,用"利己主义"或"自私"这样的字眼来表达(b)意。列一个小表可能是有用的:

(a)个人主义相对于(a')集体主义

(b)利己主义相对于(b')利他主义

现在这四个词描述了对规范的法律准则的某种态度、主张、决心或者建议。尽管它们必然是含糊的,我相信它们可以很容易用例子来说明,因此为我们当前的目的足可以放心地来运用。让我们先从集体主义开始,由于我们对柏拉图整体主义的讨论,我们对这一态度已熟悉了。他的主张是个体应当推进整体——无论是全人类、国家、家庭、种族,还是任何其他的集体机构——的利益,在上一章的几个段落里,已对此做了解释。这里再援引其中的一段,但更为完整:"部分为了整体而存在,但整体并不为部分而存在……你是因整体而被创造,而整体的被创造并非为了你。"这段引文不只解释了整体主义和集体主义,同时也传达了柏拉图对此强烈的有意识的情感要求(正如我们可在此段前的序文中所见到的)。这一吁求援引有多种情感,比如,渴望归属于一个集团或家庭。其中的一个因素是对利他主义的道德上的要求及反对自私。柏拉图认为,如果你不能为了整体而牺牲自己的利益,那么你就是自私的。

现在我们稍稍注意一下上面的小表就会发现事实并非如此。集体主义并不反对利己主义,而它也并不跟利他主义或无私相同一。集体或集团利己主义,例如阶级利己主义,是十分常见的事(柏拉图对此深有了解),这就相当清楚地表明这样的集体主义并不反对自私。一位反集体主义者,即一位个体主义者,能够同时是一位利他主义者。

为了帮助其他的个体,他也可以情愿地做出牺牲。这种态度最好的例子可能是狄更斯,很难说他对自私的强烈憎恨与他对个体所具有的人性的弱点的强烈兴趣二者之间,到底哪个更强烈。而这种态度跟一种厌恶——不只是对我们所称的集体机构或集体,而且也包括对一种真正的利他主义——相联系,如果针对的是不知名的集体而不是具体的个人的话。(我提请读者注意《荒凉的家庭》里杰里贝太太,"一位全心全意为公共事业服务的女士"。)这些例证,我认为,有力而且清楚地解释了我们这四个词的意义,而且它还表明表中的任何一个词都可以和另一边两个词中的任何一个相结合(这就产生了四种可能的组合)。

现在很有趣的是,对柏拉图及大多数柏拉图主义者而言,一种利他的个人主义(如狄更斯的例子)不可能存在。根据柏拉图的观点,集体主义唯一的替代物是利己主义。他简单地把所有的利他主义跟集体主义等同起来,把所有的个人主义和利己主义中间画上了等号。这不仅仅是个术语问题,或者咬文嚼字,因为柏拉图只承认两种可能性而不是四种。这就给道德问题的思辨带来了相当的困惑,甚至一直延续到我们今天。

柏拉图把个人主义等同于利己主义,不光为他捍卫集体主义而且为他攻击个人主义配备了有力的武器。为了捍卫集体主义,他可以利用我们无私的人道主义情感;为了进行攻击,他可以给所有的人文主义者打上自私的标记,因他们只会对自己付出。这一攻击,尽管柏拉图是对准我们意义上的个人主义,例如对人类个体的权利的反对,但理所当然地通向了另一个不同的目标,利己主义。但是这种区别一直遭到柏拉图及大多数柏拉图主义者的忽视。

为何柏拉图竭力攻击个人主义?我想当他把枪口瞄准这种主义时,他很清楚自己在做什么,因为个人主义,也许比平等主义更像是维护新的人文主义信念的桥头堡。个体的解放的确是一场伟大的思想革命，它导致了部落制度的解体和民主制度的兴起。柏拉图不可思议的社会学直觉表明，无论在哪里相遇，他都能辨认出他的敌人。

个人主义是古老的关于正义直觉理念的一部分。正义并不是——如柏拉图可能会认为的那样——国家的健全与和谐，而是一种对待个体的方式。亚里士多德对正义所做过的强调应当记住，他说："正义是跟人有关的某种东西"。这种个人主义的要素已经被伯里克利一代的人重点强调过。伯里克利本人清楚地表达过，法律应当为"私人争辩中的所有人"保证平等的正义，但他又前进了一步。"我们觉得不应该，"他说，"对我们的邻居走自己选择的道路说三道四。"（把此跟柏拉图相比较，柏拉图说，国家孕育人的目的，不是"让他们轻松自在各走各的路……"）伯里克利坚持认为，这种个人主义肯定与利他主义有联系，"我们被教导……永远不要忘记保护受伤的人"；在描述年轻的雅典人成长为幸福而又多才多艺自力更生的人时，他的演说达到了高潮。

这与利他主义相结合的个人主义，已经成为我们西方文明的根基。它是基督教的核心教义（"爱你的邻人"，《圣经》上说，不要"爱你的部落"）；而且它是诞生于我们的文明并促进我们的文明的一切道德学说的核心。它也是，例如，康德实践学说的中心（"要时刻认识到人类个体是目的，而不要把他们仅仅作为达到目的的工具"）。在人类道德的发展历程中，还没有其他跟它一样如此有力的思想。

当柏拉图在这种学说中看到他的等级制国家的敌人时，他是正确的。他对它的仇恨胜过了他那个时代所有"破坏性的"学说。为了更清楚地表明这点，我想从《法律篇》中引用两段，它对个人的真真确确令人吃惊的敌意我觉得一点没有被意识到。其中的第一段因是《理想国》的一条注释而知名，它探讨了"妇女孩子及财产的社会共同体"。在这里柏拉图把《理想国》中的政体描述为"国家的最高形式"。在这种最高形式的国家里，"妻子们、孩子们及所有的奴隶们都有他们的一份共有财产。在我们的生活当中要尽可能地根除各种形式的私人或个人行为。只要这点能做到,即便是自然造化为私人或个人的,也可以在某种程度上成为大家共有的财产。就像我们的眼睛、耳朵和手或可以视、听和行动——好似它们不是属于个人而是属于社会一样。所有的人都被格式化,让他们能最大限度地全体一致地嬉笑怒骂,让他们甚至能在相同的时间对相同的事情感到欣喜或悲伤。所有这些法律因把国家最大限度地团结起来而更加完善"。柏拉图继续说道:"没有人能发现比刚刚解释过的原则更好的关于国家最优化标尺了。"他把这样的国家描述为"神圣的",是国家的"雏形"或"模型"或"原型",也即描述为它的形式或理念。这是《理想国》中柏拉图自己的观点,当他放弃实现他的宏伟的政治理想时,就表达出来。

第二段也出自《法律篇》,只要可能,就更为坦率无保留。应当强调的是,这一段首要解决的是军事远征与军事纪律问题,但柏拉图不加疑虑地认为,同样,不仅在战时军事领袖应当整肃纪律,而且"在和平时期同样应当如此——从孩提时代开始"。像其他极权主义军事家和斯巴达的崇拜者一样,柏拉图极力认为对军事纪律的强烈需要是至关重要的,即使是在和平时期,也必须由它们制约全体公民的整个生活。因为不仅全体公民(他们全是战士)和孩子们,而且也包括那些地道的牲畜,必须在持续总动员的国家里度过其一生。"一切当中最为重要的原则是,"他写道,"任何人,无论男女,一刻也不能没有领袖。也根本不能允许任何人的心灵习惯于凡事凭自己的直觉做,不管它是出于热情,还是开玩笑。但在战时或和平时期——他应当眼观领袖,忠诚地跟随领袖。即便是在最细小的问题上,也应当服从领袖。譬如,他可以起床、活动、洗脸、吃饭……只要他被告知这么去做……一言以蔽之,他应当告诫自己,经过长时间的习惯,从来(永远)不能妄想独立行动,变得绝对不能这么做。这样大家的生活将在整个共同体中度过。没有法律或意愿比这更出色，能在确保战时救助与战争胜利方面比这更优秀，更有效。在和平时期，从孩提时代开始就应当加以强化，——统治别人及被别人的统治的习惯。无政府主义的一点踪迹都应当彻底地从所有人的生活当中除去，甚至包括那些受人类支配的牲畜。"

这些言辞铿锵有力。从未有人比他对个人主义怀有更强烈的敌意。这种怨恨深深地植根于柏拉图哲学本质上的二元论。他对个人及个人自由的憎恨正如他对不断变化的特别经历、对变动不居的可感知事物的世界的多样性的仇恨。在政治学领域，个体在柏拉图看来就是魔鬼本身。

这种态度，既反人文主义又反基督教，一直被理想化了。它被看作人道的、无私的、利他的、基督教的。例如 E. B. 英格兰声称《法律篇》那两段中的第一段是"对自私的强烈谴责"。在探讨柏拉图的正义理论时，伯里克利说了类似的话，他说柏拉图的目的是"用和谐来取代自私和公民的不睦"，因而"国家和个人利益往日的和谐……就在柏拉图的教导之下被恢复了，但却是在一个新的更高的层次上的恢复，因为它已被提升为有意识的和谐"。只要我们记住柏拉图把个人主义等同于利己主义，那么，这样的以及数不胜数的与此相类似的论点就都可以很容易被解释。因为所有这些柏拉图主义者相信反对个人主义就如同反对自私。这就说明了我的论点，这种同一产生的效果使反人文主义成功地得到了推波助澜。而且直到我们今天它仍然困扰着我们对道德问题的思索。但我们也应当认识到，那些被这种同一和高调话语所欺骗的人，把柏拉图当作道德的导师来赞扬其声誉，并且向全世界宣告他的伦理学是基督降生之前通向基督者的最捷途径，这样一来就为极权主义，尤其是对基督教进行反基督教解释的极权主义者，铺平了道路。这是一桩危险事，因为基督教曾一度受极权主义思想的支配。过去曾有宗教裁判所，今天它可能以另一种形式回来。

所以就值得提到一些更深刻的原因，说明为何心地单纯的人仍要说服自己相信柏拉图意愿的人道主义性质。一个原因是，当为他的集体主义学说准备依据时，柏拉图时常以一句格言或谚语开头（这似乎是毕达哥拉斯最先说过的）"朋友们共享他们所拥有的一切"，这毫无疑问是一种无私、高尚、优秀的品格。谁会怀疑用如此值得称赞的假定开头的论题最终会得出一个彻头彻尾的反人文主义的结论？更为重要的另一点是，在柏拉图的对话中，有许多处表达了真正的人文主义情感，尤其是在《理想国》之前，他仍处在苏格拉底影响之下所写的那些对话。我特意提到了苏格拉底的学说：在《高尔吉亚篇》中谈到，做事的不正义比忍受不正义更糟糕。很显然这一学说不仅是利他主义的，同时也是个人主义的。因为在集体主义的正义理论里，比如像《理想国》，非正义是一种反对国家而不是反对某个特定个人的行为，尽管一个人可以控诉非正义的行为，但只有集体才能不断经受非正义的磨难。但在《高尔吉亚篇》中，我们丝毫未能发现这类情况。正义理论是相当规范的，"苏格拉底"（这里的他可能有更多的苏格拉底的成分）给出的非正义的例子，譬如捆某人的耳光，打伤或杀害某人。苏格拉底教导说，忍受这样的行为比做出这样的行为更好一些，这样的训导的确跟基督教的教义很相似，他的正义学说与伯里克利的精神极其吻合（第10章将努力对此做出解释）。

现在，在《理想国》中一种新的正义学说出现了，它不但不与这样的个人主义相容，甚至干脆是对它充满敌意，但一位读者可能很容易相信，柏拉图仍然牢牢坚持《高尔吉亚篇》里的学说。因为在《理想国》里，柏拉图不断地提出忍受非正义比行为的非正义更好的论点，尽管从本书所提出的集体主义正义理论的观点看，这样的话毫无意义。而且，在《理想国》中，我们听到了"苏格拉底"的反对者相反的声音：导致非正义是舒心愉快的，而忍受正义则糟糕透顶。当然，每个人道主义者都受到这样的犬儒哲学排拒，当柏拉图借苏格拉底之口提出自己的目标时："如果正义遭人诽谤，而我一息尚存有口能辩，却袖手旁观不上来帮忙，这对我来说恐怕是一种罪恶，是奇耻大辱。"这时，诚信的读者确信了柏拉图的良好愿望，无论他走到哪里，都时刻准备着跟随。

由于随后又与色拉希马库斯（他被描述为最可恶的政治暴徒）玩世不恭自私自利的演说进行了比较，这一事实使得对柏拉图的这种深信不疑的后果进一步加深，与此同时，读者们就被引导到认为个人主义跟色拉希马库斯的观点是一回事，并认为柏拉图既然反对个人主义，也就必然反对他那个时代的一切破坏性的虚无主义倾向。但是我们不应当让自己被色拉希马库斯的画像跟当代集体主义的妖魔（"布尔什维克主义"有很大的相似性）这样的个人主义妖魔吓倒，以至于接受另一种更为现实也更加危险（因为没有那么明显）的野蛮形式。因色拉希马库斯的个人的力量是正确的学说，被柏拉图用同样残暴野蛮的学说——只要是增进国家的稳定与力量的东西就是正确的——所取代。

总之，由于其极端的集体主义，柏拉图对大家通常所称的正义问题，也即对有争议的个人要求一视同仁，甚至没有兴趣。同时，他对调适个人的要求使之适应国家的要求也没有兴趣。因为个人终归是次要的。"我立法时以什么对整个国家最为有利为依据……"柏拉图说道，"因为我公正地把个人的利益置于稍次的价值水平上。"他唯一关心的正是诸如此类的集团整体，而正义对他来说，不过只是集体机体的健康、团结与稳定而已。

至此，我们已经看到，人文主义伦理学要求对正义作平等主义和个人主义的解释；而我们还没有把这种人文主义的国家观勾勒出来。另外，我们已经看到柏拉图的国家理论是极权主义的；但我们还没有解释这一理论是如何运用到个人伦理中去的。现在让我们开始从事这两项任务，先从第二个开始。首先我要分析柏拉图正义的"发现"

中的第三个论证——该论证至今只是被粗略地勾画出来。柏拉图的第三个论证是：

"现在请你考虑一下，"苏格拉底说，"你是不是同意我的下述看法：假定一个木匠做鞋匠的事，或者一个鞋匠做木匠的事，你认为这将会给城邦造成很大的危害吗？"——"不会造成太大的危害"——"但是我想，如果一个人天生是一个手艺人或者是生意人中的一员……企图爬上军人等级；或者一个军人企图爬上他们不配的护卫者等级，那么这种交换和密谋是否意味着国家的毁灭呢？"——"绝对是的"——"我们的国家有三个等级，我认为任何这样的企图从一个等级变为另一个等级的交换或干涉对于国家是有最大害处的，那么，可不可以把这称为最坏的事情？"——"确乎是这样的"——"但你肯定认为对自己国家最大的危害不就是不正义吗？"——"当然是的"——"那么这就是不正义。相反，我们说，当生意人、辅助者和护国者这三个等级各做各的事时，便有了正义。"

现在如果我们看看这个论点，就能得出：（a）社会学上的假定：这种严格的等级制度的任何削弱，都将导致国家的毁灭；（b）继续对第一个论证坚定的重申：危害国家的是不正义的；及（c）由此推出与此相反的就是正义。现在我们可以（姑且）承认下面这些社会学上的假定：（a）既然柏拉图的理想是阻止社会变化，既然他用"危害"来意指所有可能导致变化的东西，那么，阻止社会变化只能靠严格的等级制度就可能是相当正确的了。而且我们还可以进一步承认推论（c），不正义的对立面是正义，然而最有意思的是（b）；扫一眼柏拉图的论点便知道他的整个思想倾向由一个问题支配：这件事危害国家吗？它的危害大还是小？他不断地重申，所有威胁要危害国家的东西在道义上既邪恶也不正当。

这里我们看到了，柏拉图承认的首要准则是国家利益。只要是推进国家利益的都是好的、善良的、公正的。只要是威胁国家利益的就是坏的、邪恶的、不公正的。服务它的行为是道德的；威胁它的行为是不道德的。换言之，柏拉图的道德准则是严格的实用主义；它是集体主义或政治实用主义的准则。道德的标尺是国家利益。道德不过是政治的保健术。

这是集体主义的、部落主义的、极权主义的道德理论："善就是为我们的集团、我们的部落、我们的国家利益服务。"很容易明白这种道德在国际关系中的意味：国家自身的任何行为永远不会错，只要它是强大的；国家不仅有权力给它的公民施以暴力，来加强自己的力量，而且也可以进攻别国，假如这么做不会削弱自身的话（这个由黑格尔导出的推论，明确地承认了国家的非道德性，并随后维护了国际关系中的道德虚无主义）。

从极权主义伦理学的观点以及集体效用论的观点看，柏拉图的正义理论完全正确。保持自己的职位是一种美德，公民的德行就相当于军队的纪律。而且这种道德所起的作用正如同"正义"在柏拉图的品德体系里所起的作用。在国家这个大钟里，齿轮用两种方式来体现其"品德"。第一种，它们的尺寸、形状、力量等必须符合自己的工作；第二种，每一个都必须安装在恰当的位置并且必须固守这一位置。第一种类型的品德，对一项特定工作的符合性，将带来一种差异性，这跟齿轮的特殊任务有关。（各干各的，即差异）有些齿轮（因其本性）大而派上用场，所以是道德的；有些因其坚固；有些则因其光滑。但是固守岗位的美德则是它们共同具有的；而且同时它们对整体而言也是一种美德：被恰当地安装到一起——处于融洽协调的状态。对于这种普遍的美德，柏拉图给它命名为"正义"。这一程序极其连贯，而且被极权主义的道德观证明是正当的。假如个人不过是一个齿轮，那么伦理学的任务就只剩下研究他怎样才能符合整体了。

我希望清楚地表明，我对柏拉图的极权主义深信不疑。他的主张，即一个阶级对其他阶级的不受挑战的统治没有商量的余地。但是他的初衷并不是上层阶级对劳动阶级最大限度的剥削，而是整体的稳定性，然而，他为保持有限剥削的必要性所给的理由，又一次是纯粹的实用主义。这是稳定阶级统治的需要。护卫者是不是应当想办法得到更多，他争辩说，然而最终他们却一无所有。"假如他们对稳定安全的生活不满意……以致受自身权力的诱惑，损公肥私侵富，那么他们肯定会发现赫西奥德说的'一半多于全'这句话，是何等的聪明。"但我们一定要认识到，即便是这种对阶级特权的剥削加以限制的倾向，也依旧是极权主义一般的组成部分。不能简单地说极权主义是非道德的，它是封闭社会——集团式部落的道德；它不是个人主义的自私，而是集体主义的自私。

考虑到柏拉图第三个论证的明确性和一致性，就应当发出疑问，为什么他既需要那个"冗长的序言"，又需要前面的两个论证？为什么所有这些都显得那么不自然？柏拉图主义者当然会回答说这一不自然只存在于我的想象中，也许真是如此。但那些段落的不合理性很难解释清楚。对这一问题的答案我相信是，假如把论证的意思直截了当而又枯燥乏味地端给读者，那么，柏拉图的集体的钟表就几乎不可能对他的读者产生吸引力。柏拉图显得局促不安，因为他不但知道而且害怕那种他竭力与之决裂的力量以及它的道德感染力。他不敢向他们发起挑战，但又要为了自己的目标而战胜它们。无论我们在柏拉图的著作中是否目睹到一种讥讽式的有意识的企图——为了他自己的目的而运用新兴的人文主义的道德情绪；也无论我们是否目睹到另一种悲剧式的企图——说明自由对人文主义的邪恶有更好的意识，我们无从知道。我个人的印象是，后者是实际情况，这一内在的冲突是柏拉图魅力的最大秘密。我认为在心灵的深处，柏拉图被新的观念，尤其是最伟大的个人主义者苏格拉底及他的殉难所感动。而且我认为，他用他那无与伦比的智慧的力量来跟这种对他、对别人都起作用的影响战斗，尽管并不总是公开的。这也说明了为何我们仍在他的极权主义当中，时不时地可以发现一些人文主义的思想。这同样说明了为什么哲学家们把柏拉图描绘为一位人文主义者是可能的。

这种解释的一个强有力的论据是柏拉图对待（不如说是虐待）人文主义和理性主义的国家理论——一种在他那一代刚刚发展起来的理论——的方式。

要清楚地描述这个理论，应当采用政治要求或政治见解的语言（见第5章第3节）；也就是说，我们不应去回答这一根本性的问题：什么是国家，它的本质、它的真正意义是什么？我们也不应力图回答这样一个历史学问题：国家是如何起源的？什么是政治义务的起源？我们毋宁用这种方式提出我们的问题：我们应当从国家要求什么？我们打算把什么当成是国家行动的合法的目的？而为了找到我们基本的政治需要是什么，我们可以问：为什么我们宁愿生活在没有国家却安排得很好的状态，如无政府状态中？这是一种理性的提问方式。这是一位工艺学家开始构建或重建任何政治制度之前必须想办法回答的问题。因为只有当他知道了自己的需要，他才能确定某种制度是否很适合它的功用。

现在如果我们用这种方式提问，人文主义的回答将是：我从国家那里要求的是得到保护；不光为我，而且也为别人。我需要对我及别人的自由加以保护。我不希望自己的生活被那些拥有铁拳和大炮的人支配。换言之，我希望得到保护不被别人侵犯。我希求侵犯与防卫二者的差别被承认，而防卫受到有组织的国家权力的支持。（防卫是一种维持现状的举措，这个原则被认为是等同于另一个——现状不应通过暴力方式而改变，而只能根据法律，以妥协、仲裁的方式，除非那里没有供它的更改的法律程序。）我做了充分的准备，虽然我的行动自由受到国家某种程度的限制，但我剩下的自由却能得到保护，因为我知道对我的自由做些限制是必要的；譬如说，如果我需要国家支持防卫以反对任何进攻的话，那么我必须放弃进攻的"自由"。但我认为国家不应当对其最基本的目的视而不见,我的意思是指给不会伤害其他公民的自由提供保护。因此,我要求国家必须尽可能平等地限制公民的自由,使其不要超过达到均等的有限度的自由之所需。

这类主张也将是人文主义、平等主义、个人主义的要求。这一主张容许社会工程学家理性地看待政治问题,也即从具有相当清楚确定的目标这样的视角出发。

与认为这样的目标可以十分清楚确定地表达出来的观点相左的许多反对意见已经出现。据说一旦承认自由必须加以限制,整个自由原则将被毁掉,而且,哪些限制是必需的,哪些则是不负责任的?这一问题难以理性地把握,只能靠权威。但这一反对意见源于认识上的含糊不清。它把我们希望从国家那里得到什么这一根本问题同实现我们的目标过程中出现的某些技术性难题混为一谈。当然很难精确地确定留给公民的自由度,使它不会危及国家保卫自由的任务。但是近似地确定其自由度却是可能的,这可由经验,例如民主国家的存在保证。事实上,大致确定(自由度)的过程是民主政治立法的主要任务。这是个艰难的过程,但出现的困难还不足以迫使我们改变我们的基本主张。简而言之,这些就是说,国家应当被当成阻止犯罪即侵犯的一种团体。整个反对意见认为的,很难确定哪里是自由的终结罪行的开始,原则上被一著名的故事回答了:流氓抗议说,作为一个自由的公民,他的拳头可以挥向他喜欢的任何方向;于是法官聪明地答道:"你的拳头运动的自由受到邻人鼻子位置的限制。"

我在这里所勾画出的国家观可以称为"保护主义"。"保护主义"一词常被用来指称反对自由的倾向。因此经济学家用保护主义表示反对竞争,保护某些产业利益的政策;道德家们用它表示国家官员应当建立针对全体民众的道德监护制度的主张。尽管我称之为保护主义的政治理论跟这些倾向毫不沾边,尽管它在本质上是一种自由主义的理论,我认为这一名称也可以用来指称那些倾向,虽然它是自由主的,但是它跟严格的不干预(经常,但不十分恰当地被称为"放任主义")政策沾不上边。自由主义与国家干预互不排斥。与之相反,除非得到国家的保证,任何形式的自由都显然是不可能的。只要年轻人拥有捍卫他们自由的能力,那么一定程度的国家控制,比如在教育上,是必需的;国家应当确保所有的教育设施应让每个人都能得到。但国家对教育问题太多的控制则是对自由致命的威胁,因这样就导致灌输。如已经揭示的,自由的限度这一重要而又困难的问题,不可能用一刀切或一枯燥的公式就会解决。常常那些难以确定的两可情况受到人们的欢迎,这是事实。

因为假如没有这类政治问题政治斗争的刺激,公民为他们的自由而战斗的准备工作很快就将消失;反之,有了它们,也就有了自由(鉴于此,在自由和安全,也即国家所保证的安全之间所谓的冲突变成了一个神秘的怪物。因为如果没有国家作保证,就没有自由;与此相反,只有由自由公民所控制的国家才能根本上给他们提供一切合理的安全)。

如此说来,保护主义者的国家理论没有受历史主义或实在论的任何因素的影响。这并不是说国家起源于怀有保护主义目标的个体的联合,或者历史上的一切现实的国家从来没有有意识地依据这一目标而统治。它丝毫没有提及国家的根本属性,或者天赋的自由权;也根本没有谈到国家实际运行的方式。它提出了一项政治主张,或者更确切地说,一项要求采纳某一种政策的建议。然而,我怀疑,那些认为国家起源于保护自己成员的联合体的众多的因循守旧者们,曾试图表述过这项政治主张,尽管他们用的是一种使人误入歧途的笨拙的语言——历史主义的语言。另一种同样使人误入歧途的表述这种主张的途径是,断言保护自己的成员本质上是国家的功能;或者断言国家应当被界定为一个互相保护的联盟。在对所有这些理论进行严肃认真的讨论之前,必须把它们转译为——原封不动地——关于政治行为的主张或见解的语言。否则,将要不可避免地就字面上的特征进行没完没了的辩论。

这样转译可以举出一个例子。对我所称的保护主义的批判已由亚里士多德提出,而伯里克利及许多当代的柏拉图主义者跟着做了。这种批评声称,保护主义把国家的任务看得太低贱了,认为国家的任务是(用伯里克利的话说)"要用别的威严来看待,因为凡是只服务昙花一现的自然界世俗动物生存的,国家都不参与"。换言之,国家是某种比有着理性目的联盟更高级更尊贵的东西;它是崇拜的对象。它有着比保护人类及其权利更崇高的任务。它有道德任务,"爱护美德是使国家名实相符的事务",亚里士多德说。假如我们一定要把这种批评用政治主张的语言表达出来,那么我们发现对保守主义的批判需要两样东西。首先,保护主义者希望使国家成为一种崇拜的对象。从我们的观点看,这个愿望无可指责。它是个宗教问题;如何协调自己的信念和其他的宗教信仰,例如,第一戒的信仰,国家的崇拜者们必须靠自己来解决。第二种需要是政治性的。在实践当中,这种要求仅仅意味着国家的官员应当关心公民的道德,他们应把更多的力量用于控制公民的道德生活而不是保护公民的自由上。换句话说,这就要求:法律即国家实行规范领导的领域的扩大应当以牺牲道德合理性为代价,这一道德合理性不是由国家而是由我们自己的良心道德所实施的规范领域为代价。对这样的要求或建议可以进行理性讨论;对此也可以有不同的说法:提出这种要求的人显然没有看到这将是个人的道德责任的终结,而且它不仅不能改善反而将破坏道德。它将用部落的禁忌及极权主义的个人不负责任来取代个人的责任。与这种整体的态度相背,个人主义者肯定坚持认为,国家的道德(如果真有此事的话)倾向于被认为是低于一般公民的道德,所以国家的道德应称公民控制(而不是相反)就更具有吸引力(更合乎需要)。我们必需的而且也想得到的是政治的道德化而不是道德的政治化。

应该说，从保护主义的观点出发，现有的民主制度尽管远非完美，但在相当程度上达到了正确的社会工程。有许多种犯罪行为，如一些人类个体对另一些个体权利的侵犯，已经事实上得到了压制或者已有了相当程度的减少，在利益发生严重冲突时法庭的执法相当地成功，许多人认为运用这些方法于国际罪行和目标冲突只是个乌托邦式的幻想。但是，建立一种行之有效的执行制度以保护国内和平，对那些经受犯罪威胁的人来说，在不久以前还认为是乌托邦，而现在在众多国家当中，国内的和平极成功地得到了维持。而且，我认为一旦他们能公正理性地面对，控制国际罪行的工程问题就绝不是那么艰难。如果问题清楚地提出了，那么就不难让大家同意，无论是地区性的，还是世界范围的保护性制度是必需的。让国家的崇拜者继续去崇拜国家，但要让制度技术专家们不仅要提高制度的内部机制，同时还要建造一个阻止国际罪行的组织。

现在我们回到这些运动的历史上，似乎保护主义的国家理论最早是由高尔吉亚的学生诡辩家利科弗龙提出来的。我们已经提到他是（就像阿基达玛，也是高尔吉亚的学生）最先攻击天赋特权理论的人之一。他所坚持的理论（我称之为"保护主义"）由亚里士多德记录下来，亚里士多德谈论他的方式很容易使人认为是他最先提出这一理论的。从同样的资料我们了解到，他清晰地把它表达了出来，而这点他的前辈几乎没有人做到过。

亚里士多德告诉我们，利科弗龙把国家的法律视为"人们互相确保正义的契约"（它没有使公民善或公正的权力）。他进一步告诉我们，利科弗龙把国家当成保护其成员免遭非正义行为的一种工具（准许他们和平交往，特别是交易），要求国家应当是一个"阻止罪行的合作联盟"。很有意思的是，在亚里士多德对利科弗龙的表述中，看不出利科弗龙是用一种历史主义的形式，即认为国家历史起源于一种社会契约的理论来表达他的理论。相反，从亚里士多德的上下文中清晰地表现出来，利科弗龙的理论唯一关心的是国家的目的，因为亚里士多德认为，利科弗龙没有看到国家的终极目的是使它的公民有德行。这就表明利科弗龙理性地解释了国家的目的，并从技术的角度采纳了平等主义、个人主义及保护主义的主张。

拥有这样的形式，利科弗龙的理论就断不会招致传统的历史主义社会契约理论所遭遇的反对。常有人说，比如巴克，契约理论是"由近代的思想家们一点一点发掘出来的"，情况可能如此，但考察一下巴克的观点将表明他们肯定没有理解利科弗龙的理论，在利科弗龙那里巴克看到的是（在这点上我倾向于同意他）一种理论（后来被称为契约理论）最初形式的可能的奠基人。对巴克的观点可做如下理解：（a）在历史上，从未有过一份契约；（b）在历史上，国家从未制度化过；（c）法律不是传统，但出自传统、高于武力，也许是天生的直觉之类；在成为准则之前，它们是习俗；（d）法律的威力不在于制裁，不在于颁行法律的国家所拥有的保护性力量，而在于个人守法的禀性，也即个人的道德意愿。

马上就能看得出来，（a）（b）（c）三条反对意见，仅就其理论的历史形式而言，本身已被公认为很正确（尽管曾有过一些契约），但却与利科弗龙的看法无关。因此我们无须考虑它们。然而（d）条反对意见却值得进一步探讨。我们能用它指称什么呢？受到攻击的理论比其他任何理论都更强烈地强调了"意志"或者改善个人的决心；事实上，"契约"一词指的是通过"自由意志"结成的协定；契约理论，也许比其他任何理论都更强调法律的力量在于个人依法守法的禀性。那么，（d）又怎么能成为对契约理论的反驳呢？唯一可能的解释是，巴克并不认为契约诞生于"自私的愿望"。联系到柏拉图的批判，这种解释是最像模像样的。但要成为保护主义者，并不需要自私。保护并不意味着自我保护；许多人给自己的生活定下了保护别人而不是自己的目标，同理，他们可能主张国家的保护主要是为别人，在更小的程度上（或者干脆不）保护自己。保护主义的基本观点是：保护弱者免受强者的欺凌。这一主张不仅弱者提出，而且强者也时常提出。至少可以说，认为它是一项自私或不道德主张的说法是欺人之语。

利科弗龙的保护主义，我认为跟所有这些反对意见挂不上钩。它是伯里克利时代人文主义和平等主义运动最恰当的表现形式。然而，它却从我们身上被非法剥夺走了。它以一种歪曲的形式代代相传，或被当成国家起源于社会契约的历史主义理论；或被当成声称国家真正的本质是习俗的实在论；或被当成一种以承认人根本上的非道德性为基础的自私的理论。所有这一切都是由于柏拉图权威无以伦比的影响力。

几乎不容怀疑，柏拉图熟知利科弗龙的理论，因为他（八九不离十）是比利科弗龙稍年轻的同代人，而且，这个理论确实和先出现在《高尔吉亚篇》、后又出现在《理想国》中的一个论点颇为吻合。（在两处柏拉图都没有提及它的作者；当他的对手仍在世时，这是他惯常采取的措施。）在《高尔吉亚篇》里，这个理论是由卡利克勒斯，一位和《理想国》里的色拉希马库斯一样的道德虚无主义者来阐释的。在《理想国》里则是通过格劳孔。两种情形下，说话者都没有把提出来的理论当成自己的。

两个段落在许多方面有类似性：二者都用历史主义的形式提出理论，也即把它当成一种关于"正义"起源的理论；二者提出理论时都假定其逻辑前提必然是自私乃至虚无主义，也就是说，好像保护主义的国家观只被这样的人拥护：他们也乐意攻击不正义，但太居弱而做不到，因此他们就主张强有力的人也不要这么去做；这样的描述显然公正，因为该理论唯一必备的前提是：主张镇压罪行或不正义。

至此，《高尔吉亚篇》和《理想国》中两处文字的相似已经提出，这种类似经常被人评论。但是，两者之间存在着巨大的差异，就我所知，这种差异一直被评论家们忽视了。情况确实这样。在《高尔吉亚篇》里，该理论是作为卡利克勒斯所反对的理论而由他提出的；因此既然他也反对苏格拉底，那么其言外之意是，柏拉图不但没有攻击保护主义的理论，而且还持赞成态度。而且，确实，更进一步考察将显示出来，苏格拉底支持该理论反对虚无主义者卡利克勒斯的若干特征，但在《理想国》里，该理论由格劳孔提出，作为对色拉希马库斯——这里他成了顶替卡利克勒斯的虚无主义者——观点的注解和发展。换句话说，这一理论被当成虚无主义的，而苏格拉底成了摧毁这一邪恶自私学说的英雄。

这样一来，大多数评论家所发现的在《高尔吉亚篇》和《理想国》间思想倾向的相似性，事实上是针锋相对的。尽管卡利克勒斯是含着敌意提出的，而《高尔吉亚篇》的态度是赞成保护主义；而《理想国》则激烈地加以攻击。

这里从《高尔吉亚篇》中摘录了卡利克勒斯的一段话："法律由人民的大多数制定，他们主要是弱者。而他们制定法律……是为了保护他们自身及他们的利益。因此，这么一来，他们就可以威慑强者……以及其他所有可能打败他们的人。……他们用'不正义'一词来指一个人想打败他的邻人的企图。由于知道自身的低贱，我想说，只要他们能获得平等就已经喜出望外了。"如果我们考虑到这层原因并抛开卡利克勒斯的公开嘲讽和敌意，那么，我们将发现利科弗龙理论的所有成因：平等主义、个人主义以及对不正义的保护。即使提及"强者"和自知自己低贱的"弱者"很适合保护主义的观点，但却提供了可供拙劣模仿的因子。说利科弗龙的学说明确地主张，国家应当保护弱者，这一主张当然很不体面，但很难说他不可能提出。（基督教的教义表达了这一主张终有一天会实现的愿望："温顺者应继承土地。"）

卡利克勒斯本人并不喜欢保护主义，他偏爱强者"天生的"权利。苏格拉底在与卡利克勒斯的辩论中,别有意味地求助于保护主义,因为他把它跟自己的中心论点——做不正义的事比遭受不正义的事更好——联系了起来。比如,他说:"许多议论,如你后来所说,不是认为正义即平等吗?而且做不正义的事比遭受不正义的事不更让人丢脸吗?"后来他又说:"……自然本身,不光是习俗,确认做不正义的事比遭受不正义的事更让人丢脸,而且正义就是平等。"(姑且不论其个人主义、平等主义和保护主义的倾向,《高尔吉亚篇》也表现出了某些强烈反民主的倾向。不妨这么解释,在写作《高尔吉亚篇》时,柏拉图的极权主义理论还没有形成,尽管他的同情已经有反民主的情绪,但他仍然处在苏格拉底的影响之下。怎么有人竟认为《高尔吉亚篇》和《理想国》同时对苏格拉底的观点作了真正的阐发,我难以理解。)

现在让我们回到《理想国》,在这里格劳孔提出的保护主义虽然在逻辑上更加严谨,但在伦理上却是色拉希马库斯虚无主义的翻版。"我的话题,"格劳孔说,"是正义的起源,以及它的本质。人们说,做不正义事是利,遭受不正义事是害。但他们坚持认为遭受不正义所得的害超过干不正义所得的利。所以人们在彼此交往中既尝到过干不正义的甜头,又吃过遭受不正义的苦头。两种味道都尝到了之后,那些不能专尝甜头不吃苦头的人,觉得最好大家订立契约,彼此确保既不得不正义之惠,也不吃不正义之亏。这就是法律创立的途径……按照该理论,这就是正义的本质与起源。"

只要其内容合理地发展,则显然是同一个理论。况且该理论的提出方式也在细节上跟卡利克勒斯在《高尔吉亚篇》里的演说相类似。然而,柏拉图的看法已经完全改变了。在这里保护主义的理论不再抵御建立在愤世嫉俗的利己主义之上的那个主张。相反,我们的人文主义情绪,我们的道德义愤已经被色拉希马库斯的虚无主义唤醒,并被利用来把我们变成保护主义的敌人。这个理论,它的人文主义特征已在《高尔吉亚篇》中指出了；现在柏拉图却使它表现为反人文主义的，而且的确看作那种令人反感且极不令人信服的理论——不正义对那些可以逃脱惩罚的人来说是一件非常好的事情——的结果，而且他毫不犹豫地反复强调。在所引用的该段文字后面很长的范围内，格劳孔非常详细地阐述了保护主义的据称是必备的假定或前提。其中他提到的观点有，譬如，做不正义事是"所有事中最好的"；正义的确立只是因为许多人太软弱而不能犯罪；对单个公民而言，一种罪恶的生活是最有益的。"苏格拉底"，即柏拉图，又明确断定了格劳孔对所提出的理论所作解释的真实性。用这种方式，柏拉图看来成功地说服了他的大多数读者，无论如何所有的柏拉图主义者没有例外，这里所叙述的保护主义的理论跟色拉希马库斯所说的冷酷无情玩世不恭的自私自利完全是一回事。而且，尤为重要的是，个人主义的所有形式万变不离其宗，那就是自私，但问题在于他不光说服了他的崇拜者，甚至也成功地说服了他的反对者，特别是那些契约理论的拥护者。从卡尼蒂斯到霍布斯，他们接受的不仅有柏拉图危险的历史主义的陈述，而且还有柏拉图所确信的他们的理论基础是道德虚无主义。

现在我们必须认识到，对所谓自私的基础进行的详尽阐述，是柏拉图反对保护主义的全部理由。考虑到这一描述所占据的篇幅，我们可以放心地假定，柏拉图没有提出更好的理由，不是因为他保持沉默，有话没说，而事实上是他根本没有更好的理由。因此不得不求助于我们的道德情感来打发保护主义——认为它公然冒犯了正义的理念，冒犯了我们一本正经的情感。

这就是柏拉图对付保护主义理论的方法：该理论不仅是他自己学说的危险的敌手，而且也代表了新兴人文主义和个人主义信念，是柏拉图所珍视的一切之最大的敌人。这个方法很聪明，它惊人的成功已经证明了这一点。但我必须坦率地说，在我看来柏拉图的方法不诚实，否则我将是不公正的。因为他们攻击的理论并不需要任何比非正义即邪恶——即那种非正义是必须避免的，并且必须加以控制——更不道德的假设了。而且柏拉图深知该理论并没有建立在自私这一基础之上，因为在《高尔吉亚篇》中他提出（说明）该理论时，并没有把它跟虚无主义理论当成一码事；可在《理想国》中，该理论"源自"虚无主义理论，但作为它的对立面出现。

总之，我们可以这么说，柏拉图的正义理论，如在《理想国》及以后的著作中所倡导的，是有意识地企图战胜他那个时代的平等主义、个人主义及保护主义思想倾向，并通过形成一种极权主义的道德理论来重申部落制度。同时他又受到新兴人文主义道德观的强烈影响；但他没有跟平等主义论战，而是连讨论这个问题也逃避了。在他天生优等的精英种族的极权主义阶级统治这项事业当中，他成功地获得了人文主义情绪（他深知它的力量）的同情。

此它们就构成了正义的本质。归根到底，这一主张基于此论点：正义对于国家的力量、健康和稳定大有助益；这个论点与近现代极权主义的界定再相像不过了：一切对我的国家，或我的，或者我的政党的力量有用的就是正确的。

但这还不是故事的全部。通过对阶级特权的强调，柏拉图的正义理论把"谁应当统治"这一问题置于政治理论的中心。他对此问题的回答是，应当由最聪明最优秀的人统治。这一冠冕堂皇的回答难道没有更改他的理论的特征？

（二）论领导的原则

聪明人应当领导和统治，而无知者则应当服从。

——柏拉图

我们对柏拉图政治纲领的解释遭到的某些反驳迫使我们对柏拉图政治纲领中的一些道德理念进行考察，如：正义、善、美、智慧、真理,以及幸福。本章及以下两章将对它们进行分析,下面我们首先来探讨柏拉图政治哲学中的智慧理念所扮演的角色。

我们已经看到,柏拉图的正义理念最根本的要求是,天生的统治者就该统治,天生的奴隶就该被奴役。这是下述历史主义要求的一部分:为了阻止所有的变化,国家应当是它的理念的复制,或者是它的真正的"本性"的复制。这一正义理论非常清楚地表明,柏拉图用一个问题揭示了政治学的基本问题:谁应当统治国家?

我深信柏拉图用"谁应当统治",或者"谁的意志是至高无上的"等形式表达出政治学问题的同时,给政治哲学带来了持久的困惑。这跟他在道德哲学领域内把集体主义和利他主义的混同确有类似之处,这在上一章讨论过了。很清楚,一旦问及"谁应当统治"很难避免诸如"最好的人",或"最聪明的人",或"天生的统治者",或"那些精通统治艺术的人"一类的回答(也许还有"普遍的意志",或"统治的种族",或"产业工人",或"人民")。这样的回答,对于那些宁愿倡导"最坏的人"或者"最大的笨蛋"不统治的人来说,也可能是正确的,但我将尽力表明,这是毫无用处的。

首先,这样的回答倾向于让我们相信我们政治理论的一些基本问题已经解决。但如果我们从另一个不同的角度审视政治理论,那么我们将会发现任何基本问题都远未解决,我们只不过是通过假定"谁应当统治"是最基本的问题而跳过去了。甚至对那些也持有柏拉图所认为的政治统治者并不是十足的"善"和"智"的观点的人来说,要想得到其"善"与"智"(我们用不着对它们的精确含义担忧)足可依赖的政府也十分不易。如果同意这点,那么我们就必须发问,难道政治思想不应该从一开始就面对恶政府出现的可能性?难道我们就不应当在为最差领袖做准备的同时期待最优秀的领袖?但这就把我们带到了政治学问题的另一新途径,因为这使得我们用"我们怎样组织政治机构才能避免无能力的糟糕的统治者带来太多的损害"这一新问题取代了原先的"谁应当统治"的问题。

相信先前的问题是根本性的人,心照不宣地假定政治力量"根本上"是不受限制的。他们设想某些人拥有权力——或者是个体,或者是集体,如一个阶级。而且他们假定,谁拥有了权力,一般就会为所欲为,尤其会强化自己的权力,这样就几乎达到了无极限的、无限制的权力。他们假定政治权力本质上是统治权。如果这一假定成立,那么所剩下的唯一重要的问题就确实是"谁应当是统治者"。

我将称这一假定为(不受制约的)统治权理论,这样表述的目的,并不是指深受波丹、卢梭或黑格尔之流青睐的诸种统治理论中的某一个;而是指那个更加一般的假定——政治权力在实践中是受限制的,也可以说这是行文发展的要求。再加上这个暗示,即所留下的主要问题是使这种权力掌握在最优秀者的手上。这一统治权理论在柏拉图的方法中被暗中承认,且自古以来发挥着其作用。现代有些作家也含蓄地承认了这一理论,比如,他们相信主要的问题是:谁应当统治?资本家还是工人?

无须进行详细的批评,我想指出的是,对上述理论草率而含混的接受应遭到严厉的反驳。无论它表现出何等的思辨品格,它都依旧是一个很不现实的假定。从未有过不受制约的政治权力,只要人仍保有人性(只要"美丽的新世界"还没有变为现实),就不会有绝对的不受限制的政治权力。只要一个人手中不能积聚统治所有其他人的足够的物质力量,仅此他就必须依赖其助手。即便是最有权力的专制君主,也须依赖秘密警察、仆从和刽子手。这种依赖性意味着,他的权力可能异常巨大,但绝非不受制约,他不得不有所让步,使一个集团对抗另一集团。这意味着还有其他的政治力量,除他的力量之外的力量存在,他只有利用或抚慰它们才可行使其统治权。这些例子就表明,即使是极端的统治权,也根本不是绝对的统治权。这些例子根本没有证明一个人(或者一个集团)在不放弃部分意愿或利益以谋取他征服不了的势力的支持的情况下,能直接地达到其目的,倒有不胜枚举的例子比这更深刻地证明了政治权力的有限性。

我所以强调这些经验主义的观点,并不是因为我想把它们作为一个论据,而仅仅是想避免反驳。我的看法是,各种统治权理论都没能直接面对一个更根本性的问题,这个问题就是,我们是否不应当努力奋斗,通过权力之间的彼此平衡来对统治者实行制度控制?这种制衡理论至少值得仔细考虑。就我所知,对这种看法的仅有的反驳是:(a)这样的控制实际上是不可能的,或者(b)既然政治权力本质上是统治权,那么这种控制根本上就是不可思议的。两种教条式的反对意见,我相信可以用事实来反驳;并由此派生出一系列其他有影响的观点(例如,认为取代一个阶级独裁统治的唯一途径是另外一个阶级独裁统治的理论)。

为了提出对统治者进行制度控制这一问题,我们只须假定政府并不总是好的或聪明的就够了。但既然我已谈到了历史事实,我觉得我就应当承认,我感觉上倾向于稍稍超越这个假定。我倾向于认为统治者很少在中等人之上,无论是在道德上还是在智慧上,而且常常是在中人之下。我认为在政府生活中接受这一原则是合情合理的,即我们要尽可能地为最差的统治者做好准备,当然,同时我们理应想办法得到最好的。在我看来,把我们所有的政治努力都寄托在我们将成功地得到优秀的甚至是有能力的统治者这一微弱的希望之上是荒谬的。然而,从中我强烈地感到,我必须坚持,我对统治权理论的批判并不是以个人的好恶为依据的。

除了这些个人的看法,除了前面提到的针对统治权一般理论的经验性论据,还有一种逻辑性的论据可以用来揭示统治权理论的任何特殊形式的非一致性;说得更准确些,该论据可以用不同却又类似的形式来反驳最聪明的人应当统治的理论,以及认为最优秀的人,或者法律,或者大多数人应当统治的其他理论。这种逻辑论据的一种特殊形式是针对关于自由主义、民主制度，及多数人应当统治原则的一种极天真的说法；它有点类似众所周知的"自由的悖论"——由柏拉图最先使用，并且获得了成功。在批判民主，倡导专制统治的过程中，他明确地提出了这样的问题：假如人民的意愿是他们不应当统治，而应由专制君主来统治，将会怎么样？自由的人，柏拉图表示，可以行使其绝对的自由，先是蔑视法律、最终蔑视自由本身并叫嚷着要求有一位专制君主，这并不只具有牵强的可能性，它发生过许多次；而每当此种情况发生时，都使那些视多数人统治或类似的统治原则为政治信条的基础的民主主义者处于尴尬的境地。一方面，他们所采纳的这个原则要求他们只能赞成多数人统治而反对其他形式的统治，因而赞成新的专制君主，在另一方面，这一原则又要求他们应当接受一切由多数人达成的协定，因此（多数人提出的）新的专制统治也不例外。他们理论的非一致性，必然使他们的行动苍白无力。我们这些要求由被统治者对统治者实行制度上的、特别是通过多数人的投票推翻政府的权利的民主主义者，因此就必须把这些要求建立在比任何相矛盾的统治权理论更有说服力的理论之上（本章下面的部分将简明地揭示这种可能性）。

我们已经看到，柏拉图已几近发现自由和民主的悖论。但柏拉图和他的追随者们所忽略了的一点是，统治权理论的所有的其他形式都会产生类似的不一致性。一切统治权理论都是自相矛盾的。比如说，我们可以选择"最聪明的"或"最好的"作为统治者。但"最聪明的人"因其智可能会觉得不是他而是该由"最好的人"来统治；"最好的人"因其善可能会做出应由"多数人"统治的决定。即便是统治权理论的"法治"形式也为同样的批评敞开大门，认识到这一点相当重要。其实这一点早已有人清楚地认识到了，如赫拉克利特的话所表明的："法律同样可以规定，独裁者的意志必须遵从。"

总结这一简略的批判，我相信，人们可以断言，统治权理论无论在经验上还是在逻辑上，其地位都是脆弱的。至少我们可以要求，如果没有仔细地考虑其他的可能性，就千万不要采纳这种理论。

要表明一种民主的控制理论可以不受统治权悖论的束缚而发展确非难事。我心里以为，该理论与其说理所应当地出自多数人统治的善与正直的学说，不如说恰恰出自专制统治的卑鄙。说得更精确些，它依靠的是决定，或者对建议的采纳来避免或抵御专制。

我们可以对政府的两种主要类型作一区分。第一种形式组成的政府我们可以通过不流血的方式推翻——例如，通过普选；也就是说，该社会制度提供了被统治者可能推翻统治者的方式，而该社会条件也确保这些制度不会轻易地被那些握有权力的人破坏。第二种形式组成的政府，被统治者除了举行成功的革命外，无别的推翻政府的出路——也就是说，在多数情况下，但非所有情况。我认为"民主"一词是对第一种类型政府的最简便的标签，而"专制"或"独裁'两词则适合第二种类型，我相信，这也基本符合传统用法。但我想明确提出，我们观点的任何部分都不取决于对这些标签的选择。假如有人想颠倒用法（如今天经常所做的那样），那么，我只想说，我喜欢他所称的"专制"，反对他所称的"民主"；一切想发现"民主""真正"或"根本上"意味着什么的企图，比如说，把这个术语转译成"人民的统治"，我会认为它们与主题无关而拒绝接受（尽管"人民"可能会以推翻相威胁从而影响他们的统治者的行为，但在任何具体的实践的意义上，他们从未统治过他们自己）。

如果我们照我的建议运用这两个标签，那么我们现在就可以把这个建议，即为了避免专制去创设、发展、保护政治制度，看作一项民主政策的原则。这项原则并不意味着我们就可以发展出这样的制度，它要不完善无缺，要不完全可靠，要不就能确保民主政府采纳的政策优秀而明智——甚至必然要比一个仁慈专制统治者所采纳的政策更好更明智（既然没有做出这样的判断，民主的悖论就可以避免）。不过，就采纳民主原则所隐含的意味我们可以说的是，可以肯定接受民主制度下的哪怕是一项坏政策（只要我们能为和平演变工作）要比服从哪怕是何等明智何等仁慈的专制制度更加可取。由此看来，民主理论并非建立在多数人应当统治这一原则之上；不如说，诸如普选和代议制政府等各种各样的民主控制的平等主义方法，应当被视为经过斟酌后，在普遍存在着的对专制统治的不信任传统中的一项合理而有效的制度，防止专制的制度。这些制度永远需要改善，并且要为它们自身的改善提供诸种渠道。

所以只要谁接受了这种意义上的民主原则，他就不一定认为民主选举的结果是对正确的事物之权威的反映。尽管他将接受多数人的决定，因他想使民主制度运转下去，但他觉得，只有用民主的方式反对它，并为它的修正做工作，他才是自由的。难道他应当亲眼目睹多数人通过投票毁坏民主制度那一天的到来，然后这段悲伤的经历将告诫他，还不可能有避免专制统治的安全可靠的办法。但这没有削弱他跟专制统治战斗的决心，也没有暴露出他的理论的非一致性。

回到柏拉图那里，我们发现，他通过对"谁应当统治"这一问题的强调，不言自明地承认了统治权的一般理论。对统治者的制度控制和对他们之间权力的制衡这个问题还没有等到提出来就已经被消灭了。兴趣已由制度转向全体成员，现在最迫切的问题成了挑选出那些天生的领袖，并训练他们的领导才能。

有些人认为在柏拉图的理论里，国家的福祉归根结底是个道德和精神问题，取决于个人及个人的责任，而不是非人格的制度结构。我相信柏拉图主义的这种观点是肤浅的。一切长期的政治活动都是制度性的。没有人可以例外，即便是柏拉图。领导的原则并没有用个人问题取代制度问题，它不过带来新的制度问题罢了。如我们将要看到的，制度甚至肩负起了这样一项任务，即挑选未来领袖的任务，这就超出了我们对一种制度的合理要求。因此，认为制衡理论与统治权理论之间的对立对应于制度主义与人格主义是一个错误。柏拉图的领导原则远离纯粹的人格主义，因为它包括了制度的运作，确实可以说，一种纯粹的人格主义是不可能的。但也必须说，一种纯粹的制度主义同样不可能。不仅制度的结构包含重要的人格决定，而且即使是最好的制度，如民主制衡，它的功用也常常在很大程度上依赖相关的人。制度好似堡垒，它们得由人来精心设计并操纵。

个人因素与制度因素在一种社会境遇中的区别常常被民主批判者忽略。他们大多数对民主制度不满意，因为他们发现，它们并不一定能确保一个国家或一项政策达到那些既迫切又可敬的道德标准或政治要求。但是这些批判瞄错了攻击方向；它们不懂我们应当企求民主制度干些什么，也不了解民主制度的代替物会是什么。民主（照上面所建议的来运用这个标签）给政治制度的改革提供了基本架构，从而有可能不使用暴力，而用理性来设计新制度改造旧制度。民主并没有提供理性。公民的心智和道德标准问题在很大程度上属于个人问题。（认为这个问题可以渐次通过一种制度化优生学和教育控制来解决的观点，我相信是搞错了。下面我将给出我的一些理由。）因为一个民主国家的政治缺陷就责备民主制度是大错特错。我们更应责备我们自己，即该民主国家的公民。在一个不民主的国家里，完成合理改革的唯一途径是通过暴力推翻政府，然后引进一套民主的理论体系。那些以任何"道德的"理由来批判民主制度的人，没能分清个人问题与制度问题之间的不同。这就要由我们来使局面有所改观。民主制度不会自我改进。改进民主制度的问题通常是个针对人而非针对制度的问题。但假如我们想有所改进，我们必须搞清楚，哪些制度我们需要改进。

在政治问题领域内，个人和制度之间还有另外一点不同。这是当前的问题与将来的问题之间的区别。当前的问题主要是个人的，而构造未来的问题又必然是制度性的。如果说通过"谁应当统治"而解决了政治问题，如果柏拉图的原则——也即最优秀者应当统治的原则——被采纳，那么未来的问题就必定以为将来领袖的选举设计制度的形式而出现。

这是柏拉图教育理论中一个极其重要的问题。关于这一问题，我毫不犹豫地说，当柏拉图把教育的理论和实践同领导的理论联系在一起时，他使其（教育的理论和实践）变得彻底地讹误和迷乱。它所导致的损害，如果有的话，甚至比把集体主义等同于利他主义而使伦理学遭受的危害，以及引入统治权原则而使政治理论所遭受的危害更大。柏拉图的假定：选择未来的领袖，训练他们的领导才能应当是教育（说得更准确些，是教育制度）的任务，迄今仍多被认为是理所当然。让教育制度承载起超出一切制度范围的任务，柏拉图就得为他们那悲惨的国家负部分责任。但在对他的教育的任务观进行一般讨论之前，我愿意详细地展开他的领导权理论和智者领导理论。

我认为柏拉图的这一理论的许多要素极有可能是受到了苏格拉底的影响。苏格拉底的基本信条之一，我相信，是他的道德（唯）理智论。对此我的理解是：（a）他认为，善和智慧同一，没有谁的行为会悖于他出色的知识，知识的缺乏应当为所有道德错误负责；（b）认为道德的高尚可以被教导，有人类普通的智慧就够了，用不着其他特殊的道德官能。

苏格拉底是位道德家又是个热心人。他是这样一种类型的人：因为它们自身的缺憾而批判任何形式的政府，的确，对任何政府而言，这样的批评既是必需的也是有用的，尽管它只在民主制度下才有可能做到，同时又认识到忠实于国家法律的重要性。正如所发生的那样，他的大半生是在民主的政府形式下度过的，作为一名优秀的民主主义者，他感到揭露他时代的一些民主领袖的无能与空论是他的义务。与此同时，他反对任何形式的专制；如果我们联想到他在三十僭主统治时期的勇敢行为，那么我们就没有理由来假设他对民主领袖的批判是受到诸如反民主倾向之类东西的激励。他未必没有像柏拉图那样主张，最优秀的人在他看来就是最聪明的人，或者那些对正义有所了解的人应当统治。但我们必须记住，他的"正义"指的是平等主义的正义（正如在上一章引用的《高尔吉亚篇》的章节所表明的那样），他不独是位平等主义者，同时也是位个人主义者——也许是一切时代个人主义伦理观最伟大的倡导者。我们应当认识到，假如他主张，最聪明的人应当统治的话，他明确强调他指的并不是最有学问的人；事实上，他怀疑一切职业学术，无论他属于过去的哲学家，还是他同时代博学的大家，如诡辩家。他所说的智慧意思与众不同，所谓智慧仅仅是认识到：我所知道的何其少！那些没有认识到的人，他告诉说，简直一无所知。（这是真正的科学精神。仍然有人认为，就像柏拉图那样，既然他已经把自己确立为一位博学的毕达哥拉斯哲学的圣人，那么苏格拉底的不可知论态度必须用他那个时代科学的不昌明来解释。但这只能表明他们并没有理解这种精神，他们仍然受前苏格拉底魔术式观念的支配，科学家们被认为是聪明、博学、有专长并受到别人一些崇拜的撒满巫师。他们用所拥有的是知识的量，而不是像苏格拉底那样以对自己无知的自省，作为对科学水平及心智诚实性的量度。）

　　认识到苏格拉底的唯理智论明显的是平等主义的，这点是重要的。苏格拉底相信人人都能接受教育。在《论道德》中，我们知道他教一位年轻的奴隶学习现在所称的毕达哥拉斯定理，以期证明哪怕未受过教育的奴隶都有理解即便是抽象事物的能力。他的唯理智主义也是反极权主义。在苏格拉底看来，一门技巧，比方说修辞说，也许可以由一位专家教条化地教给别人；但真正的知识、智慧以及德行，只能通过一种他所称的助产术的形式才能教给别人。那些渴求学习的人可能会受到帮助使自己从偏见中解脱出来；这样他们就学会了自我批评，知道了获取真知的不易。但是他们也能学会下定决心，批判性地依靠他们的决定，他们的洞察力。考虑到这种教学工作，那么柏拉图的最优秀的人、也即心智上诚实的人应当统治的主张（如果他曾提出过这样的主张的话），同权威主义的最博学的人或者贵族主义的最优秀的人，即大多数贵族应当统治的观点之间区别之大是显而易见的（我认为，即使是苏格拉底的勇气，即智慧的信条，也可以诠释为对英雄本天生这一贵族式信念的一种直接批判）。

但是苏格拉底的道德理智论是把双刃剑。它具有平等主义和民主的一面，这一面后来被安提斯泰尼所发展；但它还具有另一面，这一面可能导致强烈反民主倾向的出现。它对启蒙及教育之必要性的强调，很容易被错误地解释为反映了对权威主义的需要。这看起来跟一个似乎极大地困扰着苏格拉底的问题有关：那些没有受到充分的教育因而就不够聪明、难以认识到他们的缺陷的人，正是那些最需要受到教育的人。好学本身就表明拥有了智慧，事实上所有的智慧都是苏格拉底要求占有的；因为他准备着学会知道自己知道的何其少。未受教育者好似在一间小屋呼呼大睡，需要一个权威来唤醒他们，因为不指望他能自我批判。但由于强调权威的作用仅此而已，所以在苏格拉底的教育中，这种权威主义的东西得到了极大的平衡。真正的老师只有通过展示未受教育者所缺乏的自我批判精神才能证明自己。"我的权威仅在于我知道我的无知"：或许苏格拉底用这种方式来为他的使命辩护，即惊醒沉睡在教条主义大梦中的人。他相信这种教育的使命也是一种政治使命。他感到改进国家政治生活的途径是，教育公民做自我批评。在这种意义上他声称是"他那个时代唯一的政治家"，反对别的那些讨好人民但却不真正推进他们利益的人。

苏格拉底对政治与道德生活的等同很容易被曲解为柏拉图主义和亚里士多德主义的要求，即认为国家理应监护其公民的道德生活。而且它也很容易被用来作为一条合理而有说服力的证据，即一切民主控制都是危险的。这是因为，以教育为己任的人怎么能由未受教育的人做出评判呢？比较优秀的人怎么能由不太优秀的人来控制呢？然而，这个论点确实是非苏格拉底的。它假设了一位聪明博学的权威，这远不同于苏格拉底平和的观点，即教师权威性的树立仅在于他知道自己的不足。这样的权威，事实上所达到的目标很容易跟苏格拉底的全然相反。易于滋生教条化的自足及心智上的自大自满；而不是批判性的不满足和提高的热望。我不认为强调这一很少清楚认识到的危险是没有必要的。即便是格罗斯曼这样的作者，我相信他理解了苏格拉底精神的精髓，在他所称的柏拉图对雅典的第三批判中，他同意了柏拉图的说法："教育，本该是国家的主要职责，却交由个人的任性与怪想……这是又一项应当委托给被证明是正直诚实的人的任务。任何一个国家的未来在年青一代的身上，所以让孩子们的心灵由个人品味、由环境的力量来塑造是何等可怕的事。考虑到教师、校长及博学的演说家，国家的放任政策同样是灾难性的。"但是，雅典的放任政策，虽受到格罗斯曼和柏拉图的批判，由于允许某些博学的演说家去教学，特别是他们中间最伟大的一位——苏格拉底，所以具有不可估量的结果。当这一政策后来被取消时，其结果就是苏格拉底之死。这确实应当是个警示，国家对这类事务的控制是危险的，对"被证明是诚实正直的人"的呼唤很容易导致对最优秀的人的镇压（贝特兰·罗素最近的镇压便是恰当的例子）。但就最基本的原则而言，我们这里有一种根深蒂固的偏见，认为放任主义唯一的代替物是完全的国家责任。我当然相信，国家应当明白，让它的公民接受教育从而能够参加社区生活，并且利用一切机会来发展他们特殊的（各自的）兴趣和才智；国家当然也应当明白（如格罗斯曼正确强调的），"个人偿付能力"的缺乏不应当妨碍他接受更高层次的教育。这一点，我相信属于国家的保护功能。然而，认为"国家的未来在年轻一代的身上，因而让孩子们的心灵由个人品位影响是可怕的事"的说法，在我看来为极权主义大开了方便之门。国家的注意力丝毫不能放到维护可能威胁最可宝贵的自由形式,即心智自由的措施上来。虽然我不提倡对"教师和校长的放任主义",但我相信,这个政策较权威主义的政策无比高明,权威主义政策给国家官员充分的影响人们心智、控制科学传授的权力,从而,由国家的权威来支持专家令人怀疑的权威,并且由于千篇一律习以为常地把科学视为权威学说的习惯性教学实践,以致毁坏了科学,破坏了科学的精神——即追求真理的精神,而不是认为自己占有的真理。

我已经努力表明,苏格拉底的唯理智论根本上是平等主义和个人主义的,由于苏格拉底心智的谦和及他的科学精神,其中所包含的极权主义成分已被减到最低限度。柏拉图的唯理智论与此大为不同。《理想国》中的柏拉图的"苏格拉底"是极权主义不折不扣的化身。(即使是当中他的一些自责性的言论,也不是由于对缺点的自省,而不过是维护他的优越性的一种讽刺性的方式。)一般来说,他的教育的目的不是为了唤醒批判和自我批判的思维,而毋宁说是灌输——如对大脑和灵魂进行塑造(重复《法律篇》中的一段引文),使它们"经过长时期的习惯,变得根本不能独立地做任何事情"。苏格拉底伟大的平等主义和自由主义的思想,如,有可能与奴隶坐而论理、人与人之间有心智上的联结、普遍理解的中介即理性等,被主张统治阶级的教育垄断及严格的检查制度(甚至口头辩论也不例外)所取代。

苏格拉底已经强调过,他不聪明;他不是真理的占有者,而是真理的追求者、探究者、热爱者。他解释道,"哲学家"一词,即智慧的热爱者、追求者,表达的就是这种意思,这与"诡辩家"相反,它指的是职业性的聪明人,即使他曾经声称过政治家应当是哲学家,他的意思只能是,由于承担了一项额外的责任,他们就应当是真理的追求者,并且得有自知之明。

柏拉图是如何改变这种学说的?乍看起来,他没能改变这种学说,因为他主张国家的统治权应当赋予哲学家,尤其是当他像苏格拉底一样,把哲学家定义为智慧的热爱者时。但是,在柏拉图那里的转变的确是巨大的。他的热爱者不再是谦逊的追求者,而是骄傲的真理的占有者,一位训练有素的辩证学家,他具有心智上的直觉力,也即可以看到永恒神圣的形式和理念并能够与之交流。他被置于所有的普通人之上,不论是他的智慧还是他的权力,即使"不是……神的,也似是神的"。柏拉图理想的哲学家接近全知全能,他是哲学王。我认为,很难想到有比苏格拉底和柏拉图关于哲学的理念更大的差异。这是两个世界的差异——一个是谦逊理性的人的世界,另一个是极权主义的半神半人的世界。

柏拉图要求聪明的人应当统治——真理的占有者,"完全合格的哲学家"——当然引出了选择并教育统治者的问题。在一种纯粹人格主义(作为制度主义的对立面)理论里,这个问题很容易就解决了,只需宣称聪明的统治者足以聪明到凭其聪明来选择最优秀的人做他的继承者。然而,这并不是对该问题很令人满意的回答。许许多多还将依赖不能控制的环境;一起偶发事件就有可能破坏国家未来的稳定。但是企图控制环境、预见未来并为之做出准备,在这里,如在其他地方一样,肯定将导致对纯粹人格主义解决办法的摒弃,及用制度化的方法取而代之。如已经表达过的,为未来构划的努力将肯定经常导致制度主义。

柏拉图所认为的监护未来领袖的机构可称为国家的教育部门。从纯粹政治的视角看,在柏拉图的社会里,它是最最重要的机构。它握有权力的钥匙。仅凭这点理由就很清楚了,统治者至少应当直接控制高年级教育。当然还有其他一些原因,最为重要的一条是,只有"专家跟……被证明是正直诚实的人"——如格罗斯曼所表述的,在柏拉图看来它只指那些非常聪明的能手,也就是统治者本人,才可以委托他们最终把更高级的智慧奥秘传授给未来的贤哲。它坚持认为,其中最重要的就是辩证法,即智性知觉的艺术,设想神圣的本源、形式或理念的艺术，揭示潜藏在普通人日常的现象世界背后那个最大秘密的艺术。

关于这种最高级的教育形式，柏拉图的制度要求是什么？它们值得一提。他主张只有那些韶华已逝的人才应当被接受。当他们的体质开始衰退，他们已过了公共与军事服务的年龄时，那时，也只有到那时，他们才可准许随意进入这神圣的领域……即最高层次的辩证法研究的园地。柏拉图这条奇特规则的理由相当清楚。他害怕思想的力量。"一切伟大的事情都是有危险的"这句话道出了柏拉图的坦白，他担心哲学思想对那些还没有迈向年老的大脑的影响（所有这些都假苏格拉底之口说出，他为了维护自己与青年自由讨论的权利而死）。只要我们还记得柏拉图最根本的目的是阻止政治变化，那么这正是我们所应期待的。年轻的时候，上层阶级的成员将战斗。当他们年龄太大而不能独立思考时，他们将成为充满智慧和权威的教条主义的学生，以使他们自己能成为贤哲圣明，把他们的智慧，以及集体主义和极权主义的教育传递给子孙后代。

很有意思的是，在后面更为精致的一段里，柏拉图试图给统治者染上最明亮的色彩，他修正了自己的意见。在这里他准许未来的贤哲可以在30岁时开始其初步的辩证法研究，当然，强调了"高度谨慎的必要"和"灌输的危险性……它使那么多的辩证法者腐化"；同时他要求"那些可能准许运用辩论的人肯定具有训练有素神志健全的本性"。这一转变当然有助于增强该图景的亮度，但其基本的倾向仍原模原样。因为，在该段的下文里，我们得知，在50岁以前，开始他们经受许多次考验和诱惑之前，未来的领袖绝不能被引入更高级的哲学研究——进入对善的本质的辩证思考领域。

《理想国》就是这么教导的。看起来似乎《巴门尼德篇》包含一个类似的段落，在这里苏格拉底被描绘为一位杰出的年轻人，他成功地涉猎于纯粹哲学当中。当被要求给更精致的理念问题一个解释时，他陷入了严重的麻烦之中。他被老年的巴门尼德开除,并得到忠告,在再次于更高层次的哲学研究领域冒险之前,他应当更加彻底地训练自己的抽象思维能力。看起来好像我们这里(在其他事情当中)有了柏拉图的回答——"即使是苏格拉底也曾太年轻而不适合辩证法研究"——他的学生们缠着要他传授知识,而他则认为时机还欠成熟。

为什么柏拉图不期望他的领袖有创造力和独创性?我看,答案显而易见。他仇恨变化且不愿看到重新调整势在必行。但对柏拉图态度的这种解释还不够深刻。事实上,这里我们面对的是领导原则的一项基本困难。选择或教育未来领袖这一思想本身是自相矛盾的。在体格的健壮方面,某种程度上你可以解决问题。肉体的创造性和身体的勇气也许并不很难断定,然而心智超群的秘密是批判精神,是心智的独立性,这就导致了任何种类的权威主义也难以克服的困难。一般而言,独裁主义者将选择那些服从、相信并响应他的权威的人。但在这么做时,他必定要选择平庸之辈。因为他要排除那些反叛、怀疑、敢于抵制他的权威的人。从来没有一个权威承认过,思想上大无畏的人,即那些敢于蔑视他的权威的人,可能是最可宝贵的一类人。当然,权威们总是对他们鉴别创造性的能力保持自信。但他们所指的创造性仅仅是快速领会他们的意图,他们永远不可能明白到两者之间的不同(在这里我们也许可能窥视到选择有能力的军事领袖时遇到的特殊困难的秘密。军事纪律的需要增加了我们所讨论问题的难度,军事擢升的方法通常是把那些敢于替自己考虑的人清理出去。就思想的创造性而言,没有比认为优秀的服从者同时也是优秀的指挥者更为不真实的观点了,极为类似的困难也出现在政党中:党的领袖的"忠实助手"很少成为有能力的继任者)。

我相信,这里我们得出了一个可以加以概括的有一定重要性的结论,这一结论可以通过归纳而得到。很难设计出选拔杰出人才的制度。制度选举对柏拉图心中的目标,即阻止变化,相当奏效。但如果我们的要求不止于此，则它很难发挥作用，因为它经常倾向于革除创造性的原创力，而且，更为普遍的是除掉不同寻常始料未及的品质。这并不是对政治制度主义的批判。它只是重申了对我们前面已说过的话，我们要经常为最坏的领袖做好准备，尽管我们应当尽量想办法，理应如此，得到最好的领袖。但它批判了给制度、尤其是教育制度委以选择最优秀者这一不可能（完成）的任务的倾向。制度永远不能承载这样的任务。这种倾向把我们的教育制度变成了赛马场，把一门研究的课程变成了跨栏跑。它没有鼓励学生为了研究而把精力集中到研究上，它没有鼓励学生真正热爱他的学科和调查，而是鼓励他为他个人的前途而研究；他被引导为只获取对他跨过栏有所用处的知识，为了自己的升迁，他必须跨越这个栏。换句话说，即使在科学的领域，我们的选拔方法也是依靠迎合某些粗鄙的个人野心（如果热心的学生被他的同学们用怀疑的眼光打量，那就是迎合个人野心的本能的自然反应）。对思想领袖的制度选择这一不可能做到的要求，不仅危及精神科学，而且危及心智的第一生命，真正生命。

曾有人说过，柏拉图是我们的中学、大学的发明人。这话说得太对了。然而他的破坏性的教育体制并没能彻底毁灭人类，我不知道还有没有别的比这一事实更好的论据证明对人类的乐观，更能表达人们对真理和正直的难以割舍的爱，以及他们的创造性，他们的不屈不挠和健康成长。尽管有那么多他们的领袖背信弃义，仍然有相当数量的人，有老有少，他们正派、理智、热爱本职工作。"我有时感到惊讶，怎么没能更清楚地感觉到那些恶劣行径，"塞缪尔·巴特勒说，"尽管有善意阻止诱惑他们成长的图谋，青年男女仍然明智可爱地长大成人。有些无疑遭到了损害，并且终生为之忍受；但是许多人看起来很少是或根本不是最坏的人，而有些差不多是更优秀的人。原因似乎是，少年的本能在许多情况下绝对地反叛他们所受的训练，而去做老师们不可能让他们集中注意力去做的事。"

这里应当提及，在实践中，柏拉图没能证明自己是个特别成功的政治领袖的选拔者。我所在意的并不是他跟狄奥尼修二世——叙拉古的僭主——那番交往的令人失望的后果，而是柏拉图学园参与了戴奥反对狄奥尼修的成功的远征。在这次冒险行动中，柏拉图著名的朋友获得了柏拉图学园的众多成员的支持，其中之一是卡里普斯，他成了戴奥最可靠的同僚。在戴奥自立为叙拉古的僭主后，他下命令谋杀了他的盟友（也许是他的对手）赫拉克利特。没过多久他本人被夺取僭主地位的卡里普斯谋杀，在僭主位上仅待了 13 个月。卡里普斯又转而被毕达哥拉斯学派的哲学家莱普蒂尼斯谋害。但这些经历不是柏拉图教师生涯的唯一一面。克里尔休斯，柏拉图的（也是伊索克拉特的一位学生），先以民生领袖之姿出现，接着自立为赫拉克利特的僭主。他被他的亲戚，柏拉图学园的又一成员芝奥谋杀（我们无从知晓芝奥，他被有些人当作是一位理想主义者，如何施展才能的，因他很快也被杀死）。柏拉图的这些及许多类似的经历——他可以吹嘘至少有九个僭主出自他同一时期的学生和同事——这就使将赋予他们以绝对权力的人选问题产生的特殊困难清楚地明现出来。很难找到其品格不被绝对权力腐蚀的人。诚如阿克顿爵士所言——一切权力都要导致腐败，而绝对的权力绝对地腐败。

总而言之，柏拉图的政治纲领更多地是制度的而不是个人主义的；他想通过对领导继承的制度控制来阻止政治变化。这种控制将是教育方面的，依靠权威主义的认知观——依靠博学专家的权威，以及"被证明是正直诚实的人"。这就是柏拉图对苏格拉底下述主张的理解：一位负责任的政治家应当是一位真理和智慧的热爱者而不是一位占有者，他之所以聪明仅在于他有自知之明。

（三）论乌托邦主义

为了从头开始，一切事物都须加以摧毁。我们整个糟糕透顶的文明必须先垮掉，然后我们才能使这个世界合乎情理。

——"穆尔朗"（杜·加尔：《蒂博一家》）

在柏拉图的纲领中内在地存在着我认为极其危险的关于政治学的研究方法。从理性的社会工程的观点来看，其分析具有重大的现实意义。我想到的柏拉图哲学的研究方法可以描述为乌托邦工程，它和另一种类型的、我认为是唯一一种理性的社会工程相对立，而后者可以命名为零星工程。乌托邦的方法更为危险，因为它似乎可以成为一种彻头彻尾的历史主义——意味着我们不能够改变历史进程的极端历史主义方法的显而易见的替代方法；与此同时，它似乎成为对像柏拉图的理论那样允许人类干预的不那么极端的历史主义的必要补充。

乌托邦方法可描述如下：任何一种理性行动必定具有特定目的。它有意识地且一以贯之地追求其目的，并且根据其目的决定所采取的手段，这同样是理性的。因此，假如我们想要理性地行动，那么选择这个目的就是我们必须做的第一件事情；而且我们必须小心谨慎地决定我们真正的或最终的目的，我们必须把它们同那些实际上仅仅作为达到最终目的的手段或中间步骤的中间的或局部的目的明确区分开来。假如我们忽略了这个区别，那么我们也一定会忽略了追问这些局部的目的是否可能促进最终目的的实现。而相应地，我们必定无法理性地行动。假如应用于政治活动领域，这些原则要求我们在采取任何一种实际行动之前，必须决定我们最终的政治目标，或理想国家。只有当这个终极目的确定之后，至少是要有粗略的大纲，只有当我们拥有了像是我们目标所系的社会蓝图一样的某种东西，只有那时，我们才能开始考虑实现它的最佳途径和手段，并制订实际行动的计划。这些是能够称得上是理性的，特别是社会工程的任何实际政治行动必需的基本条件。

简言之，这是我称之为乌托邦工程的方法论上的研究方法。它让人确信无疑且富有吸引力。实际上，这种方法论上的研究方法吸引了

二、论柏拉图的政治纲领

所有既未受到历史主义偏见影响，也没有反对这些偏见的那些人们。这恰恰使它更具有危险性，并使对它的批判更为紧要。

在着手开始详细批评乌托邦工程之前，我想先概述一下另一种社会工程即零星工程的思考方法。我认为这种思考方法在方法论上具有合理性。采用这种方法的政治家在其头脑之中，可以有或者可以没有一个社会蓝图，他可以拥有或者也可以不拥有人类有一天将实现某种理想国家、并在人世间达到幸福与完善的希望。但是他会明白，假如至善至美在任何程度上可以实现的话，那么它也是极其遥远的，而且每一代人，并且因此也包括所有在世者就拥有了一种权利；或许不是一种要求获得幸福快乐的权利，因为并不存在使一个人幸福快乐的制度手段，而是一种在能够避免的情况下要求不被造成不幸的权利。假如他们遭受苦难，他们有权利要求给予所有可能的帮助。因此，零星工程将采取找寻社会上最重大最紧迫的恶行并与之斗争的方法，而不是追求其最大的终极的善，并为之奋斗的方法。这种区别远远超过单纯的字面上的差异。实际上，这是极其重要的。它是一种改善人类命运遭际的明智方法与另一种方法之间的区别，后者假如真的加以尝试，会很容易地导致不可容忍地加剧人类苦难。其区别在于，前者可以在任何时间加以运用，而后者的主张会容易成为持续的拖延行动的手段，把行动拖延到以后各种条件更为有利的时候。其区别还在于，前者是迄今为止在任何时候、任何地点（我们将看到，包括苏俄在内）唯一真正取得成功的改善事物状况的方法；而后者，无论在哪里，只要加以采用，就会导致采用暴力而不是采用理性，如果不是导致放弃这个方法本身，至少也得导致放弃原来的蓝图。

为了支持他的方法，零星工程的管理者可能断言，针对苦难、不公正和战争的有系统的斗争比为了实现某种理想而战，更能获得广大人民的认可和赞同。社会恶行的存在，也就是说许多人遭受苦难的社会条件的存在，比较而言能够较好地予以确认。那些受苦的人自己就能够判断，而其他人几乎不可能否认，他们不愿意互换位置。就某种理想社会作推论则更加无限地困难。社会生活如此复杂，以至于很少有人或者根本无人能够在总体的规模上评价某项社会工程的蓝图；评判它是否可行；它是否会带来真正的改善；它可能引起何种苦难；以及什么是保证其实现的手段。与此相反，零星工程的蓝图相对而言比较简单。它们是关于单项制度的蓝图，例如关于健康和失业保险，或关于仲裁法庭，或是关于编制反萧条的预算，或是关于教育改革的蓝图。如果它们出了错，损害不会很大，而重新调整并不非常困难。它们风险较小，且正是由于这个原因，较少引起争议。但是，如果就现存的恶行和与之斗争的手段达成某种合乎情理的一致意见，比就某种理想的善行及其实现的手段达成协议更为容易的话，那么，通过使用零星的方法，我们可以克服所有合乎情理的政治改革遇到的极其重大的现实困难，即在实施这项纲领时，运用理性，而不是运用激情和暴力，这也就有着更大的希望。这将存在一种达成合乎情理的妥协，并且因此通过各种民主的方法实现改善的可能性（"妥协"是一个难听的词，但对我们来说，学会适当地使用它是十分重要的。各种制度必然是同各种境遇状况、各种利益等达成妥协的结果，尽管作为人，我们必须抵制这种影响）。

　　与之相反，乌托邦主义者试图实现一种理想的国家，他使用作为一个整体的社会蓝图，这就要求一种少数人的强有力的集权统治，因而可能导致独裁。我认为这是对乌托邦的思考方法的批评；因为我在"领导原则"一章里已力图证明了，权威式的统治是一种最为令人不快的政府形式。在那一章里未触及的某些内容为我们提供了甚至更为直接的反对乌托邦思考方法的论据。仁慈的独裁者面临的一个困难是弄清他的措施的效果是否与其良好的意愿相符。这个困难来源于权威主义必定阻止批评这个事实；于是，这位仁慈的独裁者就不容易听到人们对他已采取的各项措施的抱怨。但是没有某种这样的检验，他几乎不可能查明其措施是否达到了预期的仁慈目标。这个形势对乌托邦工程者来说一定变得甚至更加糟糕。社会的重建是一项巨大的事业，它必然给许多人造成相当程度的不便，而且会持续相当长的时间阶段。故此，乌托邦工程的管理者将不得不对许许多多的抱怨置若罔闻，事实上，压制超越清理的反对将会是他的一部分工作内容。但是这么做时，他也必然一律地压制合乎情理的批评。乌托邦工程的另一个困难与独裁者的继承者问题有关。在第7章中，我已提到这个问题的几个特定方面。同试图找到一个同样仁慈的继任者的仁慈的僭主面临的困难相比，乌托邦工程产生了一个与此类似的，但甚至更为严重的困难。这样一种乌托邦事业的名副其实的扫荡，使在一个或一组社会工程管理者的有生之年之内不可能实现其目的。而且假如继任者们并不追求同一个理想，那么，其人民为了这个理想而遭受的所有苦难将全都是徒然无功的。

对这个论据的概括导致了对乌托邦思考方法的进一步的批评。显然只有当我们假定原来的蓝图，也许加以某些调整，一直保持作为这项工作的基础直至完成，那么这种方法才可能具有实际价值。但是那将用去相当长的时间，在这段时间里，将在政治上和精神上两个方面都进行革命，而且在政治领域里将经历新的实验和经验。因此可以预料，思想观念和理想将发生变化。在制定原有蓝图的人们看来属于理想国家的状态，可能在他们的继任者们看来并非如此。假如承认这一点，那么整个这种方法就破产了。首先确定一个终极政治目标，然后朝着这个目标推进的方法，假如我们承认在其实现过程期间，这个目标也许会有相当大的改变，那么这种方法就是徒劳无益的。在任何时候均可证明，迄今为止所采取的步骤实际上引导人们背离了新目标的实现。而且假如我们按照这个新的目标改变我们的方向，那么我们就会再次陷入同样一种危险之中。尽管付出一切牺牲，我们也永远根本达不到任何地方。那些喜欢一步即实现遥远理想而不喜欢实现零星妥协的人，应当永远记住，如果这个理想非常遥远，那么要说清该步骤是迈向它还是远离它，甚至都会变得困难。如果这个过程是以曲折的步骤或者用黑格尔的莫名其妙的话来说，"辩证地"来推进的话，或者假如它根本没有明确清楚地计划好的话，情况就更糟糕了（这与关于目的在多大程度上能证明手段的正确性这个古老而有些幼稚的问题有关。除了断言从来没有任何一个目的能够证明所有手段的正确性之外，我认为相当具体而能够实现的目的可以证明更为遥远的理想永远也不能证明的当前措施的正确性）。

现在我们看到了，乌托邦方法只有靠柏拉图哲学的对于一个绝对的且不变的理想的信仰，加上两条进一步的假定，才能得以拯救。这两条假定是，（a）存在着一劳永逸地决定这种理想是什么的理性方法，以及（b）决定实现这个理想的最佳手段是什么。只有这样，具有深远影响的假设才能阻止我们宣布乌托邦方法论是完全无效的。但是，即使是柏拉图本人以及大多数忠诚的柏拉图主义者也承认，（a）肯定是不正确的；并不存在决定最终目标的理性方法，但是，假如说有的话，也只是某种直觉。乌托邦工程管理者们之间的任何一种意见分歧，在不存在理性方法的情况下，因此必然导致运用权力而不是运用理性，即导致暴力。假如在任何程度上在任何一个确定的方向上取得了任何进步的话，那么，尽管采用了这种方法，这个进步也不是由于采用这个方法取得的。例如这种成功也许可以归功于领导者们的英明；但是我们永远不要忘记，英明的领导者们不可能通过理性的方法产生出来，而只能靠运气侥幸获得。

恰当地理解这种批评十分重要；我并不是以断言某种理想永远不能实现、它必定总是保持为一种乌托邦来批评这种理想的。这不是一种逻辑上正确的批评，因为许多曾一度被教条主义地宣布为不可能实现的事情已经实现了，例如保障国内和平，即防止国家内部的犯罪的制度的确立；而且我认为，例如对应的防止国际犯罪即武装侵略或讹诈的制度的确立,尽管经常被冠以乌托邦的污名,甚至也不是一个非常困难的问题。我在乌托邦工程名义下所批评的内容是建议从整体上重建社会,即名副其实的扫荡性的变革,其实际后果由于我们有限的经验而很难加以计算。它要求理性地为全社会制订计划,尽管我们并不拥有为了使这样一种雄心勃勃的要求取得良好效果所必需的确凿可靠的知识。我们不可能拥有这样的知识,因为我们在这种类型的计划活动方面没有足够的实践经验,而实际知识必须以经验为基础。目前,进行大规模的工程必需的社会学知识恰恰并不存在。

鉴于这个批评,乌托邦工程管理者可能承认需要实践经验,并需要以实践经验为基础的社会工艺。但是他将争辩说,如果我们畏畏缩缩而不去进行唯一能提供给我们所需要的实践经验的社会实验,我们就永远不会更多地了解这些事情。而且他也许会补充说,乌托邦工程只不过是把实验方法应用于社会。若没有扫荡性的变革,就不可能进行实验。实验必然是规模宏大的,这是由于现代社会具有众多人口的特殊性质决定的。例如,社会主义实验如果限定在一个工厂,或一个村庄,或者即使是一个地区,都永远不可能给我们提供那种我们如此迫切需要的现实信息。

支持乌托邦工程的这类论点表现了一种被广泛持有的但却站不住脚的偏见,即认为如果要在现实环境下实施社会实验,必须是在"大规模"上进行,它们必然涉及整个社会。但零星社会实验却能在现实环境下,在社会之中加以实施,尽管是在一种"小规模"上进行的,也就是说,不使整个社会发生革命性剧变。实际上,我们一直都在进行这样的实验。采用一种新的人寿保险,实行一个新的税种,进行一项新的刑罚改革,这些都是具有遍及整体社会的影响而又不是从整体上重新改造社会的社会实验。即使一个人开了一家新商店,或是预订一张戏票,他也是在小规模上进行了一种实验;并且我们关于社会环境的所有知识,都是以进行这种类型的实验所获得的经验为基础的。

我们反对的乌托邦工程管理者，当他强调社会主义实验如果是在实验室的条件下进行的，例如在一个孤立的村庄之中进行，它就会毫无价值时，他在这一点上是正确的，因为我们想要知道的是，各种事物在正常的社会环境条件下的社会之中是怎样被证明是切实可行的。但恰恰是这个例子表明了乌托邦工程管理者的偏见之所在。他确信当我们对社会进行实验时，我们必须重新塑造整个社会结构；并且他可能因此确信一种更为适度的实验仅仅是重塑一个小社会的整个结构的实验。但是我们能够从中学得最多的那种类型的实验，是一次改变一项社会制度的实验。因为只有通过这个途径，我们才能得知怎样使各种制度适应于其他制度的框架，以及怎样调整它们，以便它们按照我们的意图来运作。而且只有通过这个途径，我们才可以犯错误，并从我们的错误之中学习，而不是冒着造成必然危及未来改革意愿的严峻形势的危险。进而，乌托邦方法必然导致对于以往造成了无数牺牲的某个蓝图的危险的教条主义的忠诚。强大的利益必定与这项实验的成功联系在一起。所有这一切都无助于这项实验的理性行动或科学价值。但是零星的方法却允许反复的实验和连续的调整。实际上，它可以导致这样一种让人满意的形势，在这个形势下，政治家们开始注意他们自身的过错，而不是试图为自己辩解，并证明他们总是正确的。这种方法——而不是乌托邦计划或历史预言——将意味着把科学方法引入政治事务当中，因为科学方法的全部奥秘是一种愿意从错误中学习的态度。

我相信，通过比较社会工程与比如说机械工程，能够进一步证明这些观点。乌托邦工程管理者当然会宣称，机械工程师们有时甚至从整体上设计非常复杂的机器，而且他们的蓝图可以预先处理和设计，不仅是某种特定类型的机器，而且甚至是生产这种机器的整个工厂。我的回答是，机械工程师能够做到所有这一切，是因为他拥有充分的经验，即由试错法发展而来的各种理论供他运用。但这意味着，因为他已经犯过了所有类型的错误,所以他能够设计;或者换句话说,因为他依赖他通过采用零星的方法已经获得的经验。他的新机器是许许多多小的改进的结果。他通常先有一件模型,而且只有在对它的不同零部件进行了大量的零星调整之后,他才开始进入能够拟定他对该产品的最终设计计划的阶段。类似地,他的机器生产计划也吸收了大量的经验,即在旧工厂里进行的大量的零星改进。一扫无遗的或大规模的方法,只有在零星的方法已经提供给我们许许多多的详尽经验的情况下,并且甚至仅仅在这些经验的范围之内才是有效的。几乎没有制造商只是在一张蓝图的基础上,没有首先制作模型,并且没有经过一点尽可能的调整加以"发展",就会准备着手生产一种新发动机,纵然蓝图是由最了不起的专家拟就的。

把对于柏拉图在政治学上的唯心主义的这种批评和马克思对他所称的"乌托邦主义"的批评加以对照,也许是有益处的。马克思的批评和我的批评的共同之处在于,我们都更加主张实在主义。我们两人都相信,乌托邦计划永远不可能按照它们被构想的方式得以实现,因为几乎没有任何一个社会行动曾准确无误地产生出期望的结果(在我看来,这并未使零星的方法失效,因为在这里我们可以学习——或者确切地说,我们应该学习——并在行动中改变我们的观点)。但是存在许多不同点。在批驳乌托邦主义时,马克思实际上谴责一切社会工程——这一点很少被人理解。他指责说,对社会制度进行理性计划的信念完全是不现实的,因为社会必然按照历史规律而不是按我们的理性计划来发展。他断言,我们所能做到的一切,只是减轻历史进程中的阵痛。换言之,他采取了一种彻底的历史主义的立场,反对一切社会工程。但存在着乌托邦主义之内的一个因素,它是柏拉图的方法的专有特征,而马克思并未反对,尽管它也许是我作为不具有现实性加以抨击的那些要素之中最为重要的一个。它是乌托邦主义的扫荡性,它千方百计地试图把社会视为一个整体。它是这样一种坚定的信仰，即必须找到社会罪恶的真正根源，假如我们希望"使这个世界合乎情理"（如杜·加尔所言），就要做把这个可恶的社会体制彻底消除的事情。简言之，它是毫不妥协的激进主义（读者将会注意到，我是在其原来的和字面的意义上使用这个术语的——而不是在现在习惯上的某种"自由主义的进步论"的意义上使用它，只是为了概括"追溯事物的根源"的态度的特征）。柏拉图和马克思两个人都梦想着决定性的革命，它将使社会世界发生翻天覆地的变化。

我相信，柏拉图的方法（以及马克思的方法）的这种扫荡性，这种极端的激进主义，是同它的唯美主义联系在一起的，即希望建立一个不仅比我们的世界好一点且更为理性的世界，而且是完全消除它的所有丑恶的世界：不是一条百衲被、一件胡乱拼制的旧衣服，而是一件完全崭新的外衣，一个真正美丽的新世界。这种唯美主义是一种非常可以理解的态度；实际上，我相信我们大多数人都有一点承受着这样的追求完美梦想之苦。（我希望，我们所以如此的某些原因，将在下一章中揭示出来。）但是这种审美的热情，仅当它受到理性，受到责任感以及受到帮助他人的人道主义的迫切要求的约束时，它才会变得有价值。否则，它就是一种危险的热情，有发展成为一种神经官能症或歇斯底里的危险。

我们在任何地方都找不到比在柏拉图那里表达得更强烈的这种唯美主义。柏拉图是一个艺术家；而且像许多第一流的艺术家一样，他企图使某个模型、他的作品的"神圣的原型"形象化，并忠实地"描摹"它。在上一章中给出的大量引文证实了这一点。柏拉图作为辩证法加以描述的内容，主要是对纯粹美的世界的知性直觉。他的受过训练的哲学家们是"已经看见过美者、正义者和善者的真实"，而且能够把它从天国带到人间的人。政治对柏拉图而言，是最高的艺术。它是一种艺术——并不是在我们可能谈论操纵人的艺术或做事情的艺术的一种比喻的意义上，而是在这个词本来的意义上的艺术。它

二、论柏拉图的政治纲领

是一种创作的艺术，像音乐、绘画或建筑一样。柏拉图的政治家为了美而创作城邦。

但是在这里我必须提出异议。我认为，人类生活不能用作满足艺术家进行自我表现愿望的工具。恰恰相反，我们必须主张，每一个人，如果他愿意，都应该被赋予由他本人塑造他的生活的权利，只要这样做不过分干预他人。实际上，因为我同情这种唯美主义的冲动，我建议这样的艺术家寻求以另一种材料来表现。我主张，政治必须维护平等主义和个人主义的原则，追求美的梦想必须服从帮助处于危难之中的人们以及遭受不公正之苦的人们的迫切需要；并服从构造服务于这样的目的的各种制度的迫切需要。

注意到柏拉图的彻底的激进主义，即实行大扫荡式的措施的主张，同他的唯美主义二者之间的密切联系是很有趣的。下述几段话最具有特色。柏拉图在论及"同神密切交流的哲学家"时，首先提到他将"被在个人连同城邦实现他的无比美好的想象的……强烈欲望征服"——这个城邦，"如果其起草人不是把神作为他们的楷模的艺术家，就永远不会懂得幸福"。当被问到他们的制图术的细节时，柏拉图的"苏格拉底"做出了如下引人注意的答复："他们将把城邦和人们的品性作为他们的画布，而且他们将首先把他们的画布擦净——这绝非易事。但是，你知道，这正是他们与所有其他人的区别所在。除非给他们一张干净的画布，或者自己动手擦净它，否则他们将既不对城邦也不对个人开始动手工作，他们也不会制定法律。"

当柏拉图读到擦净画布时他想到的那种类型的事物，稍后做了解释。"怎样能做到那一点呢？"格劳孔问道。"所有十岁以上的公民，"苏格拉底答道，"必须把他们从城邦里赶出来并流放到乡村某地。而且必须把这些现在免受其父母的平庸性格的影响的孩子们接管下来。他们必须以真正的哲学家的方式，并按照我们已描述过的法律接受教育。"以同样的态度，在《政治家篇》中，柏拉图谈到按照政治家的最高科学实行统治的最高统治者们："无论他们碰巧依法或不依法统治那些愿意或不愿意的庶民……以及无论他们为了国家的利益，通过杀戮或流放某些公民来清洗国家——只要他们按照科学与正义行事，并维护了……国家，而且使之比过去更好，那么这种政府形式必然被描述为唯一正确的形式。"

这就是艺术家——政治家开始进行工作时必须采取的方式。这是擦净画布的含义所在。他必须根除现存的各种制度和传统。他必须采取净化、清洗、流放、驱逐和杀戮的手段。（"清算"是其恐怖的现代术语）柏拉图的陈述确实是对所有各种形式的彻头彻尾的激进主义的决不妥协态度——对唯美主义者拒绝妥协态度的真实描述。认为社会应当像一件艺术品一样美丽的观点只是太容易导致采取暴力措施，但是这种激进主义和暴力二者全都是不切实际而没有用处的。

为了批判柏拉图的唯美主义的激进主义的基础，我们可以区分两个不同的要点。

第一点如下所述。谈到我们的"社会体制"，并谈及需要用另一种"体制'来取而代之的一些人，他们头脑中想到的非常类似于画在画布上的一幅画，在画一幅新画之前，必须把画布擦干净。但是存在某些重要差别。其中一个差别是，画家和同他合作的那些人连同使他们的生活成为可能的各种制度、他的建立一个更美好世界的梦想和规划，以及他的行为准则和道德规范的标准，全部都是该社会体制即要被擦掉的那幅画面的组成部分。假如他们真的要把这块画布擦净，他们必将自我毁灭，并摧毁他们的乌托邦计划（而且随之而来的可能将不是一种柏拉图式的理念的美丽摹本，而是一团混乱）。政治艺术家如阿基米德大声疾呼，为了用杠杆把世界撬离它的中心点，要在社会世界之外找到一个他能够立足的地方。但是这样一个地方并不存在，而且在任何一种重建过程期间，这个社会世界必须连续不断地运转。这就是在社会工程方面拥有更多经验之前，我们为什么必须一点一点地改革它的各项制度的简单原因。

这一点把我们引向了更为重要的第二个要点,即激进主义中固有的非理性主义。在所有事物方面,我们只能通过试错法,通过犯错误和改进来学习,我们永远不能依靠灵感,尽管灵感只要能够经过经验的检验,也许极有价值。因此,假定彻底重建我们的社会世界将会立即带来一种可行的体制,这是不合理的。相反,我们应当预料到,由于缺乏经验,我们会犯很多错误,只有通过一种持久而勤勉的小幅度调整过程,才可能消除这些错误;换句话说,只有运用我们倡导使用的零星工程的理性方法,才能做到这一点。但是,那些因其不够彻底而不喜欢这种方法的人们,为了用一张干净的画布重新开始,必将再次擦掉他们刚刚建构起来的社会;而且,既然因为同样的原因,这一次重新开始也不会带来至善至美,他们将不得不重复这种过程,而永远取得不了任何进展。那些承认这一点并准备采纳我们的更为适中的零星改进方法,但只是在第一次彻底擦净画布之后这样去做的人们,几乎不可能逃避认为他们最初的扫荡和暴力措施完全没有必要的批评。唯美主义和激进主义必然引导我们放弃理性,而代之以对政治奇迹的孤注一掷的希望。这种非理性的态度源于迷恋建立一个美好世界的梦想,我把这种态度称为浪漫主义。它也许在过去或在未来之中寻找它的天堂般的城邦,它也许竭力鼓吹"回归自然"或"迈向一个充满爱和美的世界";但它总是诉诸我们的情感而不是理性。即使怀抱着建立人间天堂的最美好的愿望,但它只是成功地制造了人间地狱——人以其自身的力量为自己的同胞们准备的地狱。

(四) 论开放的社会

他将使我们恢复最初的本性,治疗我们,使我们快乐和幸福。

——柏拉图

我们的分析仍有一些疏漏之处。认为柏拉图的政治纲领纯属极权主义的看法,以及第6章对这个看法所提出的异议,引导我们去考察正义、智慧、真理和美之类的道德观念在这个纲领所发挥的作用。这个考察结果一直是没有什么区别的。我们发现这些观念的作用是重要的,但它们不能促使柏拉图超越极权主义和种族主义。这些观念中有一个还有待继续考察的,即幸福的观念。人们可能会记得,我们引用过格罗斯曼的话,他坚信柏拉图的政治纲领基本上是一个"建立一个每个公民都真正幸福的完善国家的计划",我将这一信念描述为将柏拉图理想化倾向的遗风。如果要论证我的看法,我不会费太大的劲便能指出,柏拉图对幸福的论述与其对正义的论述极其相似,尤其是,这个论述是基于同一信念,即社会"天然地"分为各个阶级或等级。柏拉图力主,真正的幸福只有通过正义,即安于本分,才能实现。统治者只有在进行统治时才能找到幸福,武士只有在进行战争时才能找到幸福。而我们还可以推论,奴隶只有在被奴役时才能找到幸福。除此之外,柏拉图常常说起,他的目标既不在于个人的幸福,也不在于国家中任何特定阶级的幸福,而仅在于整个国家的幸福。他还声辩道,这只不过是正义统治的结果。我已指出,这种正义统治就其性质而言是极权主义的。《理想国》的主要论题之一便是只有这种正义才能带来真正的幸福。

从这一切来看,把柏拉图视为一个极权主义党派政治家,就其直接的实践工作而论是不成功的,但从长远来看,他所做的阻止和摧毁他所憎恨的文明的宣传却十分成功。这似乎自圆其说、难以反驳地解释了这些材料。然而,若要使人们感到这种解释有重大错误,就得以这种率直的方式来谈论这些材料。不管怎样,当我这样表达时,我感觉就是如此。我所感到的似乎是,并非不真实,而是有缺陷。于是,我开始寻找有可能驳斥这种解释的证据。然而,除了一点以外,在每一点上试图反驳我的解释都是十分不成功的。新的材料只能使柏拉图主义和极权主义之间的一致性更为明显。

使我感到我在寻求反驳中获得成功的那一点，是关于柏拉图对僭主政治的憎恨。当然，把它解释为并无其事总是可能的。人们会很容易说柏拉图对僭主政治的控诉不过是宣传而已。极权主义往往宣称热爱"真正的"自由，而柏拉图歌颂自由而反对僭主政治听起来与这种所谓的热爱十分相像。尽管如此，我还是感到他对僭主政治的某些看法是真诚的，这将在这一章的其后部分谈到。显然，在柏拉图的时代里，"僭主政治"通常指的是以群众支持为基础的一种统治形式，这一事实使我能够说柏拉图之憎恨僭主政治与我原先的解释相一致。但我感到这并不能消除要修正我的解释的必要。我还感到，仅仅强调柏拉图的根本真诚，对完成这种修正是很不够的。无论怎样强调也不能抵消这幅画像的总印象。一幅新的画像是需要的，它必须包括柏拉图相信他是一个医生，负有医治有病的社会的使命，同时还必须包括事实上他对在他之前和之后的希腊社会所发生的事情都比任何别人看得更清楚。既然试图否认柏拉图主义与极权主义之间的雷同无助于改进这幅画像，所以我终于不得不修正我对极权主义本身的解释。换句话说，对照现代极权主义来理解柏拉图，竟然使我修正我对极权主义的看法，我自己也感到惊讶。我并不改变我对极权主义的敌视，但这终于使我看到，老的和新的极权主义运动的力量都在于它们要回答一个极其实在的需要，尽管这种回答可能被认为不妥。

按照我的新解释，我觉得柏拉图宣称他希望使国家及其公民幸福，并非纯属宣传。我愿意承认他的根本善意。我也承认他在一定的限度内，在他的幸福许诺所根据的社会学分析上是对的。把这一点说得更确切些，那就是：我相信柏拉图以其社会学的深刻见识，发现了他那个时代的人正处在以民主主义和个人主义的兴起为开始的社会革命所引起的严重压力之下。他成功地发现他们的严重不幸的主要原因——社会的变化和分裂——他并且极力加以反对。没有理由怀疑，他的极其强烈的动机之一就是为公民夺回幸福。出于在这一章稍后部分所讨论的理由，我相信他所推荐的医疗——政治学的处方，以阻止变化并回到部落社会去，是完全错误的。这个建议作为一种治疗是行不通的，但它却证明了柏拉图的诊断能力。它表明，柏拉图是知道毛病出在哪里，知道人们所经受的压力和不幸，尽管他错误地声称他要引导人们回到部落社会去，以减轻这个压力和恢复他们的幸福。

我想在这一章里对促使我持有这些看法的历史材料做一番简略的考察。在本书的最后一章里，将会看到，我对所采取的方法，即历史解释的方法提出一些评论。所以，在这里我只说，我并不宣称这种方法具有科学的地位就够了，因为，对一种历史解释进行检验是不可能像通常的假说检验做得那么严格。历史解释主要是一种观点，其价值在于它是否富有成效，在于它对历史材料的解释力，能否引导我们发现新材料，并帮助我们把材料条理化和连贯化。所以，我在这里所要说的话，并不意味着作为一种教条式的断言，尽管我有时也许会大胆表达我的看法。

我们的西方文明起源于希腊。看来希腊人最早从部落主义过渡到人道主义。让我们考虑一下这意味着什么。

早期希腊部落社会在许多方面同波利尼西亚人，例如毛利人的部落社会相似。通常住在设防的居住地的各个战斗者小集团，在部落首领或王或贵族家庭的统治下，在海上和陆地上彼此进行战争。当然，在希腊人和波利尼西亚人的生活方式之间存在着许多区别，因为部落社会当然不是千篇一律的。没有标准的"部落生活方式"。然而，在我看来，在这些部落社会中，如果不是全部，至少在大部分，都可以发现某些典型特征。我指的是他们对社会生活习惯那种神秘的或非理性的态度，以及与这些习惯相应的严格性。

对社会习惯的这种神秘态度在上面已经讨论过了。它的主要因素就是未能把社会生活中的习惯的或约定的规律性同在"自然"中所发现的规律性区别开来；而这种情况又往往兼有如下的信念，以为这二者都是由超自然的意志来执行的。社会习惯的严格性在大多数情况下也许只是这种态度的另一个方面。（有理由相信，这个方面甚至更为原始，而且超自然的信念又是害怕改变常规的一种合理化而已——我可以在每一个幼小儿童中发现这种畏惧。）当我谈到部落社会的严格性时，我并不是说部落的生活方式不会发生变化。我指的却是，相当罕有的变化都具有宗教改变的性质，或引进新的神秘禁忌的性质。这些变化并非基于要改进社会状况的理性目的。除了这些变化之外——这是极其罕见的——禁忌严格地规定和支配生活的一切方面。它们不会留下许多空白。在这种生活形式中很少出现问题，而且没有出现事实上与道德问题相同的问题。我的意思并不是说，部落的成员为了按禁忌行事有时不十分需要英雄气概和坚韧不拔的精神。我的意思是，他难得发现自己正处在怀疑他应如何行动的状况中。对的做法总是已被决定了的，虽然要遵循它就得克服困难。它是由禁忌所决定的，由神秘的部落建构所决定的，而不可能成为批判性思考的对象。甚至赫拉克利特也不能明确地把部落生活的建构性规律与自然规律区分开来，二者都被视为具有同样的神秘性质。以集体部落传统为基础的建构，没有个人责任的余地。禁忌确立了某种集团责任形式，因而它们可以是我们所说的个人责任的先驱，但它们同个人责任毫无共同之处。禁忌并非基于理性评价的可能性原则，而是基于诸如祈求命运权力之类的神秘观念。

大家知道这种情况至今仍然存在。我们自己的生活方式仍然带有禁忌；饮食的禁忌、礼仪的禁忌以及其他许多禁忌。但其间有着一些重大区别。在我们的生活方式中,在国家的法律与我们在习惯上遵从的禁忌之间有着越来越广大的个人决定的领域及其问题和责任;我们也知道这个领域的重要性。个人决定可以导致禁忌的改变,甚至导致已不再是禁忌的政治法律的改变。重大的区别在于对这些问题的理性反思的可能性。理性反思在某种程度上开始于赫拉克利特,至于阿尔克迈昂、法列亚斯和希波达莫斯及智者们,由于探求,"最好政制"从而在不同程度上假定某个问题具有可以进行理性讨论的性质。在我们的时代里,我们许多人对新的立法以及别的建构改革是否可取都可以作出理性的决定;就是说,做出一些以对可能的后果的估计为根据的决定,做出以对其中一些改革的有意识的赞成为根据的决定。我们承认理性的个人责任。

结论是,神秘的或部落的或集体主义的社会也可以称为封闭社会,而每个人都面临个人决定的社会则称为开放社会。

一个封闭社会在其最好的情况下也只能恰当地比作一个有机体。所谓国家有机体学说或国家生物学说可以在相当范围内适用于它。一个封闭社会相似于一群羊或一个部落,因为它是一个半有机的单位,其中各个成员由于有着半生物学的联系——同类,共同生活、分担共同的工作、共同的危险、共同的欢乐和灾难——而结合在一起。它又是各个具体的个人的一个具体的集团,不仅由于分工和商品交换等抽象的社会关系,而且由于触觉、味觉和视觉等具体的生理关系而彼此联结起来。虽然这种社会可以建立在奴隶制的基础上,但奴隶的存在不一定产生与家畜根本不同的问题。因此,使有机体学说不能应用于开放社会的那些方面是不存在的。

我所想到的那些方面与如下事实相联系:在一个开放社会里,许多成员都力图在社会上出人头地和取代别的成员的位置。这就会导致,比方说,阶级斗争这类重要的社会现象。我们不能在一个有机体里面发现类似阶级斗争的情况。一个有机体的细胞或组织（有时被说成与国家的成员相当）也许会争夺养分；但并不存在大腿变成大脑，或者身体的另一些部分变成腹腔的内在倾向。既然在有机体中不存在相当于开放社会的一个最重要的特征——成员间对地位的竞争，因此，所谓国家有机体学说所根据的是一种错误的类比。在另一方面，封闭社会是不怎么知道这些倾向的。它的各种建构，包括它的等级制度，都是神圣不可侵犯的禁忌。有机体学说在那里并非那么不适合。所以，无怪乎我们看到，把有机体学说应用于我们的社会的种种做法，多半都是为了回到部落社会所作的伪装宣传罢了。

开放社会由于丧失了有机体的性质，所以在不同程度上，可以变成我称之为"抽象社会"的那种样子。它可以在相当程度上失去作为一个具体的或实在的人的集团或这些实在的集团系统的性质。这种很少被人理解的情况会被夸大解释。我们可以设想这样的一个社会，在这个社会里人们实际上从不直接接触——那里的一切事情都是各个孤独的个人，通过打字的信件或电报互通消息，出门都坐封闭的汽车（人工授精甚至会出现没有个人因素的生殖）。这种虚构的社会可以称为"完全抽象的或非个人化的社会"。有趣的是，我们的现代社会在许多方面与这种完全抽象的社会颇为相似。虽然我们并不经常在封闭的汽车上独自驱车（只是沿路看见街上来来往往的人群），但其结果与此差不多——我们同街上的行人通常没有建立任何个人关系。同样，加入工会不过是持有会员证和向一个不认识的秘书交纳会费而已。在现代社会中生活的有许多人都没有或极少有亲密的个人接触，他们生活在默默无闻和孤独的状态之中，因而是在不愉快之中。因为社会已变得抽象，而人的生物性质却没有多大改变，人有社会需要，但在一个抽象的社会中这些需要是不能得到满足的。

当然，我们的描述即使采取这种形式也是极其夸大的。完全抽象的甚或以抽象为主的社会是永远不会或不可能存在的，就像完全理性的甚或以理性为主的社会永远不会或不可能存在的一样。人们仍然形成各种实在的集团和进入各种实在的社会接触，并力图尽可能满足他们在情欲上的社会需要。然而，现代开放社会中大多数的社会集团（有些幸运的家庭集团除外）都是不好的替代者，因为它们对共同生活并无帮助。其中许多社会集团在社会生活中基本上不起作用。

这个被夸大的描述的另一种情况，就是至今还没有包括有利的方面——而只包括不利的方面。但事实是存在着有利的方面的。新型的个人关系是会出现的，人们可以自由地加入这些个人关系，而不被出身的偶然性所决定；此外还产生新的个人主义。同样，精神的联系可以扮演主要的角色，而生物的或生理的联系则会减弱；如此等等。然而，尽管如此，我希望我们的例子将阐明一个较为抽象的社会与一个较为具体的或较为实在的社会集团之间的区别究竟意味着什么；它将表明我们的现代开放社会基本上是通过抽象关系，例如交换或合作来运行的（现代社会理论，例如经济学理论主要是关于这些抽象关系的分析。许多社会学家，例如杜克凯姆还没有理解这一点，而不去放弃教条主义的信念，以为社会分析必须以实在的社会集团为根据）。

从上面所说的话看来，从封闭社会到开放社会的过渡显然可以被描述为人类所经历的一场最深刻的革命。由于封闭社会具有我们所说的生物性质，所以这个过渡必定为人们深深感到。因此，当我们说我们的西方文明源于希腊时，我们应当明白这是什么意思。这指的是，希腊人为我们开始了这场伟大的革命，而现在这场革命似乎仍然处于开始阶段——从封闭社会到开放社会的过渡。

当然，这场革命不是人们有意识地发动的。希腊的部落封闭社会的瓦解可以追溯到占有土地的统治阶级开始感到人口增长之时。这意味着"有机的"部落社会的结束。因为它使这个统治阶级的封闭社会出现了社会冲突。在开始时,在这个问题上似乎有某种"有机的"解决办法,即创造一些子城邦。(这种解决办法的"有机"性质由于在送出殖民者之后所采取的神秘程序而被破坏了)然而,这种殖民仪式只是延缓其瓦解而已。它甚至产生了导致文化接触的新危险区;而这些接触又造成了也许对封闭社会来说更为危险的事情——商业以及从事贸易和航海的新阶级。到了公元前6世纪,这种发展已导致旧有生活方式的部分解体,甚至导致一系列的政治革命和反动。它不但导致用暴力来保存和保住部落社会——在斯巴达就是这样,而且还导致伟大的精神革命,出现了批判性的讨论,以及随之出现了从神秘的迷信中解放出来的思想。与此同时,我们发现新的不安的第一征象。文明的胁变开始被人们感觉到。

这种胁变和不安是封闭社会解体的一种结果。甚至在我们这个时代也是被感到的,尤其是在社会变化的时候。这种胁变之所以产生,是由于生活在一个开放的、部分抽象的社会中,就要求我们进行不断的努力之故——是由于人们力求合乎理性,至少要放弃某些情欲的社会需要,要照顾自己和承担责任。我相信,我们必须承受住这个胁变,作为促进知识、理性、合作和相互帮助所要付出的代价,并终于作为增进我们的生存机会、人口数量所要付出的代价。为了人类,这个代价是必须付出的。

这个胁变与封闭社会解体时第一次出现的阶级冲突问题是密切相关的。封闭社会本身并不知道这个问题。至少对它的统治者来说,奴隶制、等级制和阶级统治是"自然的",意思是不容置疑的。然而,随着封闭社会的解体,这种信念就消失了,随之一切安全感也消失了。部落社会(以及其后的"城邦")是部落成员感到安全的地方,尽管周围有敌人和危险的甚至敌对的神秘力量,他对部落社会的体验就像儿童对其家庭和住家的体验一样,在那里他有确定的任务;他对任务知道得很清楚,而且干得很好。封闭社会的解体确实引起了阶级问题和其他的社会地位问题,这对公民必定产生影响,就像家庭的严重争吵和破裂对儿童容易产生影响一样。当然,这种胁变是特权阶级所感到的,现在他们所感到的威胁,较之从前受压迫的那些人更甚;但甚至后者也感到了不安。他们也因为他们的"自然"世界的解体而惊恐不安。虽然他们继续进行斗争,但他们往往不愿利用在反对他们的阶级敌人时所取得的胜利。他们的阶级敌人是由传统、既得地位、较高的教育水平以及自然权威感所支持的。

这样看来,我们必须试图理解成功地阻止住这些发展的斯巴达的历史以及导致民主政治的雅典的历史。

封闭社会解体的最有作用的原因,也许是海上交通和商业的发展,与别的部落有密切的接触就容易破除人们对部落制的必然感;贸易和商业中的首创精神,看来是个人首创精神和独立精神的几种形式之一,它们能够表现自己,甚至在部落制仍然盛行的社会中也是如此。航海和商业这二者已成为雅典帝国主义的主要特征,公元前5世纪雅典的发展就是如此。事实上,雅典的寡头们、特权阶级分子或先前的特权阶级分子把所有这些都视为最危险的发展。他们已经明白,雅典的贸易、雅典的金融商业主义、雅典的海军政策以及雅典的民主趋势,都是这个运动的各个部分,而且,如果不深挖这个祸害的根源并摧毁这个海军政策和帝国,那么,要挫败民主是不可能的。但是,雅典的海军政策依靠它的多个海港,特别是比雷埃夫斯港——它是商业的中心和民主政党的堡垒,而且在战略上,雅典的海军政策也依靠那些保卫雅典的城墙,其后依靠延长到比雷埃夫斯港和法勤伦湾的那道长城。因此,我们发现,雅典的寡头党派在一个多世纪中十分憎恨这个帝国,憎恨这支舰队、海港和城墙,并把它们视为民主的象征,视为民主势力的源泉,并希望有朝一日把它们摧毁。

在修昔底德的《伯罗奔尼撒战争史》中，或者更确切地说，在公元前432—前421年和公元前419—前403年，在雅典的民主政府和斯巴达受阻的寡头部落政府之间的两次大战中，我们可以发现这个发展的许多证据。当我们阅读修昔底德的著作时，我们一定不会忘记他心底里并不同情他自己的城邦雅典。尽管他显然并不属于在战争中通敌的雅典寡头俱乐部的极端派别，但他肯定是寡头党的成员，既不是曾把他放逐的雅典人民、雅典民主派的朋友，也不是雅典帝国主义政策的拥护者（我并非有意贬低修昔底德这位也许有史以来最伟大的历史学家。然而，尽管他在确认他所收集的事实方面是很成功的，而且他力求公允的精神是真诚的，但他的评论和道德判断代表着一种解释、一种观点，而在这种解释和观点上，我们不一定要赞同他）。我首先从他描述公元前482年伯罗奔尼撒战争前半个世纪时特米斯托克利的政策那段话中摘引一段话："特米斯托克利也劝说雅典人完成比雷埃夫斯港……因为雅典人现在已从事航海了，他认为他们有很好的机会来建立一个帝国。他是最早敢于说他们应该使海洋成为他们有很好的机会来建立一个帝国的人。他是最早敢于说他们应该使海洋成为他们的管辖领域的人……"25年之后，"雅典人开始建造延伸到海边的长城，一端达到巴拉萨姆港，另一端达到比雷埃夫斯港"。这是在伯罗奔尼撒战争爆发前26年之事，那时寡头党完全知道这些发展的意义。修昔底德告诉我们，他们并没有从极其明显的叛变行为有所退缩。在寡头们中，阶级利益有时取代了他们的爱国主义。一支有敌意的斯巴达远征军侵犯雅典北部而为此提供了机会，他们就决定同斯巴达勾结来反对自己的国家。修昔底德写道："有一些雅典人私自对他们（即斯巴达人）表态，希望他们会消灭民主政府和停止建造长城，但其他的雅典人……不大相信他们有反对民主政府的计划。"因此，忠诚的雅典公民们开赴前线与斯巴达人作战，但被打败了。但是，看来他们也大大削弱了敌人，足以防止敌人与他们城邦内的第五纵队分子联合。几个月之后，长城建成了，这意味着，民主政府只要保持其海军优势就能获得安全。

这个事件表明，甚至在伯罗奔尼撒战争爆发前26年之时，雅典的阶级形势是何等紧张，而在战争期间，阶级形势就变得坏得多了。它还表明，反叛的、亲斯巴达的寡头党所采用的是什么方法。我们必须注意，修昔底德只是顺便提到他们的叛变，而且没有谴责他们，但在别的地方，他极其强烈地反对阶级斗争和党派思想。所引用的下一段话，是作为对公元前427年科西拉革命的一般感想而写的，确实耐人寻味。首先因为这是阶级形势的精彩描述；其次由于这是修昔底德每当他要描述科西拉民主派类似趋势时所具有的强烈措辞的一个例证。（为了判明他不够公允，我们必须记住，在战争开始时，科西拉曾经是雅典民主联盟的一员，而那次叛逆又是寡头们发动的。）还有，那段话是社会总崩溃感的精彩表达。修昔底德写道："几乎整个希腊世界都在动乱之中，在每一个城邦里，民主派的领袖们和寡头派的领袖们都在做出艰苦努力，其一是为了使雅典人有利，另一是为了使拉西第孟人有利……党派联系胜于血统联系……双方的领袖们都采用好听的名称，一方自称主张多数人的政治平等，而另一方则自称主张贵族的智慧；他们固然声称致力公众利益，但事实上他们只不过是用公众利益来标榜自己罢了。他们用尽一切可以设想到的手段使一方压倒另一方，并且采用最严重的罪恶方法……这个革命在希腊人中产生了各种弊病……背信弃义的敌对态度到处可见。没有任何语言有足够的约束力，也没有任何誓言足以令人畏惧而使敌对双方言归于好。每个人都深信没有安全。"

只要我们认识到这种阴谋背叛的态度在一个多世纪之后，亚里士多德写他的《政治学》时还没有改变的话，我们就可以估量到雅典寡头们接受斯巴达的帮助并阻止建造长城的全部意义。我们在《政治学》中听到亚里士多德说到有一个寡头誓言"现在是很时髦的"。这个誓言是这样说的:"我承诺成为人民的敌人,并尽力给人民出坏主意。"极为明显,倘若我们忘记这种态度,我们就无法理解那个时代。

我在上面说过,修昔底德本人就是一个反民主主义者。如果我们考虑到如何描述雅典帝国以及各个希腊城邦对他的憎恨,这一点就很清楚了。他告诉我们,人们感到雅典人对其帝国的统治并不比僭主政治好些,而且所有的希腊部落都害怕它。修昔底德在描述公众在伯罗奔尼撒战争爆发的意见时,他对斯巴达的批评是很温和的。而对雅典帝国主义的批评则是严厉的。"人们的一般感情都强烈地倾向于拉西第孟人;因为他们认为拉西第孟人是希腊的解放者。各个城邦和个人都热情帮助他们……而反对雅典人的普遍愤怒是强烈的。有些人盼望从雅典人中解放出来,另一些人害怕落入它的支配之下。"最有趣的是,对雅典帝国的这个评判或多或少地已成为对"历史"的官方评判,即已成为大多数历史学家的评判。正如哲学家们难以摆脱柏拉图的观点一样,历史学家们也被束缚于修昔底德的观点。作为一个例子,我可以引用迈耶的话(他是研究那个时代的最优秀的德国权威)。他简直是重复修昔底德的话,他说:"希腊中有教养的人都……讨厌雅典人。"

然而,这些话只不过是反民主观点的表达而已。修昔底德所记载的许多事实——例如,我们曾引用的描述民主派和寡头派的领袖们的那段话——表明斯巴达只是在寡头们中间,用迈耶那句说得好听的话来说,在"有教养的人"中间是受欢迎的,而在希腊人民中间则不是受欢迎。甚至迈耶也承认,"有民主思想的人民大众在许多场合下都希望它胜利",即希望雅典胜利;而且在修昔底德的叙述中也有许多情况证明雅典受到民主派和受压迫者的欢迎。但是有谁关心这些没有受过教育的人民大众的意见呢？如果修昔底德和"有教养的人"断言雅典人是暴君，那么雅典人就是暴君了。

最有趣的是，为罗马的成就欢呼、为罗马建立一个世界帝国欢呼的同一些历史学家们，竟然谴责雅典人企图取得更大的成就。罗马的成功而雅典的失败，这个事实是不足以解释这种态度的。因为他们实际上并不因雅典的失败而谴责雅典，因为他们一想到雅典本来会成功就生厌。他们认为雅典是残酷的民主，是由没有教养的人来统治的去处。这些人憎恨和压迫有教养的人，而有教养的人又憎恨他们。但是，这个观点（关于民主的雅典人在文化上的不容忍态度这个神话）抹杀了众所周知的事实，尤其是抹煞了在那个特定的时期中雅典人令人刮目相看的精神创造性。甚至迈耶也不得不承认这种创造性。他以特有的谦逊说："雅典在这十年中的创造同德国文学在极盛时期的创造相媲美。"作为那个时期的民主派领袖，伯里克利更为公正，他把雅典称为"希腊的学校"。

我绝不是为雅典在建立其帝国中所做的一切事情辩护，我也肯定不愿为它的蛮横攻击（如果有这类事的话）或残暴行为辩护；我也没有忘记雅典的民主仍然是建立在奴隶制基础上的。但是，我认为有必要看到，部落制的闭关自守和自给自足只能由某种帝国主义形式来取代。必须说，雅典实行的某些帝国主义措施是相当宽容的。一个十分有趣的事例就是：在公元前405年，雅典在爱奥尼亚的萨摩岛向它的盟邦提出，"从今后萨摩人民都应当是雅典人；这两个城邦应当成为一个国家；萨摩人应当按他们的意愿来管理他们的内部事务并保留他们的法律。"另一个实例是，雅典在其帝国所实行的赋税措施。人们对这些赋税或纳贡说得很多，并描述为剥削小城邦的无耻而残暴的方法（我认为这是很不公正的）。为了评价这些赋税的意义，我们当然要把它同雅典舰队所保护的大量贸易相比较。修昔底德对此提出了必要的信息，使我们从那里知道，在公元前413年，雅典要求他们的盟邦"以海上进出口的一切物品的百分之五的税率作为纳贡；它们也认为收益会更多"。我认为，在极其严酷的战斗中采取这种措施，要优于罗马集中的方法。雅典人采取这种赋税方法是有利于盟邦之间贸易发展的，也有利于帝国中各个成员国的创造性和独立性。开始时，雅典帝国是从一个相互平等的联盟发展起来的。尽管雅典暂时占支配地位，并受到一些公民的公开批评（参阅阿里斯多芬写的《论友谊》），但它在贸易发展上的好处本来会及时导致某种联邦体制。至少，我们知道，在雅典的情况中不存在像罗马那样把文化所有物从帝国"转移到"，即掠夺到占统治地位的城邦中去的那种做法。不论人们如何反对富豪政治，但它总比掠夺者的统治要好些。

把雅典的帝国主义同斯巴达处理对外事务的做法相比较，就可以支持对它予以赞许的这个观点。斯巴达的做法取决于支配斯巴达政策的那个最终目的，取决于斯巴达要阻止一切变化并恢复部落制的企图。（这是不可能的，我将在后面论及。幼稚一旦失去，不可能复得，而一个被人为地阻止住的封闭社会，或者一个人工栽培的部落社会，绝不等于真实之物。）斯巴达政策的原则如下：（1）保住它那个被阻止的部落社会：排斥可能危及部落禁忌严格性的一切外来影响；（2）反人道主义：尤其是排斥一切平等主义的、民主主义的和个人主义的意识形态；（3）自给自足：不依赖贸易；（4）反世界主义或地区主义：坚持你的部落和一切其他的部落的区分；不同下等人混合；（5）主宰、统治和奴役你的邻邦；（6）但不要变得太大："城邦的扩大只限于不致损及其统一"，尤其是只限于不去冒引进世界主义趋势的危险——如果我们把这六个主要倾向同现代极权主义倾向相比较，那么，我们就发现它们基本上是相吻合的，唯一的例外是最后一条。这个区别可以用如下的话来描述：现代极权主义似乎是具有帝国主义倾向的。但是，这种帝国主义并不具有宽容的世界主义因素，而且现代极权主义者对全世界的野心是违反人们的意志而强加于人的。有两个因素可以说明这一点。其一是一切专制政治的普遍倾向都是以抵御敌人拯救国家（或人民）为理由来证明其存在的——每当原有的敌人被制服时，这个倾向又必定导致新的敌人的产生或发明。第二个因素就是力图把极权主义纲领中有密切联系的（2）和（5）两条付诸实现。按照（2），人道主义是必须加以清除的，但人道主义已十分普遍，要在国内对它进行有效的斗争，就必须在全世界把它摧毁。但是我们的世界已经变小了，以致每个人现在都是邻人，所以，为了实现（5），就必须支配和奴役每一个人。然而，在古代，对于采取斯巴达那样的地区主义的人来说，最危险的事情莫过于雅典的帝国主义以及它发展为各希腊城邦共同体或者甚至发展为世界帝国这个固有趋势了。

把我们迄今的分析加以概括，我们可以说，开始于希腊部落瓦解的这场政治的和精神的革命，在第五世纪达到其极盛时期，并爆发了伯罗奔尼撒战争。这场革命已经发展为暴力的阶级战争，同时也发展为希腊两个主要城邦之间的战争。

那么，像修昔底德那样杰出的雅典人竟然站在反对这些新发展的一边，又作何解释呢？我相信，阶级利益是一个不充足的解释；因为我们要加以解释的事实是，有许多雄心勃勃的青年贵族成为积极的、尽管并不总是可靠的民主派成员，同时又有一些很有思想和天赋的人没有为革命所吸引。主要之点似乎是，虽然开放社会已经存在，虽然它事实上已开始提出新的价值观念、新的平等主义生活标准，但仍然存在着一些缺陷，尤其是对"有教养的人"来说。开放社会的新信念，它的唯一可能的信念乃人道主义，它正开始表现它自己，但还没有明确地提出来。在当时人们所看到的只是阶级战争、民主派害怕寡头的反动，以及对进一步的革命发展的恐惧。所以，不少人站在反对这些发展的反动的一边，即站在传统的一边，要求维护原先的价值观念和宗教。这些倾向迎合许多人的感情，而且由于它们受欢迎而出现了一个运动，尽管这个运动是由斯巴达人和它们的寡头盟友出于他们自己的目的来领导和利用的，但必定甚至在雅典也有许多正直的人归属于这个运动。从这个运动的口号"回到我们祖先的国家"或"回到以前的父道国家"而引申出"爱国者"这个名词。反对民主派的寡头们希望获得支持，以反对民主派，他们毫不犹疑地把他们的城邦交给敌人，但是，我们并非必须坚持说，这些寡头们大大歪曲了支持"爱国"运动的人普遍抱有的信念。修昔底德就是"父道国家"运动的有代表性的领导人之一，但他大概并不支持极端的反民主派的阴谋背叛行为。固然他并不掩饰他对他们的根本目的的同情。这个根本目的就是要阻止社会的变化，要对雅典民主的世界帝国主义，对其权力的工具和象征，即海军、长城和商业进行斗争。（我们不妨指出，在柏拉图的商业学看来，商业是很可怕的。当斯巴达王来山得在公元前404年战胜雅典并缴获大量战利品归来之后，斯巴达的"爱国者"即"父道国家"运动的成员们力图阻止黄金进口；虽然后来终于被允许，但那些黄金只限于国家所有，而且任何公民一旦被发现占有贵重金属都得处死。在柏拉图的《法律篇》中，也提倡极其相似的做法。）

虽然这个"爱国"运动部分地是盼望恢复较稳定的生活，恢复宗教、规矩、法律和秩序的表现，但它本身在道德上是腐朽的。它的古时信念已经消失，而基本上代之以对宗教感情的伪善甚至冷酷的利用。就像柏拉图所绘画的卡利克勒斯和色拉希马库斯的画像一样，在年轻的"爱国"贵族们当中到处可以发现虚无主义；只要有机会，他们就变成民主派的领袖。这种虚无主义的最显赫的代表人物，也许就是为彻底打败雅典效劳的寡头领袖,即柏拉图的舅父克里底亚,三十僭主的头头。

然而,在那个时候,在修昔底德所处的同一代人之中,掀起了对理性、自由和博爱的新信念——我认为这个新信念就是开放社会唯一可能的信念。

标志着人类历史转折点的这个时期,我乐意称之为伟大的世代;这个时期是雅典人处在伯罗奔尼撒战争之前不久战争之中的那个时期。在他们之中有伟大的保守主义者,例如索福克勒斯或修昔底德。在他们之中也有代表这个转变时期的人物;他们是动摇的,例如欧里庇得斯,或者是怀疑的,例如阿里斯多芬。但是,还有伟大的民主领袖伯里克利,他提出在法律面前人人平等和政治个人主义的原则;有希罗多德,他在伯里克利的城邦中获得人们的欢迎和称赞,说他是一部为这些原则增光的著作的作者。普罗塔哥拉(他原籍阿布德拉,但在雅典很有影响)以及他的同乡德谟克利特也必须被视为这个伟大世代的人物。他们形成一种学说,认为语言、风俗习惯和法律这些人类建构并不具有禁忌的神秘性质,而是人的创造,不是自然的而是约定俗成的。他们还坚持说,我们对这些人类建构是负有责任的。那时有高尔吉亚学派——其中有阿基达玛、利科弗龙和安提斯泰尼,他们提出了反奴隶制、理性保护主义和反民族主义(即人类世界帝国的信念)的基本教义。此外还有也许是其中最伟大的人物苏格拉底,他教导这样的学问:我们必须相信人类理性,同时又要提防教条主义;我们必须抛弃厌恶理论(即对理论和理性的不信任),也要抛弃制造智慧偶像的那些人所采取的神秘态度;换句话说,他教导我们说,科学的精神就是批评。

至今我对伯里克利谈得不多,而对德谟克利特则完全没有谈到,所以我不妨引用他自己的一些话来阐明这个新信念。首先,德谟克利特说："我们之所以不应该做坏事，不是出于恐惧而是出于正义感……美德主要在于对别人的尊重……每一个人都是他自己的小世界……我们应当尽力帮助那些受到不公平待遇的人……善就是不做坏事；而且不想做坏事……善的行为不是说好话就算数……民主政治的贫困比贵族政治或君主政治据说所具有的繁荣要好，就像自由比奴役要好……有智慧的人属于所有的国家，因为伟大灵魂之家是整个世界。"一句真正科学家的谈话也出自他。他说："我要发现的是一条因果规律而不是一位波斯国王！"

在他们的人道主义和大同主义的言论中，德谟克利特的一些残篇听起来好像是直接反对柏拉图的，虽然在时间上先于柏拉图。伯里克利的著名的葬礼演说至少在柏拉图写《理想国》之前半个世纪，给我们以同样的印象，只是更为强烈得多。我在第6章中讨论平等主义时曾引用过这篇演说词的两句话，但在这里不妨再引用一些话，以便更清楚地表明它的精神。"我们的政治体制与别处实行的制度不同。我们并不照搬我们的邻国，而是要成为一个榜样。我们的政府是使多数人得益：这就是为什么它被称为民主政府之故。法律为所有的人在他们的私人争议中提供平等的裁判，但我们并没有忽视优秀者应有的权利。当一个才华出众的公民都会被召请去为国家效劳，待遇比别人优厚，但这不是特权，而是对着贡献的奖赏；贫穷不是障碍……我们所享有的自由扩及日常生活；我们并不彼此猜疑，而且当别人选择他自己的道路时，我们也不会横加指责……但是这种自由不会使我们无法无天。我们被教导要尊重行政长官和法律，绝不忘记我们必须保护受害者。我们也被教导要服从完全基于普遍的正义感来施行的那些不成文法……"

"我们的城邦是向世界开放的；我们绝不驱逐一个外国人……我们完全按自己的意愿自己生活，但我们永远准备面临各种危险……我们爱美，但不沉醉于幻想，而且，我们力图增进我们的理智，但这并不减弱我们的意志……承认自己贫穷并不使我们感到丢脸，但我们认为，不去努力避免贫穷才是丢脸的事。一个雅典公民在干他自己的私事时不会漠视公众事务……我们不是把那些对国家漠不关心的人看作无害，而是看作无用；而且，尽管只有少数几个人可以制定政策，但我们所有的人都可以评论它。我们并不认为讨论有碍于政治行动，而是认为这是明智行动的不可缺少的首要条件……我们相信，幸福是自由的果实，而自由则是勇气的果实，我们也不会害怕战争的危险……总而言之，我认为雅典是希腊的学校，各个雅典在其成长中发展多方面的优秀才能，对突然事件有思想准备，有自力更生的精神。"

这些话语不仅仅是对雅典人的赞扬，更是表达了这个伟大世代的真正精神。这些话表明了一位伟大的平等主义的个人主义者，一位民主派的政治纲领，他十分理解民主是不可能用"人民应当统治"这个没有意义的原则来说清楚的，民主的基础必须在于对理性的信念，在于人道主义。同时，这表达了真正的爱国主义，表达了使一个城邦负起责任做出榜样的正义自豪感；这个城邦不但已成为希腊的学校，而且，我们知道，它已成为人类的学校，不但对于遥远的过去，而且对于未来都是如此。

伯里克利的演说不仅是一个纲领，它也是一个辩护，或许甚至是一个抨击。我曾提到，它读起来好像是对柏拉图的直接抨击。我毫不怀疑，它不但直接反对斯巴达的停滞的部落制，而且也直接反对国内的极权主义的集团或"派系"；直接反对父道国家的运动，即雅典的"拉科尼亚联谊会"（T. 冈珀茨在1902年时是这样来称呼他们的）。这个演说是反对这种运动的最早的同时也许是从未有过的最强烈的言论。其重要性已被柏拉图发现，他在半个世纪之后在《理想国》的一些话中讥讽伯里克利的演说。在那里以及在那篇赤裸裸的讽刺文即称为《米纳塞努篇》或《葬礼演说》中对民主加以抨击。但是，伯里克利所抨击的拉科尼亚拥护者，在柏拉图之前很久就进行还击了。在伯里克利的演说发表之后只有五年或六年的时候，一个无名作者（可能是克里底亚）发表了《雅典政制》，即现在通常被称为《老寡头》的那本小册子。这个有独创性的小册子，政治学说中最古老的尚存论文，或许也是人类被其有知识的领袖们所抛弃的最古老碑文。它对雅典进行粗暴的攻击，无疑是雅典中最有头脑的人之一写的。它的中心思想成为修昔底德和柏拉图的信条，认为海上帝国主义与民主是密切联系的。它力图表明，在民主世界和寡头世界这二者之间的冲突没有妥协的余地；认为只有采取无情的暴力，采取全面的措施，包括国外盟友（斯巴达人）的干预，才能消灭这个邪恶的自由政治。这个著名的小册子已成为一系列实际上是无穷连续的政治哲学著作的首篇，这些著作不过是或多或少，或公开或隐蔽地重复同一个论调，直到我们这个时代。有些"有教养的人"由于他们不愿意而且也不能够帮助人类沿着艰难的道路走而只能由自己来创造的未知未来，他们就力图使人类回到过去。既然他们不能引导人们走向新的道路，他们就只能使自己成为持续不断的反自由运动的领袖。他们更有必要反对平等以表明他们的高人一等，因为他们是（用苏格拉底的语言来说）愤世嫉俗和厌恶逻辑的人——不可能持有可以引发对人、对人的理性和自由的信念的那种单纯朴素的宽容精神。这个判断听起来是苛刻的，但是如果把它应用到在那个伟大时代之后，尤其是在苏格拉底之后出现的那些反自由的知识界领袖们身上，我看这倒是合适的。现在我们可以对照我们的历史解释的背景来观察他们。

我认为，哲学的兴起这本身是可以解释为封闭社会及其神秘信仰的衰落的一种反应。它力图用理性的信念来取代已经丧失的神秘信念；它建立新的传统——向各种学说和神话挑战，并对它们加以批判性讨论，以改造传授某个学说或神话的旧传统（有一点是很重要的，这就是，这种做法与所谓的奥菲斯教派的传播是同时发生的，这个教派的成员力图以一种新的神秘宗教来取代已丧失的团结感）。最早的哲学家们，那三个伟大的爱奥尼亚人和毕达哥拉斯，可能根本没有察觉到他们正在对那个动因做出反应。他们既是社会革命的代表又是它的不自觉的反对者。他们建立了学派或集团或秩序，即新的社会建构，或者更确切地说，建立了有着共同生活和共同功能并且基本上按照一个理想化的部落来模造的具体集团。这些事实表明，他们是社会领域中的改革者，因而是在对某些社会需要做出反应。他们对这些需要和他们自己的那种茫然若失之感所做出的反应，并不是仿效赫西奥德那样，去发明一个关于天命和衰败的历史主义神话，而是发明了批判和讨论的传统以及理性思维的艺术。这就是在我们的文明开始时出现的一个难以解释的事实。然而，甚至这些理性主义者对部落统一的丧失的反应基本上是感情上的。他们的理论表达出他们那种茫然若失之感，表达出行将创造我们的个人主义文明的那个胁变。对这个压力的最早表达可以追溯到阿那克西曼德，他是第二位爱奥尼亚哲学家。他认为个人的存在是高傲自大，是非正义的不虔诚行为，是错误的侵占行为，个人必须为此受难，并以苦行赎罪。最早察觉到这个社会革命和阶级斗争的人是赫拉克利特。关于他提出第一个反民主的意识形态和第一个关于变化和天命的历史主义哲学，用以把他的茫然若失之感加以合理化，已在本书第二章论述过。赫拉克利特是开放社会的第一个有意识的敌人。

几乎所有这些早期思想家们都在悲剧性的和绝望的胁变之下挣扎。唯一例外也许是一神论的色诺芬尼。他勇敢地担当起他的责任。我们不能因为他们对那个新发展的敌视态度而谴责他们，但在某种程度上我们倒可以责怪他们的后继者。开放社会的新信念，即对人、对平等主义的正义及对人的理性的信念，也许正在形成，只是还没有明确地被提出来罢了。

对这个信念作出最伟大贡献的人是为此而死的苏格拉底。苏格拉底与伯里克利不同，因为他不是雅典民主的领袖；他与普罗塔哥拉也不同，他不是开放社会的理论家。他毋宁是雅典和雅典民主制度的评论家，而且在这方面他可能在表面上有与某些反对开放社会的领袖人物相似之处。然而，批评民主和民主制的人不一定是民主的敌人，尽管他所批评的民主主义者以及希望从民主阵营的分裂中获益的极权主义者都有可能污辱他。对民主政治给予民主批评与给予极权的批评之间有着根本的区别。苏格拉底的批评是民主的批评，而且确实是属于民主生活本身（没有看到对民主的善意批评和敌意批评之间的区别的那些民主派就带有极权主义的气质。极权主义当然不会认为批评可以是善意的，因为对这种权威的任何批评都必然是对权威原则本身的挑战）。

我已经谈及苏格拉底教义的一些方面：他的智性主义，即认为人类理性是普遍的交流媒介这个平等主义学说；他强调智性诚实和自我批评；他关于正义的平等主义学说；以及他关于与其损害别人不如成为不正义的牺牲者的学说。我想，正是最后提到的这个学说最能帮助我们理解他的教义的核心思想，理解他的个人主义信条，理解他把人类个人看作目的这个信念。

封闭社会及其信条（认为部落是一切，个人什么都不是）已经衰落。个人的创造性和自我表现已经成为事实。把人作为个人而不是作为部落英雄和救世者的这种想法已被唤发出来。但是，使人成为哲学关注的中心的那种哲学，只是到普罗塔哥拉才开始。认为在生活中以个人最为重要这个信念，以及互相尊重和尊重自己的主张，看来是出自苏格拉底。

伯内特强调指出，正是苏格拉底创造了我们文明有着巨大影响的灵魂概念。我认为这个看法有着丰富的内容，尽管我感到它的表述可能有错误，尤其是关于"灵魂"这个词的用法；因为苏格拉底似乎已尽力抛弃形而上学。他的主张是道德的主张，而且我认为，他关于个性的学说（或者关于"灵魂"的学说，如果愿意采用这个词的话）是道德的学说，而不是形而上学的学说。他经常借助这个学说来反对自满。他要求个人主义不应仅仅是部落社会的解体，而是个人应当表明其解放是有价值的。所以他坚持认为，人不仅仅是一块肉——一个肉体。人还有更多的东西，有神圣的闪光、理性；以及对真理、仁慈、人道的热爱，对美和善的热爱。这就是使人的生活有价值之所在。然而，如果我不仅仅是一个"肉体"，那么我又是什么呢？你首先是智慧，这是苏格拉底的回答。正是你的理性使你成为人；使你不仅仅是一堆情欲和愿望；使你成为自足的个人，同时使你能够宣称你就是目的。苏格拉底说"关照你的灵魂"这句话，基本上是要求智性诚实，正如"认识你自己"这句话是他用来提醒我们知识的限度一样。

苏格拉底的这些话是很重要的。他对民主政治家的批评；在于批评他们对这些问题缺乏充分的认识。他正确地批评他们，说他们缺乏智性诚实和着迷于强权政治。由于他在政治问题上强调人的方面，他不会对制度改革有很大兴趣。他感兴趣的乃开放社会的直接方面，即个人的方面。他把自己视为一个政治家是不对的；他实际上是一位教师。

然而，如果苏格拉底从根本上是开放社会的战士，是民主的朋友，那么，人们就会问，为什么他同反民主的人混在一起呢？我们知道，在他的同伴中不但有曾一度投奔斯巴达的阿基米德，而且还有柏拉图的两个舅父，即后来成为三十僭主的残暴领袖克里底亚和成为克

二、论柏拉图的政治纲领

里底亚的将军的卡尔米德。

对这个问题的回答不止一个。首先我们听柏拉图说，苏格拉底对当时的民主派政治家的批评部分地带有揭露那些讨好人民的伪善者们的自私和权力欲，尤其是对那些装作民主派的年轻贵族，他们把人民仅仅当作满足其权力欲的工具。他的做法使他在一方面至少受到一些民主的敌人的欢迎；在另一方面也使他同这类野心勃勃的贵族发生抵触。但这又进入到第二层考虑。苏格拉底是道德家和个人主义者，他不会只抨击这些人。他反而对他们确实感兴趣，他不会不做出认真的努力去改变他们就把他们抛弃的。在柏拉图的对话集中，有多处提到他的这种努力。还有第三层考虑，我们有理由相信，作为教师—政治家的苏格拉底，他甚至不辞劳苦亲自去吸引年轻人，对他们施加影响，尤其是当他认为他们有悔改之意，认为他们在某一天很可能在他们的城邦里担任负责的公职时。突出的例子显然就是阿基米德。他在少年时期就很突出而被视为雅典帝国未来的伟大领袖。克里底亚才华横溢，又有雄心和勇气，而成为阿基米德的几个可能的竞争者之一（他一度同阿基米德合作但后来转而反对他。因苏格拉底的影响而暂时合作，这并非根本不可能）。从我们对柏拉图自己早年和晚年的政治愿望中所知道的一切，他同苏格拉底的关系更有可能是这种情况。虽然苏格拉底是开放社会的主要人物之一，但他不是一个有党派的人。只要他的工作对城邦会有所帮助，他就会在任何圈子里做工作。如果他对一个有前途的青年感兴趣，他是不会因为与寡头家庭有联系而有所畏缩的。

然而，这些联系却导致他被处死。当这场大战失败的时候，苏格拉底被指控为曾教授背叛民主并与敌人勾结而使雅典陷落的那类人。

至于伯罗奔尼撒战争的历史以及雅典的陷落，由于修昔底德的权威的影响，我们至今仍常常听说雅典的失败是民主制度的道德缺陷的终极证明。但是，这个观点只不过是一种有倾向性的曲解罢了。众所周知的事实告诉我们，事情绝非如此、战争失败的主要责任在于不断勾结斯巴达的卖国寡头们。在这些人当中，以苏格拉底三个先前的学生，即阿基米德、克里底亚和卡尔米德最为重要。公元前404年雅典陷落之后，后两个人成为三十僭主的头头，实际上他们不过是在斯巴达保护之下的傀儡政府而已。雅典的陷落和长城的拆毁往往被视为开始于公元前431年的这场大战的最后结果。但是，这种说法有着一个重大的歪曲；因为民主派仍在继续战斗。开始时人数只有70人，他们在色拉西市洛斯和安尼图斯的领导下为雅典的解放做准备，那时克里底亚正在雅典杀死大量公民；在他的八个月的恐怖统治中，被处死的人"比最后十年的战争中被伯罗奔尼撒人杀死的雅典人还多得多"。但是，在八个月之后（前403年）民主派向克里底亚和斯巴达的驻军发动进攻并取得了胜利，他们在比雷埃夫斯建立了自己的政权，柏拉图的两个舅父都在战斗中丧命。他们的寡头追随者们有一段时候在雅典城邦中继续实行恐怖统治，但其实力已处于混乱和瓦解的状态中。当他们确实不能统治下去时，他们的斯巴达保护人就把他们赶走，并与民主派达成一个条约。这次和平使雅典重新建立了民主政治。这样，民主政体在这次最严格的检验中表明其优越力量，甚至它的敌人也开始认为它是不可战胜的（再过九年，在奈达斯战役之后，雅典人就能重新建造他们的长城。民主政治从失败转为胜利人重新恢复的民主政府一旦重建正常的法律状况，指控苏格拉底的案件便提了出来。它的意义是够清楚的。他被指控曾插手教导这个国家罪恶滔天的敌人——阿基米德、克里底亚和卡尔米德。由于对重建民主政府之前的政治犯实行大赦，这就使这次起诉有了一定的困难。所以，这次指控不能公开涉及那些众人皆知的事情。原告可能并非为了过去的不幸政治事件而要严厉惩罚苏格拉底，因为他们也很清楚那些事情的发生是违反苏格拉底的原意的;他们的意图毋宁说是要禁止苏格拉底继续他的教学,因为从其结果来看,他们难以认为这对国家没有什么危险。由于所有这些原故,对苏格拉底的指控就带有含混不清的方式,说苏格拉底败坏青年,说他不敬神,说他给国家引进新的宗教(最后两条罪状无疑表达了正确的感觉,尽管用语笨拙,即认为苏格拉底在伦理宗教的领域中是一个革命者)。由于对政治犯实行大赦,"败坏青年"这条罪状不可能更精确地点名道姓,但人们都知道这指的是谁。苏格拉底在辩护中坚持说,他并不同情三十僭主,而且他事实上曾冒生命危险,而不顾及三十僭主把他同他们的一个罪犯牵连在一起。他提醒法官说,在他最亲密的伙伴和最热心的学生中,至少有一位是反对三十僭主的热烈的民主派凯勒芬(他大概是在战争中阵亡的)。

现在人们一般都承认这次起诉的幕后人物,民主派的领袖安尼图斯其实无意处死苏格拉底。他的目的是把苏格拉底放逐。可是由于苏格拉底拒绝与自己的原则妥协,致使这个计划没有实现。我不相信他想死,或者喜欢充当殉难者的角色。他只是为他自己认为铁的事情而斗争,为他的毕生工作而斗争。他无意推翻民主政府。事实上,他要给予民主以必须具有的信念。这就是他毕生的工作。他自己也感到这是极其危险的事。他从前的同伴的背叛行为使他为他的工作和他自己深感不安。他甚至可能欢迎那次审判,使他有机会证明他对他的城邦是无限忠诚的。

当苏格拉底有机会逃跑的时候,他极其仔细地说明了他的态度。如果他抓住这个机会逃到国外去,那么人们就会认为他是民主政府的反对者。所以他宁愿留下来并说明他的理由。这个说明,他这个最后的遗言可以在柏拉图的《克里托篇》中看到。它是简单明了的。苏格拉底说,如果我出走,那我就会违背国家的法律。这样的行为会使我处在法律的反面，并且表明我是不忠诚的。这对国家将是有害的。我只有留下来，才能排除人们对我是否忠于国家和忠于它的民主法律的怀疑，同时证明我从来不是国家的敌人。对我的忠诚的最好证明莫过于我愿意为国殉躯。

苏格拉底之死是他的真诚的最终证明。他毕生无所畏惧，光明磊落，虚怀若谷，公允而幽默。他在他的《申辩篇》中说道："我是上帝带给这个城邦的牛虻，我随时随地都盯住你们，唤醒、劝导和责备你们。你们将不容易再找到像我那样的另一个人，所以我劝你们不要置我于死地……如果你们攻击我，像安尼图斯劝说你们的那样，并轻率地把我处死，那么，你们在今后的生活中将永远沉睡不醒了，除非上帝关怀，给你们送来另一只牛虻。"他表明，人之死，不只是由于命运，不只是为了名誉和别的这类光彩的事情，而且也为了批判思想的自由，为了自尊；而自尊则与以我为重或伤感毫无共同之处。

苏格拉底只有一个配得上的后继人，那就是他的老朋友安提斯泰尼，是伟大世代的最后一人。柏拉图是苏格拉底的最具天赋的学生，但他很快就显出不怎么忍心。他像他的舅父那样背叛了苏格拉底。这些，除了背叛苏格拉底之外，还试图使苏格拉底牵连到他们的恐怖活动中，只是因苏格拉底拒绝而没有成功。柏拉图力图使苏格拉底参与建立他那个关于被束缚的社会的学说的宏伟工作；而且他毫不困难地做成了，因为苏格拉底已经死了。

我当然知道这个判断似乎过于严厉，甚至对于批评柏拉图的人来说。然而，如果我们把《申辩篇》和《克里托篇》看作苏格拉底的遗言，并且，如果我们把他老年时的这些遗言同柏拉图的遗言《法律篇》加以对照的话，那么，我们就很难作出别的判断了。苏格拉底已被判罪，但他的死并不是提出这次审判人的本意。柏拉图的《法律篇》却补救了这种无意。在那里，他冷酷地和细心地制造了宗教审判学说。自由思想、对政治制度的批评、给青年讲授新观念、引进新的宗教行为甚或新的宗教观点，全都被宣判了极刑。在柏拉图的国家里，苏格拉底是不会有机会公开为自己辩护的；他肯定会被提交给秘密的夜间会议，以"照料"他的有病的灵魂，并终于惩罚他。

我对柏拉图背叛苏格拉底一事并不怀疑，我也不怀疑他利用苏格拉底作为《理想国》的主要发言人从而把苏格拉底牵连进去的做法是非常成功的。然而，他这种做法是否是有意识的，那是另一个问题。

为了理解柏拉图，我们必须审察当时的全部情况。在伯罗奔尼撒战争之后，文明的胁变从来没有那么强烈地被人感觉到。老寡头的希望仍然很活跃，而雅典的失败对他们又是一种鼓励。阶级斗争仍在进行。克里底亚企图实行老寡头的纲领以便摧毁民主，但已告失败。其失败不是由于缺乏决心；最残酷的暴力使用没有获得成功，尽管处在胜利的斯巴达的有力支持的有利情况下。柏拉图感到，对这个纲领进行彻底的改造是必要的。三十僭主在权力政治中已被击败，主要是因为他们冒犯了公民的正义意识。其失败主要是道德上的失败。伟大世代的信念已显示了它的力量。三十僭主对此没有做出任何贡献；他们是道德虚无主义者。柏拉图感到，老寡头的纲领要重新恢复，就必须建立在另一种信念之上，即建立在重申旧有的部落价值观念的说教之上，而与开放社会的信念相对立。人们必须被教导说，正义就是不平等，而且，部落、集体高于个人。但是，苏格拉底的信念又太强大而不能公开向它挑战，所以柏拉图不得不加以重新解释，使之成为封闭社会的信念。这件事是有困难的，但并非不可能。因为，苏格拉底不是被民主政制处死的吗？民主政制不是失去了赢得苏格拉底的一切权利吗？还有，苏格拉底不是经常批评默默无闻的群众及其领袖缺乏智慧吗？况且，把苏格拉底说成曾经推荐"有教养的人"、有学问的哲学家来治理国家，并不是一件十分困难的事。在进行这种解释中，柏拉图由于发现这也是古时毕达哥拉斯信条的一部分而大为鼓舞。尤其是他发现在塔兰托的阿基塔是一位毕达哥拉斯派的哲人，同时又是一位伟大的卓有成就的政治家。于是，他恍然大悟，谜语的底就在眼前。苏格拉底本人不是鼓励他的学生参与政治吗？这不是意味着他希望开明的人、有智慧的人来统治吗？雅典群众的残暴统治同阿基塔的尊贵之间相去多么远啊！苏格拉底对政制问题从来没有提到他的解答，但他必定知道毕达哥拉斯的学说。

这样，柏拉图很可能发现，逐步给予在伟大世代中这个最有影响的人物的教义以新的含义是可能的，他相信他从来不敢直接攻击的这位很有势力的反对者原来是他的盟友。我相信，这就是柏拉图何以保留苏格拉底作为他的主要发言人并且后来敢于背离他的教义乃至对这种背离不再欺骗自己的最简单的解释。然而，这不是事情的全部。我相信，柏拉图在他的灵魂深处也感到，苏格拉底的教义同他那种说法确实相去甚远，他感到他是背叛苏格拉底的。我想，柏拉图已做出不断的努力来使苏格拉底重新解释自己，同时柏拉图又力图对他的坏居心保持沉默。柏拉图一次又一次地证明他的教义不过是真正的苏格拉底学说的逻辑展开，他力图使自己相信他自己并不是一个叛徒。

在我们阅读柏拉图的著作时，我真实地感到，在柏拉图心中有一种内心冲突，一种真正的激烈斗争。甚至他那种著名的"过分的保留态度，对自己个性的压抑"，或者毋宁说，他的有意识的压抑（在字里行间，这是不难看到的）也是这种斗争的表现。而且，我相信，在一个人的心灵中有着两个世界的冲突是令人神往的，这也可以部分地说明柏拉图的影响力之所在；对柏拉图有着强烈反应的这个斗争，是可以透过他那过分的保留态度的表面看到的。这个斗争触动我们的感情，因为它还在我们中间进行着。柏拉图是至今仍然也属于我们的一个时代的儿子（我们绝不要忘记，美国废除奴隶制至今毕竟只有一个世纪，而中欧奴隶制甚至还不到一个世纪）。这种内心斗争的表现，最清楚不过的在于柏拉图关于灵魂的学说。盼望着统一和谐的柏拉图，看到人类灵魂的结构与阶级划分的社会结构竟然如此相似，可见他多么难过。

柏拉图最激烈的矛盾出自他对苏格拉底的榜样有深刻的印象，但他自己的贵族寡头倾向却极其成功地给予抵消。在理性论证的领域中，这个斗争的进行是用苏格拉底的人道主义论点来反对苏格拉底的人道主义。在《游叙弗伦篇》就可以发现看来是这类情况的最早例证。柏拉图保证说，我不会像游叙弗伦那样；我绝不会指控我自己的父亲、我的先辈，说他们违犯法律和违反一般人所信奉的人道主义道德。即使他们夺去人们的生命，但这毕竟是他们自己的奴隶的生命，而奴隶并不比罪犯好一些；评判他们不关我的事。苏格拉底不是说过知道什么是对的、什么是错的、什么是虔诚的、什么是不虔诚的都是很难做到的吗？他自己不是被所谓的人道主义者控诉为不敬神吗？我相信，几乎在柏拉图转而反对人道主义观念的每一处里，尤其是在《理想国》里，都可以发现他的内心斗争的其他迹象。前面几章已谈到他在提出反平等主义的正义学说时那种躲躲闪闪的态度和讥讽的手法，谈到他那篇吞吞吐吐地为谎言辩护并引进种族主义和他的正义定义的引言。然而，他这种内心冲突的最明显表现也许是《米纳塞努篇》，在那里他以嘲笑的口吻来回答伯里克利的葬礼演说。我感到柏拉图在那篇对话录中暴露了他自己。尽管他力图把他的这些感情隐藏在讥讽和嘲笑的背后，他也不能不表露出他对伯里克利的热情有着何等深刻的印象。柏拉图使用他笔下的"苏格拉底"恶意地描述他对伯里克利的葬礼演说的印象："我有三天多感到极度欢欣鼓舞；直到第四天或第五天，我经过一番努力才醒悟过来，才知道我在什么地方。"谁会怀疑柏拉图在那篇对话录中对开放社会的信条有着何等深刻的印象,而他为恢复他的理智并认识到他在哪里(即在开放社会的敌人的阵营里)所作出的斗争又是何等艰难。

我相信,柏拉图在这个斗争中最强烈的论点是真诚的:他争辩说,按照人道主义信条,我们必须乐意帮助周围的人。人民急需帮助,他们是不幸的,他们在极度紧张和不由自主的情绪下劳动。生活没有保障和安全,因为一切都在变动。我很乐意帮助。但是,除非深挖这个祸害的根源,否则我是无法使他们幸福的。

他发现了这个祸害的根源。这就是"人的堕落",即封闭社会的瓦解。这个发现使他相信,老寡头及其追随者赞成斯巴达而反对雅典,模仿斯巴达那个阻止变化的纲领,从根本上说是对的。但是,他们没有贯彻到底,他们的分析不够深刻。他们没有看到实际情况,或者没有注意到它;因为实际上甚至斯巴达也只是指出衰败的征象,尽管它曾英勇地去阻止一切变化;它为了消除人的堕落的原因(即统治种族的数字和性质的"变异"和"不规则")而采取控制生育的措施,也是做得不彻底的(柏拉图认识到,人口增加是人的堕落的原因之一)。还有老寡头及其追随者肤浅地认为,借助僭主统治,例如借助三十僭主的统治,他们就能够恢复从前的好日子。柏拉图知道得更多。这个伟大的社会学家很清楚地看到,这些僭主统治获得了新近的革命精神的支持,而又正在点燃这一革命精神;他们被迫向人民的平等主义要求作出让步;他们事实上在部落社会的瓦解中起着重要的作用。柏拉图憎恨僭主政治。只有这种憎恨才使柏拉图在他对僭主的著名描写中具有如此尖锐的观察。只有僭主政治的真正敌人才会说僭主必定是"挑起一场又一场的战争,以便使人民感到需要一位将军",一位使他们脱离严重危险的救世主。柏拉图坚持认为,僭主政治以及当时的寡头都不能解决问题。使人民安于自己的地位是必需的,但镇压本身不是目的。这个目的必须是彻底回到自然，彻底洗净画布。

柏拉图的学说之所以不同于老寡头和三十僭主的学说，原因在于伟大世代的影响。个人主义、平等主义、理性的信念和自由的热爱是必须与之作斗争的，新出现的、强有力的、并且从开放社会的敌人看来是危险的情绪。柏拉图本人就感到其影响，并且他在自己内心中曾与之作斗争。他对这个伟大世代的回答就是一种真正巨大的努力。这就是力图把那个已经打开了的门再关闭起来，并且使出了在深度和内容上都无与伦比的骗人哲学这个符咒，力图阻止社会变革。在政治的领域里，他对伯里克利曾反对过的老寡头纲领说得并不多。但他发现了（也许是无意中发现的）反对自由的重要秘诀，这个秘诀就是我们这个时代的帕累托所明确提出的："利用情绪，不把精力浪费在摧毁它们的无益努力上。"他并不表露自己对理性的敌视，他以他的才华来迷惑所有的知识分子，声称应当由有学识的人来统治，以讨好和打动他们。他虽然反对正义，但他却使一切正直的人相信他是正义的提倡者。他甚至对自己也没有完全承认他是反对苏格拉底为之而死的思想自由；并且使苏格拉底成为他的拥护者，从而使别人相信他是为思想自由而战斗的。于是，柏拉图无意中成为许多宣传家的先驱，这些往往是心地善良的宣传家们，发展了诉诸道德的、人道主义的感情的技术来达到反人道主义的不道德的目的。他取得了多少令人感到震惊的效果，因为他甚至使伟大的人道主义者对他们信条中含有非道德的和自私的成分也不生疑。我深信他也成功地说服了他自己。他把他对个人创造性的憎恨，把阻止一切变化的愿望说成对正义和节制的热爱，说成对天堂那样的国家的热爱，据说在那里每一个人都心满意足和幸福，在那里攫取金钱的残酷为宽宏和友爱的律令所取代。这个对团结、美好和十全十美的梦想，这种唯美主义以及整体主义和集体主义，是从前的部落集团精神的产物和象征。它是遭受文明胁变的那些人的感情的表现，是对这些感情的热烈向往（它是一种胁变的一部分，即我们越来越痛心地看到我们生活的极度不完善，看到个人的和制度的不完善，看到可以避免而没有避免的苦难，看到多余的、不必有的丑恶，同时还看到事实上我们并非不能对此有所作为，只是实现这种改进既重要而又艰巨。这种意识会增加个人责任以及承担人世考验的胁变）。

苏格拉底从不牺牲他的人格完整。柏拉图连同他那不妥协的洗净画布却走上每一步都损害其人格完整的道路。他不得不反对自由思想和对真理的追求。他导致为谎言、政治奇迹、禁忌迷信和压制真理辩护，最终为暴力辩护。尽管苏格拉底为反对厌世思想提出了警告，但柏拉图还是被引导到不信任人和害怕说理的地步。尽管他憎恨僭主专制，但他情不自禁地寻求僭主的帮助，并且为最专制的措施辩护。由于他那反人道主义目的的内在逻辑，由于权力的内在逻辑，他不知不觉地被带到三十僭主曾经过并且其后他的朋友戴奥以及他的一些僭主门徒到过的那个地方。他在阻止社会变化方面并没有取得成功（只是在其后很久，在黑暗时期，社会变化才被柏拉图——亚里士多德的本质主义的神秘符咒所阻止）。他却成功地用他自己的符咒把自己同他曾一度憎恨的权力捆在一起。

因此，我们从柏拉图那里应该学到的教训，就是他的教导的反面。这个教训是不应该忘记的。柏拉图的社会诊断确实高明，他自己的发展证明了他所推荐的东西比他所反对的祸害更糟。阻止政治变革不是补救的办法；它不能带来幸福。我们绝不能回到封闭社会的所谓纯朴和美丽中去。我们的天堂梦想是不可能在尘世上实现的。我们一旦依靠我们的理性并使用我们的批判能力，我们一旦感到人的责任的召唤和促进知识增长的责任的召唤，我们就不会回到顺从于部落迷信的状态中去。对于吃过知识之树的人来说，天堂已不复存在。我们越是力图回到部落社会的英雄时代中去,我们肯定就越会达到宗教审判,达到秘密警察和美化了的强盗行为的境地。我们一旦压制理性和真理,我们必定随着全人类的最残忍和最粗暴的毁灭而告终。回到和谐的自然状态是不可能的。如果我们走回头路,那么我们就必定要走到底——我们必定回到野蛮中去。

这是我们必须正视的问题,尽管我们可能很难做到这一点。如果我们梦想回到我们的孩童时期。如果我们想依靠别人来获得幸福,如果我们回避我们的考验,人道、理性和责任的考验,如果我们丧失勇气并且在文明胁变之前退缩,那么我们就必须用我们对所面临的这个直截了当的决定的明确理解来增强自己的力量。我们是有可能回到野蛮中去的。但是,如果我们希望仍然成为人,那就只有一条路可走,这就是通向开放社会的道路。我们必须对未知、不确定和不保险的事情不断进行探索,使我们所能具有的理性,尽可能好地为安全和自由而制订计划。

三、论社会学和社会革命

（一）社会学的决定论

　　集体主义者……热心进步，同情穷人，痛恨邪恶，激励英雄行为，这些一直为日后的自由主义所缺乏。然而，他们的科学却建立在一种深刻的误解之上……因此，他们的行动极具破坏性和反动性。人的心灵受到如此严重的伤害，以致他们的精神分裂了，他们再也没可供选择的机会。

——沃尔特·李普曼

　　"利用情绪，不把精力浪费在摧毁它们的无益努力上。"一直是反抗自由的策略。人道主义者的一些最弥足珍爱的观念，常常受到其死敌的高声喝彩，后者就这样打着同盟者的幌子，渗透到人道主义者的阵营中，制造分裂和严重的混乱。这种策略常常获得极大的成功，正如事实所表明的，许多真诚的人道主义者仍然崇敬柏拉图的"正义"观念、中世纪"基督教的"权威主义、卢梭的"普遍意志"观念，或者费希特和黑格尔"民族自由"观念。然而，只是在黑格尔主义把自身确立为一种真正的人道主义运动的基础之后，这种渗透、分裂人道主义者阵营并制造混乱的方法，这种建造很大程度上是无意识的、因而具有双重效应的知识第五纵队的方法，才获得极大的成功：至于马克思主义，则被看成历史主义的最纯粹的、最发达的和最危险的形式。

详细研究马克思主义、黑格尔左派及其法西斯主义的副本之间的相似性，是件诱人的事情。然而，如果忽略了它们之间的区别，则绝对不公平。虽然它们的知识源泉近乎相同，但对马克思主义的人道主义激励，则不应有任何疑义。而且，同右派黑格尔分子相反，在把理性的方法运用于社会生活的最迫切的问题上，马克思做了诚挚的尝试。这种尝试的价值没有为这一事实所减损，即正如我将要表明的，它以往在很大程度上并不成功。科学要经历不断的尝试和错误才能进步。马克思毕竟进行过尝试，虽然他在主要理论上犯了错误，但他的尝试没有白费。他以各种方式开拓了我们的眼界，使我们的目光更敏锐。退回到前马克思的社会科学，是不可想象的。所有现代的著作家都受惠于马克思，尽管他们并不知道这点。对于那些像我一样不赞同马克思的理论的人，情况显得尤其如此；我欣然承认，例如我对柏拉图和黑格尔的研究，就打上了受马克思影响的印记。

如果不承认马克思的真诚，我们就不能公正地对待他。马克思的开放的心灵、敏锐的现实感、不信空言，尤其是不信道德方面的空言，使他成了世界上反对伪善和法利赛主义的最有影响的战士之一。他有着帮助被压迫者的强烈欲望；他充分意识到，需要在行动上而不只是在言辞中证实自身。尽管马克思的主要才能是在理论方面，但是为铸造他认为是科学的战斗武器，以改进大多数人的命运，他付出了巨大辛劳。我认为。他追求真理的真诚和他在理智上的诚实，使他与他的许多追随者完全不同（尽管不幸的是，他没有彻底摆脱在黑格尔辩证法的氛围中养成的腐朽影响，这种辩证法被叔本华描述为能够"摧毁一切理性"），马克思对社会科学和社会哲学的兴趣，基本上是一种实践的兴趣。他在知识中找到了一种推动人进步的手段。

马克思本人也许赞同对批评他的方法做这样一种实际的探索，因为他是发展后来被称作"实用主义"的观点的首批哲学家之一。他之所以被引向这一立场,我认为,是由于他确信,一种科学的背景为实际政治家——这种实际政治家当然也意味着社会主义的政治家——所迫切需要。他教导说,科学能够产生实际的结果。应该随时关注成果,关注理论的实际结果!他们甚至谈论有关其科学结构的某些事情。一门不产生实际结果的哲学或科学,只不过解释了我们生活的世界;然而它能够而且应该做得更多些;它应该改变世界。马克思写道:"哲学家们只是用不同的方式解释世界,而问题在于改变世界。"也许正是这种实用主义的态度,使他预期到后来实用主义者所主张的重要的方法论理论,即科学的最富特征的工作,不是获得既往事实的知识,而是预见未来。

这种对科学预测的强调,实质上是一种重要的、方法论的发现,不幸的是,它把马克思引入了歧途。因为一个似是而非的论据(只有当未来被提前决定——只有当未来像从前一样存在于过去之中、被嵌入过去之中——科学才能够预见未来)把马克思引向固执于这一虚假的信仰,即严格的科学方法必须建立在严格的决定论的基础之上。马克思关于自然界和历史发展的"无情规律"的说法,清楚地表明了拉普拉斯氛围和法国唯物主义的影响。然而,相信"科学的"和"决定论的"术语如果不是同义的,至少也具有不可分割的联系,现在要被说成一个尚未完全消失的时代的迷信之一。由于我主要对方法问题感兴趣,我感到高兴的是,当讨论马克思主义的方法论时,并没有必要加入有关决定论的形而上学问题的争论。因为不论这些形而上学争论的结果如何,例如,量子理论关于"自由意志"方面,我想要说的是,事情早就解决了。没有哪种决定论,不论它被表述为自然界的齐一性原理,还是被表述为普遍的因果规律,能够再被作为科学方法的必要假定来考虑。因为物理学——一切学科中最先进的科学——不仅表明,没有这种假定,它照样能够从事研究,而且还表明，在某种程度上，它还同这些前提有矛盾。对一门能够进行预测的学科而言，决定论并不是不可缺少的前提条件。因此，科学方法不能被说成支持采取严格的决定论。没有这一假定，科学也能具有严格的科学性。当然，马克思不能因为坚持了相反的观点就应受到责难，因为他那时的最优秀的科学家都持有同样的观点。

值得注意的是，把马克思引向歧途的，并不是决定论的抽象的、理论的原理，毋宁说是该原理对其科学论观点、对其关于社会科学的目的和可能性观点的实际影响。如果"决定"社会发展的抽象的"原因"观念不导向历史主义，它就不会如此十分有害。诚然，这种观念没有任何理由让我们对社会制度采取一种历史主义的态度，同每个人，尤其是决定论者对机械和电子设备所采取的显然是工艺学的态度形成奇怪的对比。也没有任何理由让我们相信，在一切科学中，社会科学能够为我们实现揭示未来所储藏着的秘密这一古老的梦想。对科学的算命术的这种信仰，并不仅仅建立在决定论的基础之上；它的其他基础包括，混淆了科学预测和宏大的历史预言，前者有如我们在物理学和天文学中所了解的，后者则在广泛的战线上预言社会的未来发展的主要趋势。这两种预测是根本不同的（正如我在其他地方试图表明的），前者的科学特征并不为支持后者的科学特征提供证据。

马克思关于社会科学的目的的历史主义观点极大地搅乱了实用主义，后者一开始曾使他强调科学的预测功能。这迫使他不得不修正自己的早期观点，即科学必须，而且能够改变世界。因为只要存在社会科学，因而存在历史预言，历史的主要过程就应该是被预先决定的，无论是善良意志还是理性，都无权改变它。以合理的干预这一方式留给我们的，只是通过历史预言去肯定发展的即将来临的过程，去清除途中的糟糕障碍。马克思在《资本论》中写道："一个社会即使探索到了本身运动的自然规律……它还是既不能跳过也不能用法令取消自然的发展阶段。但是它能够缩短和减轻分娩的痛苦。"正是这些观点导致马克思把所有那些人斥责为"乌托邦主义者",这些人以社会工程学的目光考察社会制度,认为社会制度服从于人的理性和意志,能够成为理性设计的一个可能领域。在马克思看来,这些"乌托邦主义者"试图用人类脆弱的双手,去驾驶逆历史的自然潮流和风暴而上的社会巨轮。他认为,一位科学家所能够做的一切,只是提前预报风暴和旋涡。因此,他们能提供的实际服务,只限于提出警告,下次风暴将构成威胁,使巨轮偏离正确的航线(正确的航线当然是向左转!),或者是劝告乘客,最好集合到船的哪一侧。马克思在宣告即将来临的社会主义的太平盛世中,发现了科学社会主义的真正任务。只有借助这种宣告,他认为,科学社会主义的教导才能有助于创造一个社会主义世界,而通过使人意识到即将来临的变化,意识到历史的游戏中分派给他的角色,科学社会主义的教导才能够推进社会主义世界的到来。这种科学社会主义不是一种社会工艺学;它不教授建设社会主义制度的途径和手段。马克思关于社会主义理论和实验的关系的观点,表明了其历史主义的观点的纯洁性。

马克思的思想在许多方面都是其时代的产物,当时那场巨大的历史地震,即法国革命令人记忆犹新(1848年的革命使它获得复苏)。他感到,这种革命不能靠人的理性来设计和筹划。然而,它可以用一种历史主义的社会科学预测;透彻认识社会形势可以揭示其原因。从马克思的历史主义和J. S. 穆勒的历史主义的密切相似(类似其前辈黑格尔和孔德的历史主义哲学的相似),可以看出这种历史主义态度所具有的这一时期的十分典型的特征。马克思并没有深入思考过"J. S. 穆勒之类的资产阶级的经济学家",他把他们视为"枯燥无味的、无头脑的调和论"的典型代表。虽然在某些地方,马克思实际上对"慈善经济学家'穆勒的"现代倾向",表明了某种尊敬,在我看来,也有足够详尽的证据驳斥这事实,即认为马克思直接受到穆勒(或者毋宁说孔德)关于社会科学方法的看法的影响。因而马克思的观点和穆勒的观点的一致,是件非常引人注目的事情。所以,当马克思在《资本论》的序言中说:"本书的最终目的就是要揭示现代社会的……运动规律。"他可以说是在传达穆勒的纲领:"社会科学的……基本问题必须是寻找规律,依照这种规律,一切社会状况制造出继之而起并取代名的状况。"穆勒十分明确地区分了他称作"两种社会学研究"的可能性,第一种与我所说的社会工艺学极为相当,第二种与历史主义的预言相当。他袒护后者,把它描述为"社会的一般科学,另一种社会研究的结论应该因之而受到限制和控制",或者更专门的依照穆勒的科学方法的观点,这种社会的一般科学是建立在因果律原理的基础之上的;他把这种对社会的因果分析描述为"历史的方法"。穆勒的"社会的状态"具有"从一个时代到另一时代的……可以变化的特性",正好与马克思主义的"历史埋藏"相当,当然,尽管它比自己的辩证法对手更为朴实(穆勒认为,"人类事物必须遵循的"运动形态"应该是"两种可能的天文学运动中的"二者之一",即或者是"一种沿轨运动",或者是"一种弹道运行"。马克思主义的辩证法并不肯定历史发展的规律的简明性;正如曾经有过的那样,它接受穆勒的两种运动的组合——即类似某种波浪式运动或螺旋式运动的东西)。

在马克思和穆勒之间存在不少相似性;例如,二者都对放任的自由主义不满,二者都试图为实施基本的自由观念提供更好的基础。然而,在他们对社会学方法的直法中,存在一个非常重要的差别。穆勒认为,社会的研究归根结底应该还原为心理学;依照人性、"精神的规律",尤其是人性的进化,就能够解释清楚历史发展的规律。"人种的进化,"他说,"是社会科学的方法得以……确立的基础,它远比从前流行的模式……优越。"这种社会学原则上可以被还原为社会心理学的理论——尽管由于无数个体的互动引起的复杂性,这种还原可能相当困难——已经广为许多思想家所主张;诚然,它属于常常简单地受到赞同的各种理论之一。我将把这种社会学的研究称作(方法论的)心理主义。我们现在可以说,穆勒信仰心理主义。但马克思却向它挑战。他宣称,"法的关系正像国家的形式一样……也不能从所谓人类精神的一般发展来理解"。对心理主义指出了疑问,也许是马克思作为社会学家的最大成果。这样,他就为更深刻地认识社会学规律的专门领域,至少是认识局部自主的社会学,开辟了道路。

在下述篇章中,我将解释马克思方法的一些观点,并力图着重强调他那些在我看来具有持久价值的观点。因此,接下来我将讨论马克思对心理主义的攻击,讨论他支持不可还原为心理学的自立社会科学的论证。最后,我将试图指明其历史主义的致命弱点和破坏性后果。

(二) 社会学的自主性

马克思有一句著名格言,扼要阐述了他反对心理主义,即反对把一切社会生活的规律最终还原为"人性"的心理学的规律这种似是而非的理论:"不是人们的意识决定人们的存在,相反,是人们的社会存在决定人们的意识。"本章和下面两章的职能主要是阐明这句格言。我首先应该表明,在展开我所谓马克思的反心理主义时,我展开的是一种我本人赞同的观点。

作为一个基本的例证,作为我们考察的第一步,我们应该提及所谓异族通婚的问题,即解释婚姻规律在各种不同的文化中的广泛分布的问题,这些规律显然是设计来防止近亲繁殖的。穆勒及其心理主义的社会学流派(后来又有许多精神分析学家加入),曾试图通过诉诸"人性",例如某种对乱伦的本能厌恶(也许通过自然选择或"压抑"加以发展),来解释这些规则,储如此类的解释也只能是朴素的或普通的解释。然而,如果接受马克思格言中表达的观点,人们就会询问,是否除此之外没有别的解释,也就是说,是否毋宁说这种明显的本能是教育的产物,是那些要求异族通婚和禁止乱伦的社会规则和传统的结果,而不是其原因。显然,这两种研究恰好与一个古老的问题相符合,即社会是"自然的",还是"约定俗成的"(详细讨论见第5章)。在诸如此类的问题中,要决定两种理论何者正确,是以本能解释传统的社会规则,还是以传统的社会规则解释明显的本能,是件困难的事情。然而,通过实验是能够解决这类问题的,因为在类似的情况下已经表明,本能显然厌恶蛇。就这种厌恶不仅由人所展示,而且也由一切类人猿和大多数猴子所展示而言,本能具有很大的相似性。然而,实验似乎表明,这种惧怕是约定俗成的。不仅在人类中,而且在例如黑猩猩中,本能似乎都是教育的产物,因为无论是婴儿还是小黑猩猩,如果没有教他们惧怕蛇的话,都不会展示这种所谓的本能。这个事例应该被看作一个警告。我们在此面临一种厌恶,它显然是普遍的,甚至是超乎人类的。虽然从某种习惯不具有普遍性这一事实出发,我们也许会反驳所谓习惯的存在是以本能为基础的(然而即使这种论点也是危险的,因为有许多社会习惯在强化本能的压抑),但我们还是明白,相反的论点当然是不正确的。一定行为的普遍发生并不构成该行为具有本能特性或者根源于"人性"的决定性证明。

这类思考也许表明,假定一切社会规律原则上都根源于"人性"的心理学,是多么的质朴。但这种分析仍然十分粗糙。为再向前推进一步,我们可以尝试对心理主义的主题作更直接的分析,其理论主张是,社会是相互作用的精神的产物,因而社会规律最终应该还原为心理学的原则,因为社会生活的事件(包括各种习俗),必然是个人的精神引起的动机的结果。

与这种心理主义的理论相反,自主性社会学的捍卫者可能提倡制度主义的观点。他们指出,首先,没有任何行动仅仅靠动机能够解释;如果动机(或者任何其他心理学的或行为主义的概念)一定要在这种解释中使用,那么,它们应该通过参照普通的情境,尤其是参照环境来获得补充。在人的行为的条件下，这种环境广泛地具有一种社会性质；因此，如果不参照我们的社会环境、不参照社会制度及其运行的方式，我们的行动就不能获得解释。所以，制度主义者可能认为，将社会学还原为对行为的心理学的或者行为主义的分析，是不可能的；相反，每种此类分析都预先假定了社会学，因而社会学整体上并不依赖心理学的分析。社会学，或者至少是其中的某个十分重要的部分，应该是自主的。

与上述观点相反，心理主义的追随者可能会反驳，他们非常愿意承认环境因素（无论是自然的还是社会的）的重要性；然而，与自然环境相反，社会环境的结构（他们可能喜欢用时髦的"模式"一词）是人造的；因此，它必须依据人性、依据心理主义的理论才能获得解释。例如，经济学家称作"市场"的这种富有特征的制度——其运行是他们研究的主要目的。归根结底就派生于"经济人"的心理，用穆勒的话来说，派生于"追求财富的'心理'现象"。此外，心理主义的追随者认为，各种制度在我们的社会中之所以能够发挥如此重要的作用，是由于特殊的人性的心理结构，这些制度一经建立，它就呈现出一种成为我们环境的传统的和相对固定的组成部分的趋势。最后——这是他们的关键论点——传统的起源和发展应该能够依照人性来解释。当将各种传统和制度追溯到其起源时，我们应该看到，它们的引入可以用心理学术语来解释，因为它们是人出于这种或那种目的、在受一定动机的影响下而被引入的。在时间的流程中，即使这些动机被忘却，那么，容忍这些制度的健忘和意愿——其动机是含糊的——也是以人性为基础的。所以，正如穆勒所说的："一切社会的现象都是人性的现象。""社会现象的规律只不过是，或者可能是人的行为和情感的规律"，也就是说，是"个体人性的规律。当被集合到一起时，人并不变成另一种实体……"

穆勒的这后一句评论展示了心理主义的最值得赞扬的方面之一，

即它明智地反对集体主义和整体观，拒绝接受卢梭和黑格尔的浪漫主义——一种普遍意志或民族精神，抑或一种集团精神——的影响。我认为，只是就它坚持我们所谓与"方法论的集体主义"相反的"方法论的个人主义"而言，心理主义才是正确的；它正确地指出，集体的"行为"和"行动"，诸如国家或社会集团，应该还原为人类个体的行为和行动。但是，如果认为选择这一种个人主义的方法就意味着选择一种心理学的方法，则是错误的（正如本章下面将会表明的），尽管乍看起来，它可能显得令人十分可信。撇开心理主义值得称赞的个人主义的方法不论，从穆勒的一些进一步论证的话语中可以看出，心理主义就是这样在十分危险的基础上运行的。因为它们表明，心理主义是被迫采纳历史主义的方法的。将我们的社会环境的事实还原为心理学的事实，这种尝试迫使我们去思考起源和发展。在分析柏拉图的社会学时，我们曾有机会对这种社会科学研究方法的可疑的长处进行测定（参阅第5章）。在批评穆勒时，我们现在试图给它以沉重的一击。

无疑，迫使穆勒采纳历史主义方法的，是他的心理主义；他甚至模糊地意识到历史主义的无聊和贫乏，因为他试图通过指出由许多个人精神的互动的无限复杂性所引发的困难，来说明这种无聊。他说："当它强迫规定……""在人性中已经指出充分的基础之前，不许把任何抽象……引入社会科学时，我不认为任何人会主张，从人性的原则和我们人的立场的一般环境出发，能够优先决定人的发展所必须接受的秩序，从而预见迄今为止一般的历史事实。"他所提出的理由是："在经历系列的最初几个阶段之后，前此施及一代又一代人的影响……比其他任何影响变得越来越有优势。"（换言之，社会环境成为一种支配性的影响。）"行动和反作用的系列漫长得……连人的才能也计算不过来……"

这种论证，特别是穆勒对"系列的最初几个阶段"的评论，对历史主义的心理学翻版的缺点作了引人注目的揭露。如果社会生活中的一切规则、我们的社会环境和一切制度的各种规律，等等，最终都可以解释为、还原为"人的行为和情感"，那么，这种研究所强加给我们的，就不仅仅是历史的——因果性的发展观念，而且是这种发展的最初几步的观念。因为强调社会规则或者制度的心理学起源只不过意味着，它们可以被追溯到一种状态，当时这些规则或制度的引入只依赖心理因素，或者更准确地说，是独立于一切已经建立的社会制度的。所以，不论心理主义喜欢与否，它不得不起用社会的起源的观念，起用人性和人类心理的观念，因为它们是先于社会存在的。换言之，穆勒对社会发展"系列的最初几步"的评论，并不像有的人或许会认为的，是一次偶然的失足，而是对他不得不接受的绝望观点的恰当表达。它之所以是一种绝望观点，是由于这种以社会之前的人性解释社会的基础的理论——某种"社会契约"论的心理学翻版——并不只是一种历史的神话，而且还是，就像它所是的那样，一种方法论的神话。因为我们有很多理由相信，人（或许还有人的祖先）在社会上是优先于人性的，例如，可以认为，语言就预先假定了社会的存在。所以，穆勒的上述观点几乎不值得认真讨论。然而，这就意味着，各种社会制度，随之而来的还有典型的社会规则或社会学的规律，应该是优先于一些人喜欢称之为"人性"的东西、优先于人的心理学而存在。如果有某种尝试还值得的话，那么，更有希望进行尝试的，应该是依照社会学而不是其他方法对心理学进行还原或解释。

这使我们回复到本章开头的马克思的格言。人——即人的精神、需求、恐惧和期待、人类个体的动机和志向——如果有区别的话，与其说是社会生活的创造者，毋宁说是它的产物。应该承认，我们社会环境的结构在一定意义上是人造的；其制度传统既不是上帝的作品，也不是自然的作品，而是人的行动和决策的结果，是能够由人的行为和决策改变的。但是这并不意味着，它们全都是有意识地设计出来的，是可以依照需求、希望或动机来解释的。相反，甚至那些作为自觉的和有意识的人类行动的结果出现的东西，作为一条规则，也都是这种行动的间接的、无意识的和经常是不必要的副产品。"只有很少一部分社会制度是有意识地设计出来的，而大部分制度，正如我们以前说过的，已作为人类行动的无须设计的结果'生成了'"；我们还可以补充，甚至这少数几种被有意识地和成功地设计出来的制度（譬如说，一所新创立的大学，或者一个工会），大部分也不是按计划建成的——还是由于其有意识的创造引起无意识的社会反应。因为它们的创造不仅影响了许多其他的社会制度，而且也影响"人性"——希望、恐惧和野心，首先是那些比较直接相关者的，往后常常是社会的全体成员的。这种情况的结果之一是，社会的道德价值——所有成员都认可的，或者几乎是所有成员都认可的——与社会的制度和传统密切联系在一起，它们不能幸免于社会的制度和传统的毁灭（正如我在第9章中讨论激进革命者的"清洗"时所指出的）。

所有这一切都在支持社会发展的较古老的时期，即支持封闭的社会，在这种社会中，如果制度的自觉设计真的发生，它就是一件特别异常的事件。今天，由于我们逐渐提高了对社会的认识，即由于对我们的计划和行动的无意识的反应进行了研究，事情可能开始变得不一样；总有一天，人甚至可以成为一个开放社会的创造者，因而也是自己的大部分命运的创造者（马克思抱有这一希望，正如下一章将表明的）。然而，所有这些只是个程度的问题，尽管我们可以学会预见我们行动的一些无意识的结果（一切社会工艺学的主要目的），但总是有不少结果是我们预见不到的。

我认为，心理主义被迫起用心理学的社会的起源的观点，这本身就构成反对心理主义的决定性论据。然而，它并不是唯一的论据。也许对心理主义的最重要的批评是，认为它不能理解解释性社会科学的主要任务。

该任务并不像历史主义者所认为的，是预言历史的未来进程。相反，是发现和解释社会领域中很不明显的依赖性，是发现以社会行动的方式存在的种种困难——正如曾经所说的那样，是研究社会材料所具有的不易操作、富有弹性或易破损等特性，以及它对我们铸造和加工这些材料的尝试所作的抵制。

为使我的观点更清楚，我将扼要描述一种理论，该理论受到广泛的赞同，但却假定了我认为正好与社会科学的真实目的相反的目的；我称之为"社会密谋理论"。它主张，对社会现象的解释在于这一种人或集团，他们对这些现象的发生感兴趣（有时是一种首先必须揭示的隐秘的利益），并计划和密谋要促成它。

当然，这种对社会科学的目的的看法，源自一种错误的理论，即认为社会中发生的一切——特别是战争、失业、贫困、匮乏等人们照例不喜欢的事件——是一些有权的个人或集团直接设计的结果。这个理论受到广泛的赞同；它甚至比历史主义还要古老（正如其原始的有神论的形式所表明的，它是密谋理论的派生物）。在其现代的形式中，与现代的历史主义和某种"自然法"的现代态度类似，它是宗教迷信的世俗化的典型结果。相信荷马史诗中众神的密谋可以解释特洛伊战争的历史，这个时代已经一去不复返。众神已经被抛弃，但它们的位置被有权的人或集团填补——罪恶的压制集团的诡计要对我们所遭受的一切灾难负责——诸如博学的犹太教长老、独裁分子、资本家或者帝国主义者之类。

我意思并不是密谋从未发生过。相反，它们都是典型的社会现象。例如，每当人们相信密谋理论能够夺权时，它就变得重要。真诚相信他们知道如何创造人间天堂的人，多数都喜欢采纳密谋理论，并卷入一场反对并不存在的密谋者的反动密谋。因为对他们没能创造天堂的唯一解释，是恶魔的邪恶意图在作祟，这些恶魔对地狱有极大的兴趣。

密谋发生了，就应该获得认可。然而，引人注目的事实是，虽然密谋在发生，但它不能证明，密谋理论就是那些最终成功的几乎不可能的理论。密谋者很少能够实现自己的密谋。

为什么会这样？为什么成就与渴望有如此大差别？因为无论有没有密谋，这都是社会生活中常有的情形。社会生活不仅仅是对立集团之间的优势的一种较量——一种在多少富有弹性或易受损的机制和传统的框架之中进行的行动——撇开一切自觉的反对行动不论，它在这个框架中创造了许多未曾预见的反作用，有些这类反作用甚至是预见不到的。

试图分析这些反作用，并尽可能地预见它们，我认为是社会科学的主要任务。正如已经指出的，分析有意识的人类行动的无意识的社会反应——这些反应的重要性既被密谋理论也被心理主义忽略了——正是从事这项任务。一项严格地按照意识进行的行动，并不会给社会科学制造难题（除了可能需要解释为什么在这种特例中没有无意识的反应发生之外）。为了使无意识的行动的观念更清楚，可以拿一项最原始的经济行为作例子。如果有一个人急于想买一幢房子，我们可以稳妥地假定，他不希望房子的市场价格上涨。然而他作为一个购买者出现在市场上这一事实，就可能使市场价格上涨。类似的评价也适用于销售者。还可从一个不同的领域举个例子，如果有一个人决定投保人寿保险，他当然不愿有意去鼓励一些人把资金投向保险证券，然而他还是会这样做。我们在此清楚地看到，并不是我们的一切行动的结果都是有意识的；因此，社会密谋理论不可能是正确的，因为它等于宣布，一切结果，甚至那些看起来似乎并不是任何人所预期的结果，都是那些对它感兴趣者的有意识的行动的结果。

上述假定的例子驳斥心理主义并不像驳斥密谋理论那般容易，因为人们可能认为，正是销售者对购买者出现在市场上的认识，以及他们所寄予的获得较高价格的希望——换言之，心理学的因素——对所描述的反应作了解释。当然，这是很正确的；但我们也不应该忘记，这种认识和希望并不是人性的最终素材，反之，它们能够依照社会的境况——市场的境况获得解释。

这种社会的境况几乎不能被还原为动机和"人性"的一般规律。诚然，一定的"人性的品格"的干预，诸如我们容易为宣传所动，有可能导致对上述提及的经济行为的偏离。而且，如果社会的境况不同于所设想的境况，那么，消费者如何能够通过购买行动，间接有助于商品的降价；例如，通过使其批量生产获得更多的利润。虽然这种结果偶尔推进了他作为一名消费者的利益，即使在极其相似的心理条件下，它也可能引发恰恰相反的结果。这似乎表明，那些能够导致这类极其不同的不必要的或无意识的反应的社会境况，应该由一门社会科学来研究，这门社会科学并不受制于某种偏见，即像穆勒所说的："在人性的充足的基础能够被指出之前，很有必要不把任何抽象引入社会科学。"它们应该由一门自主的社会科学来研究。

继续进行这种反对心理主义的论证，我们就会认为，我们的行动在很大程度上是能够依照它们所发生的境况来解释的。当然，它们从不能只依照这种境况就可获得全面的解释；例如，在解释一个人穿过街道、他要躲避路上行驶的汽车这种情形时，就可能要超出上述所说的境况，而应该涉及他的动机是出于自我保护的"本能"，还是试图避免疼痛等。但是，与我们可称作"境况的逻辑"对其行为的详细决定相比，这一部分"心理学的"解释常常并不重要。而且，在描述境况时，要囊括一切心理学的要素是不可能的。对境况、境况的逻辑的分析，在社会生活中和在社会科学中一样，起着极其重要的作用。它实际上是经济分析的方法。至于经济之外的例子，我可以提到"权力的逻辑"，我可以用它来解释权力政治的运作和一定的政治制度的运行。将境况逻辑运用到社会科学的方法，并不是建立在任何关于"人性"的合理性（或其他）的心理学假定的基础之上。相反，当我们谈到"合理的行为"或"不合理的行为"时，我们同时在指依照境况的逻辑或不依照该境况的行为。实际上，按其（合理的或不合理的）动机对行动所作的心理学分析预先假定了——正如马克斯·韦伯所指出的——我们先前展开的某种在可疑的境况中被视为合理的标准。

我反对心理主义的论证不应被误解。当然，它们并不想表明，心理学的研究和发现对社会科学家很不重要。相反，它们意味着，心理学——个体的心理学——即使不是一切社会科学的基础，也是社会科学之一。没有谁会否定关于心理事实的政治学（诸如渴望权力）的重要性，以及各种不同的神经过敏现象与它的联系。然而，"渴望权力"无疑是一个社会范畴，也是一个心理学范畴：我们不应该忘记，例如，如果我们研究这种渴望在婴儿时的初次表现，那么，我们就是在一定社会制度的背景之下，例如在我们的现代家庭的背景之下研究它（爱斯基摩人的家庭也许会产生十分不同的现象）。另一个对社会学很重要的事实，以及它提出的严重的政治的和制度的难题是，在一个部落的或者接近部落的"共同体"的避难所中生活，对许多人而言，有某种情感上的必要（特别是对年轻人而言，也许依照个体发育的发展与种系发育的发展之间的平衡，他们不得不通过一个部落的或"美洲印第安人的"阶段）。不要把我对心理主义的攻击当成对一切心理学思考的攻击，从我（在第 10 章）所造的这一概念的使用来看，这种心理学思考被视为"文明的胁变"，即在一定程度上说是未能满足的情感的结果。这个概念涉及一定的不安定的情感，因此是一个心理学的概念。但是同时，它也是一个社会学的概念，因为它不仅把这些情感描述为不幸和不安等，并使它们与一定的社会境况有关，与开放社会和封闭社会的对比有关（许多心理学概念，诸如野心或爱，有着类似的情形）。我们也不应该忽略，心理主义通过提倡一种方法论的个人主义和反对方法的集体主义，已经获得巨大的优点；因为它导致支持一种重要理论：即主张一切社会现象，尤其是一切社会制度的运行，应该永远被理解为产生于人类个体的决策、行动和态度等，我们永远不满足于依照所谓"集体"（国家、民族和种族等）作出的解释。心理主义的错误在其前提，即这种方法论的个人主义在社会科学领域，意味着一种把一切社会现象和社会规则都还原为心理学现象和心理学规律的纲领。有如我所看到的，这个前提的危险性在于它倾向于历史主义。心理主义是不可靠的，应该要求有一门理论研究我们行动的无意识的社会反应，要求有一种我所描述的社会境况逻辑，这点已被指明。

在捍卫和展开马克思的社会问题不能还原为"人性"问题的观点时，我承认自己实际上已经超越马克思提出的论证。马克思未尝谈论过"心理主义"，他也没有系统地批评过它；穆勒也没有思考过本章开头所援引的马克思的格言。毋宁说这句格言的力量是以黑格尔主义的形式直接针对唯心主义的。然而，只有涉及社会的心理学本性问题，就可以说穆勒的心理主义与马克思所反对的唯心主义理论是一致的。不过很凑巧，把马克思引至本章所阐述的观点的，恰恰是黑格尔主义的另一个因素——黑格尔的柏拉图式的集体主义、黑格尔的国家和民族比那将一切都归功于它们的个人更"真实"的理论的影响（事例之一是，人们甚至从一种荒诞的哲学理论中，有时也能吸取有价值的提示）。因此，从历史上看，马克思发展了黑格尔的某些社会比个人优越的观点，并将它用作反对黑格尔其他观点的论据。然而，由于我把穆勒看成一位比黑格尔更有价值的对手，我并没有拘泥于马克思观点的历史，而是尝试以一种反对穆勒的论证形式去展开这些观点。

（三）资本主义及其命运

依照马克思主义的理论，资本主义正在经受着内在矛盾的阵痛，这些矛盾威胁着要造成它的毁灭。对这些矛盾和它们强加给社会的历史运动的详细分析,构成马克思预言式论证的第一步。这一步在他的整个理论中不仅是最重要的,它也是马克思花费最多精力的一步,因为实际上《资本论》的整个三卷(原版超过2200页)都用于阐释它。它也是论证中最不抽象的一步,因为它建立在对他的时代的经济制度——无约束的资本主义——的描述性的分析之上,并受到统计学的支持。正如列宁所指出的:"资本主义社会必然要转为社会主义社会这个结论,马克思完全是从现代社会的经济的运动规律得出的。"

在继续详细解释马克思预言式论证的第一步之前,我想以很简要的形式描述一下它的主要思想。

马克思认为,资本主义的竞争迫使资本家仓促行动。它迫使资本家积累资本。这样做,他就违背了自身的长期的经济利益(因为资本的积累易于造成他的利润下降)。但是,虽然违背他自身个人的利益,他却在为历史发展的利益而工作;他不知不觉地为经济进步和社会主义而工作。这应归于这一事实,即资本的积累意味着:(a)不断增长的生产率,财富的不断增长,财富集中有少数人手中;(b)穷人和苦难的不断增长;工人的工资仅够维持生计或者不至饿死,由于工人过剩,即所谓"产业后备军"的存在,使工资维持在最低可能的水平。贸易周期会随时阻挠过剩的工人被不断发展的工业吸收。即使资本家想这样做,这也是他们无法改变的;因为他们的利润率下降,会使他自身的经济地位不太稳定,以致难以采取任何有效的行动。这样,尽管资本主义积累促进了通往社会主义的技术、经济和历史的进步,它却变成一种自杀性的和自我矛盾的选择。

马克思预言式论证的第一步的前提,是资本主义竞争和生产资料积累的规律。结论则是财富和苦难同步增长的规律。我将从解释这些前提和结论开始讨论。

在资本主义条件下,资本家之间的竞争发挥了重要作用。正如马克思在《资本论》中分析的,如果能够以低于竞争者所能予以接受的价格出售生产的商品,"竞争斗争"就能够进行。马克思解释说:"竞争斗争是通过使商品便宜来进行的。在其他条件不变时,商品的便宜取决于劳动生产率,而劳动生产率又取决于生产规模。"因为大规模的生产一般能够使用较专门的和大批的机器;这就提高了工人的生产率,并允许资本家生产和低价出售产品。"因此,较大的资本战胜较小的资本……竞争的结果总是许多较小的资本家垮台,他们的资本……转入胜利者手中……"(正如马克思指出的,这一运动通过信贷体系得到更快的加速。)

依照马克思的分析,所描述的这一过程,即因竞争而来的积累,有两个不同的方面。一方面是,资本家为了生存,不得不积累或积聚越来越多的资本;这实际上意味着,投入越来越多的资本,以购买越来越多和越来越新的机器,从而不断地提高工人的生产率。资本积累的另一方面是,越来越多的财富集中到不同的资本家和资本家阶级的手中;随之而来的是资本家人数的减少,即一种马克思称作资本的集中的运动(与纯粹的积累或积聚不同)。

现在,在马克思看来,竞争、积累和不断增长的生产率这三个术语指明了一切资本主义生产的基本趋势;当我把马克思论证的第一步的前提描述为"资本主义竞争和积累的规律"时,它们正是我所暗指的趋势。然而,第四和第五个术语,即积聚和集中则指明另一种趋势,它构成马克思论证第一步的结论的一部分;因为它们描述了一种财富不断增长和越来越集中到少数人手里的趋势。但是,结论的另一部分,即苦难不断增长的规律,只是通过一种非常复杂的论证达成。但在开始解释这论证之前,我首先应该解释这第二个结论本身。

正如马克思所使用的,"不断增长的苦难"这一术语可以意味着两种不同东西。它可以用来描述苦难的范围,即指苦难蔓延的人数在增长;它也可以用来指人民受苦难的强度在增长。无疑马克思认为,苦难在范围和强度上都在增长。然而，这远不是马克思需要用来表达的观点。为了预言式论证的目的，对"不断增长的苦难"这一术语作宽泛的解释是适当的（即使不是较好的）；它是这一种解释，即在它看来，当苦难的范围增长时，苦难的强度可能增长，也可能不增长，但无论如何都不会呈现任何明显的下降。

但是，有一种进一步的和更为重要的评论需要作出。对马克思而言，不断增长的苦难基本上涉及一种对雇佣工人的不断的剥削，这种剥削不仅表现在数量上，而且表现在程度上。此外，它涉及失业者——马克思称作（相对的）"过剩人口"或"产业后备军"——在痛苦和人数上的增长。然而，在这一过程中，失业者的职能必然是给雇佣工人造成压力，因而有助于资本家竭力从雇佣工人那里获得利润，以剥削他们。"产业后备军，"马克思写道，"隶属于资本，就好像它是由资本出钱养大的一样。过剩的工人人口不受实际增长的限制，为不断变化的资本增殖需要创造出随时可供剥削的人身材料。"又说："产业后备军在停滞和半繁荣时期加压力于现役劳动军，在生产过剩和亢进时期又抑制现役劳动军的要求。"对马克思而言，不断增长的苦难本质上就是对劳动力的不断增长的剥削；因为失业者的劳动力如果不受剥削，他们在这一过程中就只能充当资本家剥削雇佣工人的不付报酬的助手。这个论点是重要的，因为后来的马克思主义者经常把失业指为证实苦难趋于增长这一预言的经验事实之一；然而，只有当失业与对雇佣工人的不断增长的剥削，即与长时间的工作以及较低的实际工资一同发生时，它才能被认为证实了马克思的理论。

这可能足以解释"不断增长的苦难"一词。但是，仍有必要对马克思认为已经发现的不断增长的苦难的规律作出解释。我以此意指马克思的整个预言式论证因之而定的理论；即这一种理论，它认为资本主义不可能去减轻工人的苦难，因为资本主义积累的机制使资本家经受强大的经济压力，如果不想屈从这种压力，他们不得不将它转移给工人。这就是为什么即使资本家想这样做，他们也不可能妥协、不可能满足工人的一切重要需求的原因；这就是为什么'资本主义不能被改革，而只能被摧毁"的原因。显然，这条规律是马克思论证的第一步的关键性结论。另一个结论，即财富不断增长的规律是一件无害的事情，只要财富的增长为工人所分享是可能的。马克思关于它是不可能的这一论点，因而将是我们进行批评分析的主题。但是，在对马克思支持这一论点的论证继续进行描述和批评之前，我要扼要地评论这一结论的头一部分，即财富不断增长的理论。

马克思所观察的财富的积累和积聚的趋势，几乎很难受到质疑。他的生产率不断增长的理论在主要方面也是难以反对的。虽然一个企业增长生产率所发挥的利润效果可能有限，但是机器改进和积累的利润效果是无限的。然而，考虑到资本越来越集中在少数人手中的趋势，问题并不如此简单。无疑，存在一种这样发展的趋势，我们可以同意，在无约束的资本主义体系下，这种趋势的力量几乎不存在。作为对无约束的资本主义的一种描述，对马克思的这部分分析很难再说些什么。但是，当作为一个预言来考虑时，它就很难站得住脚。因为我们知道，现在有许多立法能够干预的手段。税收制度和遗产税就能够用来抑制财富集中，并且它们就是这样被使用的。虽然也许效果不大，但是反托拉斯的立法也可以被使用。要评价马克思预言式论证的力量，我们必须考虑这种大的改进趋势的可能性。正如在上一章一样，我们必须宣布，马克思把财富集中或资本家人数减少的预言建立在这一论证的基础之上，是没有说服力的。

在解释了马克思论证的第一步的主要前提和结论，并处理了头一个结论之后，我们现在可以完全关注马克思的另一个结论，即苦难不断增长的预言式规律的由来。在马克思尝试确立这一预言时，有三种不同的思想倾向必须区分。在本章接下来的四部分中，它们将以下述标题得到探讨：二、价值理论；三、过剩人口对工资的影响；四、贸易周期;五、利润率下降的影响。

马克思的价值理论——它通常被马克思主义者和反马克思主义者视为马克思主义学说的基石——在我看来是其很不重要的部分之一;诚然,我为何继续探讨它而不立即进入下部分的唯一理由是,它普遍被认为是重要的,如果我因为与这种意见不同就不讨论这一理论,我也就不能维护自己的理由。我想即刻澄清,在坚持价值理论是马克思主义的一个多余部分时,我是在维护马克思,而不是攻击他。因为,毋庸置疑,许多指出价值理论本身十分脆弱的批评家,在主要方面是完全正确的。但是,如果可以确立马克思主义的关键的历史政治政府能够完全不依赖于这种争论纷坛的理论而得到发展,即使他们错了,这也只能加强马克思主义的立场。

所谓劳动价值论的观念其实非常简单,它是马克思出于自己的目的、从他在其前辈(他尤其提到亚当·斯密和大卫·李嘉图)那里发现的提示中改造而来的。如果你需要一个木匠,你必须按时间为他计算酬劳。如果你问他,为什么一定的工作会比另一个人的更贵,他会指出,在这件工作中投入了更多的劳动。除劳动之外,你当然必须支付买木料的费用。然而,如果你稍微更缜密地探究一下这件事情,那么,你会发现,你间接地向涉及养林、砍伐、运输和锯解等的劳动支付了费用。这一思考提示了一种普遍的理论,你必须粗略地按照其中所含劳动量的比例,向为你付出的劳动或你要购买的任何商品支付费用。

我之所以说"粗略地",是因为实际价格是波动的。但是,在这些价格的背后,总是存在,或者至少是呈现出某种更稳定的东西,即一种实际价格围绕它发生振动的平均价格,这种平均价格被命名为"交换价值",或者更简单地说,被命名为事物的"价值"。用这种普遍的观念,马克思把商品的价值定义为商品生产(或者商品再生产)所必需的平均劳动量。

下一个观念，即剩余价值理论近乎同样简单。它也是马克思从其前辈那里改造而来（恩格斯断定——也许是错误的，但我将遵循他对这一问题的描述——马克思的主要来源是李嘉图）。剩余价值理论，在劳动价值论的界限内，是一种回答这一问题的尝试："资本家是如何谋取利润的？"如果我们假定，资本家工厂中生产的商品在市场上都以真实的价值，即依照其生产所必需的劳动量出售，那么，资本家能够谋取利润的唯一方式，是付给工人比其生产的全部价值更低的工资。因此，工人收到的工资代表一种与他付出的劳动量并不相等的价值。我们因而可以把他的工作时间分为两部分，即他用来生产与其工资相等的价值的时间，以及他用来为资本家生产价值的时间。所以，我们可以把工人生产整个价值分为两部分，后者被称作剩余价值。这种剩余价值被资本家占有，并且是他的利润的唯一基础。

至此为止，故事是够简单的。然而现在提出了一个理论难题。为了解释一切商品进行交换的实际价格，总价值理论被引进；还可以假定，资本家在市场上获得产品的全部价值，即一种与用在产品上的总量时间相一致的价格。然而，看起来似乎是，工人并不能获得他在劳动市场上出卖给资本家商品的全部价格。似乎是工人受骗了，或是遭窃了；无论如何，似乎工人没有被按价值理论所假定的一般规律，即没有被按（至少在一种初始的近似值上）受商品的价值决定的一切实际价值付给报酬。（恩格斯说，这个问题已被属于马克思称作"李嘉图学派"的经济学家了解；他断言他们没有能力解决这个问题导致这一学派的解体。）这个难题看起来似乎有一个相当明确的解决办法。资本家拥有对生产资料的垄断，这种优越的经济权力可以用于威胁工人达成违反价值规律的协议。但是，这种解决办法（我认为它对这种情形完全是一种似乎有理的描述）彻底摧毁了劳动价值理论。因为它现在证明，一定的价格，即工资，并不符合，甚至在一种初始的近似值上也不符合它们的价值。这就开放了一种可能性，即基于同样的理由，其他价格也可能是这样。

这就是马克思为从废墟中拯救劳动价值论登台亮相时的情形。靠着另外的简单而又明确的观念的帮助，马克思成功地表明，剩余价值论不仅与劳动价值论一致，而且它能够从后者严格地推演出来。为了达成这种推演，我们只有被迫询问自身：确切地说，什么是工人出卖给资本家的商品？马克思的回答是：不是他的劳动时间，而是他的整个劳动力。资本家在劳动市场上购买或租借的是工人的劳动力。让我们暂且假定，这种商品以其真实的价值被出售。它的价值是什么呢？依照价值的定义，劳动力的价值是劳动力的生产或再生产所必需的劳动时间平均量。但是，显然这只不过是生产工人（及其家庭）的生存资料所必需的时间。

因此，马克思达成下述结论：工人的整个劳动力的真实价值等于生产他维持生存的资料所需要的时间。劳动力被以这种价格出卖给资本家。如果工人能够比这工作更长，那么，他的剩余劳动就属于其劳动力的买主或雇主。也就是说，劳动生产率越高，工人每小时就能生产得越多，维持他的生存的生产所需要的时间就越短，剥削他的时间就越多。这表明，资本主义剥削的基础是高度的劳动生产率。如果有一天工人只能生产他自己的日常需要，那么，不违背价值规律剥削就不可能存在；它就只有通过欺骗、盗窃或谋杀才可能。但是一旦通过引进机器，劳动生产率提高到如此的程度，以致一个人能够生产远远超过他所需要的东西，那么，资本主义剥削就成为可能。就每种商品（包括劳动力）都以它的真实价值进行买卖而言，剥削在"理想的"资本主义社会中才成为可能。在这样的社会，剥削的不公正并不在于这一事实，即工人出卖的劳动力没被支付"公平的价格"；而是在于这一事实：他是这样的贫穷，以致他不得不出卖劳动力，而资本家却富裕得足以大量购买劳动力，并从它获得利润。

通过这样引出剩余价值政府，马克思一度从废墟中拯救了劳动价值政府；撇开这一事实，即我把整个"价值问题"（在价格围绕"客观的"真实价值振动的意义上）看作是不相干的理论，我非常愿意承认，这是第一流的理论成就。然而，马克思所做的大大超过了拯救"资产阶级经济学家"最初推进的理论。他令人惊讶地提出了剥削理论和解释为何工人的工资趋于围绕维持生存（或不至饿死）的水平而振动的理论。马克思的最大成就是，他现在能够对趋于接受自由主义的合法外衣的资本主义生产方式这一事实，提出一种解释，即一种与他的法律体系的经济理论相一致的解释。因为这一新的理论使他得出这一结论，即一旦新机器的引进成倍提高了劳动生产率，就有产生新的剥削形式的可能性，这种形式用自由市场代替了野蛮的力量，并建立在对公正、法律面前人人平等和自由的"形式的"遵守之上。他断定，资本主义体系不仅是一种"自由竞争"的体系，而且它还靠"剥削其他人的但却在形式的意义上是自由的劳动来维持"。

对我而言，要在这里详细说明马克思对价值理论所作的一系列事实上令人惊讶的运用，是不可能的。然而这也是不必要的，因为我对这一理论的批评将会指明能够把价值理论从所有这些探讨中清除的方式。我现在就要引申这种批评；其主要论点是：（a）马克思的价值理论并不足以解释剥削；（b）为这种解释所必需的附加假定过于充足，以致价值理论被证明是多余的；（c）马克思的价值理论是一种本质主义的或形而上学的理论。

（a）价值理论的基本规律是这一种规律，即一切商品（包括工资）的价格实际上是由其价值决定的，或者更确切地说，他们至少在初始的近似值上与它们生产所必需的劳动量是相称的。现在这种"价值规律"（正如我所能称它的）即刻提出一个问题。为什么会有这种情形？显然，既不是商品的买方，也不是卖方能够一眼看出，它的生产需要多少小时,即使他们能够看出,这也不能解释价值规律。因为很清楚,买方只不过尽其可能买得便宜,卖方则尽其可能地要价。似乎是,这应该是一切市场价格理论的基本假定之一。为了解释价值规律,我们的任务将是表明,买方为何不可能低于商品的"价值"成功地买到东西,卖方不可能高于商品的"价值"成功地出售东西,这个问题多少清楚地被那些坚信劳动价值论的人看到,他们的答复就是如此。为了简化的目的,为了获得一种初始的近似值,我们可以假定完全自由的竞争。鉴于同一理由,让我们只把这种商品视为能够以实际上不受限制的量被制造(只要劳动是有效的)。现在让我们假定,这种商品的价格高于它的价值;这将意味着,在这种特殊的生产部门可以获得额外的利润。它将鼓励各种制造商生产这种商品,而竞争就会降低价格。相反的过程则会导致以低于其价值出售的商品的价格的增长。因此,将会发生价格振动,这些振动将趋于围绕商品的价值这个中心。换言之,它是一种供求机制,在自由竞争的条件下,这种供求机制趋于对价值规律施加压力。

类似这样的思考经常可以在马克思那里发现,例如,在《资本论》第3卷中,他试图解释为什么对不同的制造部门的所有利润而言,存在一种达成近似值,以及使自身接近一定的平均利润的趋势。在第1卷中,它们也被用来特别指明,为什么工资被保持在较低的、近乎维持生计的水平,或者被保持在同样可以说仅够不至于饿死的水平。显然,如果工资低于这种水平,工人实际上就会饿死,劳动力在劳动市场上的供应就会消失。但是,只要人还活着,他们就会生产;马克思试图详细指明(正如我们在第四部分将会看到的),资本主义积累的这种机制为什么必然会创造过剩人口,即产业后备军。因此,只要工资能够保持在不至于饿死的水平,在劳动市场上,就总会有不仅是足够的,而且是过剩的劳动力的供应;依照马克思,阻止工资提高的就是这种过剩的供应："产业后备军……加压力于现役劳动军……因此，过剩人口是劳动供求规律借以运动的背景。它把这个规律的作用范围限制在绝对符合资本的剥削欲和统治欲的界限之内。"

(b) 现在，这段话表明，马克思本人了解以一种更具体的理论支持价值规律的必要性；这种理论要能表明，在任何特定情形下，供求的规律如何造成必须予以解释的结果切如不至于饿死的工资。然而，如果这些规律足以解释这些结果，那么，我们就根本不需要劳动价值理论，不论它是否具有一种站得住脚的初始的近似值（我并不认为它具有这种近似值）。而且，正如马克思了解的，供求的规律对解释一切这类并不存在自由竞争的情形都是必要的，因而他的价值规律在其中显然不起作用；例如，在垄断能够用作使价格不断保持高于"价值"的地方就是如此。马克思把这种情形视为例外，这很难说是正确的观点；然而也能出现这种情形，垄断不仅表明供求的规律对补充他的价值规律是必要的，而且它们也能更一般地运用。

另外，如果我们像马克思那样假定一种自由的劳动市场和一种长期存在的过剩的劳动供应，显然，供求的规律对解释一切"剥削"现象——也即更确切地说，解释马克思观察到的与企业家的财富并存的工人的苦难，不仅是必要的，而且是充分的（马克思的这种过剩供应的理论在下述第四部分将得到更全面的讨论）。正如马克思表明的，十分明显，工人在这种情形下不得不工作较长的时间以换取较低的工资，换言之，不得不承认资本家"占有自己劳动成果的最佳部分"。这种尝试性的论证——它构成马克思自身的论证的一部分——甚至无须提及"价值"一词。

因此，价值理论证明是马克思的剥削理论的完全多余的部分；这独自地提出了价值理论是否真实的问题，但是，假定我们接受过剩人口理论的话，在消除价值理论之后，仍然保留的马克思剥削理论的那部分无疑是正确的。在国家不能对财富进行再分配的情形下，过剩人口的存在必然导致不至于饿死的工资，导致引发生活水平的差异，无疑是真实的。

（并非如此清楚且马克思亦未予以解释的情形是：为什么劳动的供应会继续超过需求。因为，如果"剥削"劳动是如此有利可图，那么，资本家为何不被迫借助竞争通过雇用更多的劳动提高利润？换言之，他们为何不在劳动市场上彼此竞争，因而将工资提高到他们开始不再有足够的利润的水平，以便不再能谈论剥削呢？马克思兴许会回答——参见下述第五部分——"因为竞争迫使他们把越来越多的资本投向机器，因此，他们不可能提高他的用作工资的那部分资本。"然而，这个回答是不能令人满意的，因为即使他们把资本用于机器，也只有通过购买劳动去建造机器，或是通过引起其他人购买此类劳动以便提高劳动的需求，他们才能做到这点。基于这种理由，似乎马克思观察到的"剥削"现象，正如他所认为的那样，不能归因于完全的竞争的市场机制，而应归因于其他因素——尤其应归因于低生产率和不完全的竞争市场的混合状态。）然而，对这一现象的详细和令人注意的解释似乎仍不存在。

（c）在告别这种价值理论及其在马克思的分析中所发挥的作用之前，我想对它的另一方面作一点简明评论。所谓在价格背后存在某种东西，存在一种价格只是其"表现形式"的实在或真实的价值。这一总的观念——它不是马克思的发明——十分清楚地表明了柏拉图唯心主义区分隐密的本质或真实的实在与偶然的表象或虚妄的表象的影响。必须指出，马克思极力要摧毁客观的"价值"的这种神秘特征，然而他没有成功。他试图变得实在，只把某种可观察的和重要的东西——劳动时间——作为以价格形式呈现的实在来接受；不能怀疑生产一件商品所必需的劳动时间，即马克思的"价值"是件重要的东西。这样,我们是否能够把这些劳动时间称作商品的"价值",当然就成了一个纯粹的词句问题。尤其当我们与马克思一样假定劳动生产率不断增长时,这一术语可能具有极大的误导性和奇特的非现实性。因为马克思本人指出过,随着生产率的增长,一切商品的价值也会减少;因此,随着工资和利润的"价值",即用于它们的时间的减少,实际工资和实际利润,即工人和资本家各自消费的商品却可能增长。所以,每当我们发现实际的进步,诸如缩短工时以及工人生活标准的极大改善(即使以黄金计算,与现金高收入根本无关系),那么工人可能同时会痛苦地抱怨,马克思的"价值"、他们的收入的真实的本质或实在消失了,因为商品生产所必需的劳动时间已经减少(某种类似的抱怨可能会由资本家提出)。所有这些都获得马克思本人认可;它表明,价值这一术语具有何等的误导性,它如何几乎不能代表工人的真实的社会经验。在劳动价值论中,柏拉图的"本质"完全变得与经验分离……

在消除马克思的劳动价值论和剩余价值论之后,我们当然能够仍旧保留马克思对过剩人口给雇佣工人的工资所造成的压力的分析(参见第二部分中(a)的结尾)。不容否认,只要存在自由的劳动市场和过剩人口,即广泛和长期的失业(可以无须怀疑,失业在马克思以来的时代发挥了作用),那么,工资就不能够增长到高于不至于饿死的水平;在同一前提下,随着上述积累理论的发展,尽管没能在主张苦难不断增长的规律方面得到证实,马克思断言在一个高利润和财富不断增长的世界里,不至于饿死的工资和苦难的生活是工人的永恒命运,这点是正确的。

我认为,即使马克思的分析有缺陷,他解释"剥削"现象的努力也值得最大的尊敬(正如在上述部分(b)的结尾所提到的,迄今为止似乎根本不存在实际上令人满意的理论)。当然,应该指出,当马克思预言他所观察到的条件如果不被革命所改造、就注定是永恒的时，他是不正确的；当他预言这些条件会越来越糟时，就更不正确了。事实已经驳斥了这些预言。而且，如果他能够承认他的分析只对一种无约束的、非干预主义的体系有效，即使如此，他的预言式论证也是没有说服力的。因为依照马克思自身的分析，只是在一种劳动市场是自由的体系条件下——即在一种完全无约束的资本主义中，苦难不断增长的趋势才发挥作用。然而，一旦我们承认工会集体议价和罢工的可能性，那么，这一分析的前提就不再适用，整个预言式论证就会坍塌。依照马克思自身的分析，我们不得不期望，这种发展要么受到压制，要么相当于一场社会革命。因为集体议价能够通过建立一种劳动的垄断反对资本；它能够避免资本家为保持低工资的目的使用产业后备军；这样，它就能够迫使资本家自身满足于较低的利润。我们在此看到为什么"工人们，联合起来"的号召，从马克思的观点看，确实只是对无约束的资本主义的可能的唯一回答。

然而，我们也看到，为什么这种号召必然展现了国家干预的总问题，它为什么可能导致无约束的资本主义的终结，导致一种干预主义的新制度（它可以朝非常不同的方向发展）。因为资本家认为工会必然危及劳动市场上的竞争自由，他们要反击工人实行联合的权利，几乎是不可避免的。因此，非干预主义面临着这一困难（它构成自由的悖论的一部分）：国家应该维护何种自由？无论采取哪一种决定，它在经济环境的领域，都只能导致国家干预。导致有组织的政治权力、国家和工会的使用。在任何条件下，不论这种责任是否被自觉接受，它都只能导致国家的经济责任的扩大。这意味着，马克思的分析赖以建立的种种假定都必须消失。

因此，苦难不断增长的历史规律的推演是无效的。所保留下来的是一种一百多年前就流行的对工人的苦难的动人描述，一次借助我们可以像列宁那样称作马克思的"现代社会的运动的经济规律"(也即一百多年前的无约束的资本主义的运动的经济规律)对它进行解释的勇敢尝试。然而,就它被意指一种历史预言,就它被用来推断一定的历史发展的"不可避免性"而言,这种推演是无效的。

马克思的分析的重要性很大程度上取决于这一事实,即从他的时代直到我们今天,过剩人口实际上一直存在着(正如我先前所说的,这是一个几乎尚未得到令人真实满意的解释)。然而,迄今为止,我们尚未讨论马克思支持其论点的论证:一直制造过剩人口的是资本主义的生产机制本身,它需要过剩人口降低雇佣工人的工资。然而,这种理论不仅是本质上有独创性和有趣,它同时也包含了马克思的贸易周期和总萧条的理论(一种明显影响了马克思的预言的理论):由于资本主义必须产生难以忍受的苦难,资本主义体系一定会崩溃。为了尽可能充分地说明马克思的理论,我对它稍略作了一点改动(即引进了两种机器的区分,一种用于生产的纯粹扩张,另一种用于生产的强化)。可是,这种改动无须引起马克思主义读者的怀疑;因为我并不想从根本上批判这一理论。

修改过的过剩人口和贸易周期理论可以概括如下。资本积累意味着资本家将一部分利润用于新的机器;这可以被表述为,他只有一部分实际利润存在于消费品之中,而其他部分存在于机器之中。这些机器可以依次要么被用于工业的扩张,要么被用于建新工厂等,或者它们可能通过提高现存工业的生产率而被用于强化生产。前一种机器使增加就业成为可能,后一种机器具有使工人过剩——在马克思时代这一过程被称作"使工人闲散"——的结果(今天它有时被称作"技术性失业")。现在资本主义生产的机制,正如修改过的马克思主义的贸易周期理论所设想,大略就是这样运行的。如果我们一开始就假定,鉴于这样或那样的理由,存在一种对工业的普遍解释,那么,一部分产业后备军将会被吸收,劳动市场的压力将有所缓解,工资将会表明一种上升趋势,一个繁荣期就会开始。然而,工资上升之时,强化生产和先前不能盈利的一定的机器改进,由于低工资,就会变得可以盈利(即使这种机器的成本将开始上涨)。因此,机器所引起的更多这种"使工人闲散"的机器就会被生产出来。只要这些机器还处于生产过程中,繁荣就会继续,或是增长。但是,一旦新的机器本身开始进行生产,情形就会改变(依照马克思,这种变化被利润率的下降所加重,在下述第五部分将被讨论)。工人被"安置为闲散",即注定要挨饿。然而,许多消费者的消失必然会导致国内市场的崩溃。结果是,在扩展工厂中,大量的机器变得闲置起来(首先是效率不高的机器),这将导致失业的进一步增加和市场的进一步崩溃。现在很多机器被闲置的事实意味着,很多资本变得无价值,不少资本家不能履行自己的职责;因此,金融危机就会发展起来,这将导致资本商品的生产的完全停滞,等等。然而,当萧条(或者像马克思那样称之为"危机")发展时,复苏的条件又开始成熟。这些条件主要在于产业后备军的增长以及工人随之准备接受不至于饿死的工资。凭借非常低的工资,生产变得即使以萧条的市场上的低价格也能够盈利;一旦生产起动,资本家就重新开始积累、购买机器。由于工资非常低,资本家发现,使用这种使工人闲散的新机器(也许当时发明了),尚不能盈利。首先他宁愿购买可扩大生产计划的机器。这逐渐导致就业的扩大和国内市场的复苏,繁荣再次来临。因此,我们又回到自己的出发点,周期结束,过程重又开始。

这就是修改过的马克思主义的失业理论和贸易周期理论。正如我所允诺的,我将不对它进行批评。讨论贸易周期理论是一件非常困难的事情,我们当然还对它了解得不够(至少我不了解)。很可能所概括的理论是不全面的,尤其是诸如局部建立在信用创新和储备结果之上的金融体系的存在方面,并没有予以充分的考虑。然而,无论这会怎样,贸易周期都不是一个能够轻易地经常讨论的事实,把其重要性作为一个社会问题来强调,是马克思的最大的功绩之一。但是,尽管所有这些都应该承认,我们也可以批判马克思试图建立在贸易周期理论之上的预言。首先,他断定:萧条将不仅在范围上,而且在工人受苦的强度上变得不断恶化。然而,他并没有提供论证支持这点(也许除了即将予以讨论的利润率下降的理论之外)。如果我们看看现实的发展,那么我们必定会说,结果是可怕的,尤其是失业的心理结果,即使在那些工人现在办了失业保险的国家也是如此,更毋庸置疑在马克思的时代工人的痛苦相对说来更为恶劣。然而,这并不是我的主要论点。

在马克思的时代,没有谁思考过现在被称作"反周期政策"的国家干预的技术;诚然,这种思想对无约束的资本主义体系一定是完全陌生的。(然而,即使在马克思的时代之前,我们也发现了怀疑,甚至是探讨大萧条时期英国银行的信贷政策的智慧的开端。)但是,失业保险意味着干预,因而意味着国家的责任的增长,它有可能导致反周期政策的实验。我并不认为,这些实验应该必然是成功的(尽管我认为,这一问题可能最终证明并不如此困难,尤其是瑞典,在该领域已经指明什么可以做)。我要着重强调,不可能通过零星的措施消除失业这一现象,就像众多认为飞行问题永远无法解决的物理学证明(甚至由生活在马克思之后的人提供)一样,站在了教条主义的同一平面上。当马克思主义者都像他们有时所认为的那样,说什么马克思证明反周期政策和类似的零星措施是无用的时,他们只不过没有谈真理;马克思探讨了无约束的资本主义,他却从未梦想过干预主义。因此,他从本探讨过对贸易周期进行系统干预的可能性,他也没有为这种干预的不可能性提出证明。令人奇怪的是发现,抱怨资本家对人类苦难不负责任的同一种人,却根据这种教条主义的判断,很不负责地反对我们能够不学会如何减轻人类痛苦(正如马克思所说的,如何变成社会环境的主人),以及如何控制行为的一些不必要的社会反应的实验。然而,马克思主义的辩护士并没有怎么意识到这一事实,即他们以其自身所属的利益的名义反对进步;他们不明白,一切类似马克思主义的运动都具有危险性,它不久就会代表一切所属的利益,只存在理智的投资和物质的投资。

另一个观点也必须在这里陈述。正如我们所看到的,马克思认为,失业基本上是具有维持低工资和使剥削雇佣工人更容易的功能的资本主义机制的零部件;对他而言,苦难不断增加一直涉及雇佣工人的苦难不断增加;这正是马克思主义密谋的总观点。然而,即使我们假定,这种观点在其时代是正当的,作为一种预言,它也无疑已被后来的经验所驳斥。自马克思的时代以来,雇佣工人的生活标准在各地都已提高;正如帕克斯在他对马克思的批评中所强调的,由于价格比工资下降得更迅速,雇佣工人的实际工资甚至在萧条时期也趋于增长(例如,在最近一次大萧条时期就是如此)。这是对马克思的明显驳斥,尤其是自从它证明,失业保险的主要负担不是由工人,而是由企业主承担,因此,企业主通过失业只会直接受到损失,而不像马克思的图式所说的能够间接获利。

就讨论所及,在马克思主义理论中,甚至没有一种理论认真尝试过要证明这一在马克思论证的第一步中最为关键的论点;即积累使资本家随着巨大的压力,在面临自身毁灭的痛苦之时,他被迫将这种压力转嫁给工人;所以,资本主义只能被摧毁而不能革新。在马克思的旨在确立利润率趋于下降的规律的理论中,包含着证明这种观点的企图。

马克思所说的利润率与利率是一致的;它指资本家的年平均利润

对整个投入资本的百分比。马克思认为,这种利润率的下降是由于资本投入的迅速增长;因为这些资本必定积累得比利润上涨要快。

马克思试图用来证明这一论点的论证,再一次表明具有很大的创造性。正如我们所看到的,资本主义竞争迫使资本家进行提高劳动生产率的投资。马克思甚至承认,通过这种生产率的提高,他们为人类提供了很大的帮助:"资本主义的文明方面之一是,同以前的形式(诸如奴隶制、农奴制等)相比,它以一种对发展生产力和在更高的基础上重建社会的社会条件更有利的方式和环境榨取剩余价值。由此可见,它甚至创造了一些要素……因为在任何既定的时间内所生产的有用商品的量依赖于劳动生产率。"然而,对人类的这种帮助并不仅仅是资本家毫无意图地提供的;考虑到下述理由,他们通过竞争被迫采取的这种行动也违背了其自身的利益。

一切工厂主的资本可以被分成两部分:一部分被投入土地、机器、原料等,另一部分被用作工资。马克思称第一部分为"不变资本",第二部分为"可变资本";然而,由于我认为这种术语容易误导,我将称这两部分为"不动资本"和"工资资本"。依照马克思,资本家只有通过剥削工人,换言之,通过使用工资资本,才能获利。不动资本是一种资本家被迫通过竞争进行维护,甚至是不断增加的死荷重。然而,这种增加并不伴随有相应的利润的增长;只有工资资本的扩大才具有这种有益的结果。但是,生产率提高的总的趋势意味着,资本的物质部分相对于工资部分增加了。所以,如果不考虑利润的增长,那么总资本也就增长了;就是说,利润率必然要下降。

现在,这一论证经常受到责疑;诚然,在马克思之前,它就受到过含蓄的攻击。撇开这些不论,我认为,在马克思的论证中,可能存在某种东西代其是如果我们把它与马克思的贸易周期理论联系起来的话(在下一章中,我将扼要地重新提到这一观点)。然而,我在这里要质疑的是这一论证对苦难不断增长的理论的支持。

马克思是这样看待这一联系的。如果利润率趋于下降，那么资本家就面临毁灭。他所能做的必然是"向工人报复"，即增加剥削。他要做到这点，只能通过延长工时；加快工作进度；降低工资；提高工人的生活费用（通货膨胀）；剥削更多的妇女和儿童。资本主义的内在矛盾——建立在竞争和盈利是冲突的事实之上——在此发展到一个顶点。其次，它们迫使资本家把剥削提高到一种不堪忍受的程度，随之造成阶级之间的张力。因此，妥协是不可能的。各种矛盾不能消除。它们最终必然封杀资本主义的命运。

这就是马克思的主要论证。然而，它们具有结论性吗？我们应该记住，增长的生产率是资本主义剥削的真正基础，只有工人能够生产出比他自身及其家庭所需要的更多的东西，资本家才能占有剩余劳动。用马克思的话来说，增长的生产率意味着增加的时间，归根结底意味着每小时能够生产出更多数量的商品。另外，它又意味着利润的极大增长。这点是马克思所承认的。他并不认为利润会减少；他只认为总资本比利润增长得更快，所以利润率会下降。

但是，如果情况如此，就没有理由认为，资本家会因经济压力而痛苦，以致不论他愿意与否，他并不得不将这种压力转嫁给工人。可能实际情况是，他不愿意看到利润率下降。然而，只要资本家的收入不仅不会下降、相反还会增加的话，就不存在现实的危险。对平均每位成功的资本家而言，情形都会是这样：他看到自己的收入在快速增多，他的资本乃增长得更快；也就是说，他的储蓄比他所消费的收入部分增长得更快。我并不认为这是一种必须迫使他采取绝望措施的情形，或者是一种不能与工人达成妥协的情形。相反，在我看来，它是很能够容忍的。

当然，这种情形包含了一种危险的因素，这是事实，那些对不变利率或上升利率的假定做过思索的资本家，可能会遇到麻烦；诸如此类的事情确实不利于贸易周期、加重萧条。然而，这与马克思预言的扫除一切的结果几乎毫不相干。

这就是我分析马克思为证明苦难不断增长的规律而提出的第三步，并且是最后一步论证所得出的结论。

为了表明马克思的预言是如何完全错误的，而同时他对无约束资本主义的地狱的强烈抗议和他的"工人们，联合起来"的要求又是如何正当，我将从《资本论》中他讨论"资本主义积累的一般规律"一章中援引几段话。"在真正的工厂中……需要大量的还没有脱离少年期的男工。少年期一过，便只剩下极少数的人能够被原生产部门继续雇用，而大多数的人通常要被解雇。他们成了流动过剩人口的一个要素，这个要素随着工业规模的扩大而增大……资本消费劳动力是如此迅速，以致工人到了中年通常就已多少衰老了……'曼彻斯特保健医官李医生证实，该市富裕阶级的平均寿命是38岁，而工人阶级的平均寿命只有17岁。在利物浦，前者是35岁，后者是15岁……'……榨取工人子女以奖励工人生育子女……""劳动生产力越高……他们的生存条件……也就越没有保障……在资本主义体系内部，一切提高社会劳动生产力的方法……都变成统治和剥削……的手段，都使工人畸形发展……把工人贬低为机器的附属品，使工人受劳动的折磨，从而使劳动失去内容……并且把工人的妻子儿女都抛到资本的札格纳特车轮下……积累的每一次扩大又反过来成为发展这些方法的手段。由此可见，不管工人的报酬高低如何，工人的状况必然随着资本的积累而日趋恶化。""社会的财富即执行职能的资本越大，它的增长的规模和能力越大……过剩人口也就越多……""产业后备军的相对量和财富的力量一同增长。但是……这种后备军越大……他们的贫困同他们所受的劳动折磨成反比（马克思亲自校订过的法文版中是

"成正比"——中译本译者注）……官方认为需要救济的贫民也就越多。这就是资本主义积累的绝对的、一般的规律。""因此，在一极是财富的积累，同时在另一极……是贫困、劳动折磨、受奴役、无知、粗野和道德堕落的积累。"

马克思刻画的他那个时代的经济可怕图是简直太真实了。然而，他的苦难伴随着积累而增长的规律却不能相信。自他的时代以来，生产资料的积累和劳动生产率的增长已经达到这一程度，即使是马克思也几乎不能想到。然而，童工、工作时间、劳累的痛苦以及工人生存的无保障却并没有增加；它们已经下降。我并不是说，这个过程应该继续。并不存在进步的规律，一切都依赖我们自身。但是，实际的情形可以用帕克斯的一句话来作简洁而又公正的概括："低工资、长工时以及童工，并不像马克思预言的，是资本主义成熟时期的特征，而只是它的婴儿期的特征。"

无约束的资本主义已经一去不复返。自马克思的时代以来，民主的干预取得了巨大的进步，改进的劳动生产率——资本积累的结果——实质上使消除苦难成为可能。这表明，尽管无疑犯过一些重大错误，但还是取得了很大成就，这将鼓励我们相信，我们还能取得更大的成就。因为还有许多事情需要去做却又还没有做。只有民主的干预能够使它成为可能。这有赖于我们去实现它。

对我的论证的力量，我不抱任何幻想，经验表明，马克思的预言是虚假的。然而，经验永远能继续解释。诚然，马克思本人和恩格斯对辅助性前提（被设计来解释苦难不断增长的原因）的详细解释，并未像他们所期望的那样发挥作用。依照这一前提，利润率下降的趋势，以及随之而来的苦难的不断增长，受到殖民地剥削的结果（或者像通常所说的"现代帝国主义"）的抵制。依照这一理论，殖民地的剥削是一种将经济压力转移给殖民地无产阶级——一个无论在经济上还是在政治上都比国内工业无产阶级更脆弱的集团——的一种方法。马克思写道:"至于投在殖民地等处的资本,它们能够提供较高的利润率,是因为在那里,由于发展程度较低,利润率一般较高,由于使用奴隶和苦力,等等,劳动的剥削程度也较高。为什么……送回本国的较高的利润率……不应当参加一般利润率的平均化,因而不应当相应地提高一般利润率呢,这是不能理解的。"(值得一提的是,隐藏在这种"现代"帝国主义理论背后的主要观点,可以追溯到160多年以前的亚当·斯密,他说过,殖民地的贸易"必然对维持利润率有益"。)恩格斯在发展这一理论方面比马克思要前进一步。由于他不得不承认,在英国,占优势的趋势不是苦难的增长,而是相当大的改进,他提示,这可以归因于英国"剥削全世界"这一事实;他讽刺地抨击"英国无产阶级",他们不但没有经受他所期望的痛苦,却"实际上日益资产阶级化了"。他继续说:"这一所有民族中最资产阶级化的民族,看来想把事情最终弄到这样的地步,即除了资产阶级,它还要有资产阶级化的贵族和资产阶级化的无产阶级。"现在,恩格斯这种阵线的变化至少像我们在上一章提及的他的另一种变化一样明显;这种变化是在一种证明是减少苦难的社会发展的影响下造成的。马克思谴责资本主义"使中产阶级和小资产阶级无产阶级化",谴责它把工人降落为贫民。恩格斯现在却谴责资本主义体系——它仍在受谴责——将工人变成资本家。然而,在恩格斯的抱怨中,最精彩的一笔是这一义愤,它迫使恩格斯把英国人——他们表现得如此轻率以致证伪了马克思的预言——称作"所有民族中最资产阶级化的民族"。依照马克思主义的理论,从这个所有民族中最资产阶级化的民族中,我们应该期望苦难和阶级张力发展到一种不堪忍受的程度;相反,我们听到的却是相反的情形发生了。然而当善的马克思主义者听到资本主义体系的令人难以置信的邪恶把善良的无产阶级变为恶劣的资产阶级时，他们简直火冒三丈；完全忘记了马克思所表明的资本主义体系的邪恶仅仅在于这一事实，即它用正好相反的方法在运动。所以，在列宁对现代英帝国主义的罪恶原因和可怕结果的分析之中，我们读到："原因是：（1）这个国家剥削全世界；（2）它在世界市场上占有垄断地位；（3）它拥有殖民地垄断权。后果是：（1）英国一部分无产阶级已经资产阶级化了；（2）英国一部分无产阶级受那些被资产阶级收买或至少是领取资产阶级报酬的人领导。"在把"无产阶级资产阶级化了"这一可爱的马克思主义称号赋予一种可惜的趋势之后——它之所以可憎主要是因为它不符合马克思所设想的世界发展的趋势——列宁显然相信，它已经变成马克思主义的趋势。马克思本人认为，全世界通过资本主义工业化的必要的历史时期是越快越好，因此，他趋于支持帝国主义的发展。然而列宁得出一个完全不同的结论。由于英国占有殖民地是国内工人追随"被资产阶级收买的领导"而不是共产党的原因，他在这个殖民地帝国看到一种潜在的危机或导火索。殖民地的革命一旦使苦难不断增长的规律在国内生效，国内的革命就会接踵而来。因此，殖民地是烈火蔓延之地……

我并不认为，辅助性前提——我已概括了它的历史——能够拯救苦难不断增长的规律；因为这一前提本身受到经验驳斥。有一些国家，例如斯堪的纳维亚各民主国家、捷克斯洛伐克、加拿大、澳大利亚、新西兰，更不用说美国，撇开殖民地的剥削对那里没有影响，或者无论如何对支持这一前提根本不重要不论，民主的干预主义都能够保障工人维持一种高标准的生活。而且，只要我们用丹麦、瑞典、挪威和捷克和斯洛伐克这些并不"剥削"殖民地的国家，与诸如荷兰和比利时之类的"剥削"殖民地的国家作一比较，我们并不能发现，工业工人从殖民地的占有中获了利，因为所有这些国家的工人阶级的情形有着惊人的类似。此外，尽管苦难通过殖民化被强加给土著是文明史上最黑暗的篇章之一,并不能够断定,自马克思的时代以来,他们的苦难已趋于增长。情况恰好相反;许多事情获得了很大的改进。如果辅助性前提和原初的理论都正确,那么在这些地方,苦难的不断增长就必须予以特别注意。

正如我在前几章讨论马克思论证的第二步和第三步一样,我现在想通过指明它对马克思主义政党的策略的一些实际影响,来证明马克思预言式论证的第一步。

社会民主党在明显的事实的压力下,不言而喻地放弃了苦难的强度在增长的理论;但是他们的整个策略仍然建立在这一假定之上,即苦难的范围在不断增长的规律是有效的,也就是说,工业无产阶级在人数上的优势必然在继续增长。这就是为什么他们把政策毫无二致地建立在代表工业无产阶级的利益的基础之上,同时坚决相信,他们正代表着,或说不久即将代表着"绝大多数人"。他们从不怀疑《共产党宣言》的这一断言,即"过去的一切运动都是少数人的……运动。无产阶级的运动是绝大多数人的、为绝大多数人谋利益的自觉的独立运动"。因此,他们信心十足地等待着阶级意识和工业工人的保障将使他们赢得大选的多数的那一天。"究竟谁将最终获胜——是少数剥削者,还是绝大多数工人,是毋庸置疑的。"他们没有看到,工业工人在任何地方都不能形成多数,更无须说"绝大多数",统计资料在任何地方都没有显示他们在人数上增加的趋势。他们并不明白,只要民主的工人政党准备与其他政党(例如,某些代表农民或中间阶级的政党)进行妥协或者是合作的话,它们的存在就完全是正当的——他们没有看到,如果他们试图作为绝大多数人的唯一代表统治国家,他们就必须改变自己的整个政策,停止主要地或毫无二致地代表工人。当然,并不存在什么可以代替这种政策的改变,以便能够朴素地断言,这样的无产阶级政策(正如马克思所说的)只不过使"农村生产者接受其地区中心城镇的知识分子的领导,保证他们在那里的工人中成为其利益的自然受托管理者……"

共产党的立场则不同。他们严格地坚持苦难不断增长的理论,坚信一旦暂时的工人资产阶级化的原因被消除,苦难就不仅在范围上,而且在强度上都会增长。这种信念对马克思所说的他们政策的"内在矛盾"有很大帮助。

这种策略情形似乎很简单。由于马克思的预言,共产党肯定知道,苦难很快就会增长。他们也知道,这个政党如果不为工人斗争、不与工人一道去改善他们的命运,它就不能赢得工人的信任。这两个基本假定显然决定了他们的一般策略的原则。让工人要求获得应得的份额,在工人为面包和栖身地而不断战斗的每一个特殊时期都支持他们。与工人一道为实现他们的实际需求而顽强战斗,无论这些需求是经济的还是政治的。这样,你就能赢得他们的信任。同时,工人将会了解,对他们而言,企图通过这些微小的战斗改善自己的命运是不可能的,只有总体的革命才能带来这种改善。因为所有这些微小的战斗注定是不能成功的;我们从马克思那里知道,资本家根本不会继续妥协,苦难最终必然会增长。因此,工人日常同压迫者战斗的唯一结果——然而是一种有价值的结果,是其阶级意识的提高;这是一种只有在战斗中才能赢得的联合起来的情感,并伴随有一种绝望的认识,即只有革命才能从苦难中解救他们。当这个阶段达到时,那么,最后摊牌的钟声就敲响了。

共产党所贯彻执行的就是这一理论。首先,他们支持工人改变自己命运的战斗。然而,与所有期望和预言相反,这种战斗成功了。各种要求得到认可。显然,理由是他们曾经太温和了。所以,人们应该提出更多的要求。然而,各种要求又得到认可。随着苦难的减少,工人变得不怎么抱怨,更愿意为工资讨价还价,而不愿为革命密谋。

现在，共产党发现他们的政策必须调转过来。必须采取某些措施让苦难不断增长的规律起作用。例如，必须挑起殖民地的骚乱（即使那里根本就不存在革命成功的时机），为了抵制工人资产阶级化的一般目的，必须采取一种煽动各种灾祸的政策，然而，这种新政策摧毁了工人的信任。除那些没有经历过现实政治斗争的人之外，共产党丧失了全部成员。他们恰恰丧失了那些被描述为"工人先锋队"的成员；他们的不言自明的原则是："事情越坏，他们就越好，因为苦难必然预示着革命。"这就使工人怀疑——这一原则运用得越好，工人持有的怀疑就越恶化。因为他们都是现实主义者；谁要赢得他们的信任，谁就必须努力改善他们的命运。

因此，这项政策必须重新调转过来；我们必须为工人命运的直接改善而战斗，与此同时，相反的情形却出现。

随之而来，这一理论的"内在矛盾"就造成最后阶段的混乱。这是一个很难知道谁是叛徒的阶段，因为在这个阶段，变节可能就是忠而又忠的变节。人们之所以追随共产党，并不仅仅是因为它（正确地，我对这点有所担心）向人们呈现为唯一具有人道主义目标的生气蓬勃的运动，而主要是因为它是一种建立在科学理论之上的运动，人们不是告别它，就是牺牲自己精神上的正直；因为他们现在必须学会盲目地信仰某些权威。最终，他们必然都变得神秘——敌视合理的论证。

似乎威胁着要造成其衰落的，只有资本主义正在经历着内在矛盾的痛苦……

（四）社会主义的来临

经济的历史主义是马克思用于分析我们社会中即将发生的变化的

方法。在马克思看来，每种特殊的社会体系之所以必须摧毁自身，只不过由于它必须创造出产生下一个历史时期的力量。如果在工业革命刚刚发生前夕，就能够对封建制度进行足够深入的分析，定能导致发现将要摧毁封建主义的力量，并预测即将来临的时期，即资本主义的最重要的特征。同样，分析资本主义的发展，也可能使我们能够发现那些正在摧毁它的力量，并预测摆在我们面前的新历史时期最重要的特征。因为肯定没有理由相信，在一切社会体系中，资本主义会永远延续。相反，生产的物质条件，随之而有人的生活方式，从未像它们在资本主义条件下变化得如此迅速。通过这样改变自身的基础，资本主义必然要改造自身，并在人类历史上产生一个新的时期。

依照马克思的方法，上述讨论过的原则、那些将要摧毁和改造资本主义的基本的或本质的力量，都必须在物质的生产资料的进化中去寻找。一旦这些基本的力量被发现，就能够追踪它们对阶级之间的社会关系以及对司法的和行动的体系的影响。

对基本的经济力量和我们称作"资本主义"时期危及自身生命的历史趋势的分析，已由马克思的《资本论》——他毕生的伟大著作——所进行。他探讨的历史时期和经济体系，是西欧尤其是大约从18世纪中叶至1867年（《资本论》发行第1版的一年）的英国的历史时期和经济体系。正如他在序言中解释的，"本书的最终目的就是揭示现代社会的经济运动规律"，为的是预言它的命运。其次的目的是驳斥资本主义的辩护士，驳斥那些把资本主义的生产方式的规律描述为似乎是不可抗拒的自然规律的经济学家，例如伯克就宣称："商业的规律是自然的规律，因而是上帝的规律。"马克思将那些他认为是社会仅有的不可抗拒的规律，即社会的发展的规律，与这些所谓的不可抗拒的规律进行对照；他力图表明，经济学家所宣布为永恒的和不可改变的规律，实际上只不过是暂时的规律，必然要和资本主义本身一道被摧毁。

马克思的历史预言可以被描述为一种严密编织的论证。然而,《资本论》只是阐发了我称之为这一论证的"第一步",阐发了对资本主义的基本经济力量及其对阶级关系的影响的分析。导致一场社会革命不可避免的结论的"第二步"、导致预见一个无阶级社会,即社会主义之诞生的"第三步",都只是概略提到。在本章中,我首先要对我称作马克思主义论证的三个步骤作更详细的解释,然后再详细讨论其中的第三步。在接下来的两章中,我将讨论第二步和第一步。这样颠倒这些步骤的秩序,对于一场详细的批评性讨论,被证明是适宜的;实际上,它的益处在于,这样做便于无偏见地假定论证中每步前提的真实,便于完全集中于这一问题,即结论是否以这种从前提中引出的特殊步骤达到了。以下便是这三个步骤。

马克思的论证的第一步是,他分析了资本主义生产的方法。他发现,与技术改进和他称作生产资料的不断增长的积累相联系,存在一种劳动生产率增长的趋势。从这里开始,论证将引向结论,即在阶级之间的社会关系的领域内,这种趋势必然导致越来越多的财富积累在越来越少的人手中;也就是说,达到这一结论,即存在一种财富和苦难同时增长的趋势;对统治阶级,即资产阶级,是财富的增长,而对被统治阶级,即工人,是苦难的增长。这第一步骤将在第 20 章(即"资本主义及其命运")中被讨论。

在该论证的第二步中,第一步的结果获得认同。从这一结果出发,两个结论被推出;首先,除少量统治的阶级和大批受剥削的工人阶级之外,其他一切阶级必然要消失,或是变得不重要;其次,这两个阶级之间不断增长的张力,必然要导致一场社会革命。这一步骤将在第 19 章(即"社会革命")中获得分析。

在该论证的第三步中,第二步的结论依次获得认同;最终得出的结论是，在工人取得对资产阶级的胜利之后，将存在一个只由单一阶级组成的社会，因而存在一个无阶级的社会、一个没有剥削的社会；也就是说，社会主义社会。

现在，我将继续讨论第三步，即讨论社会主义来临的最终预言。

这一步的主要前提（它们在下一章将受到批判，但在这里获得认同）是：资本主义的发展已经导致除两个阶级——一小部分的资产阶级和庞大的无产阶级——之外的一切阶级的消失；苦难的增长已迫使后者反叛它的剥削者。结论是，首先，工人必须**赢得**斗争，其次，通过消除资产阶级，他们必然建立一个无阶级的**社会**，因为只有一个阶级仍然存在。

现在我准备赞同从这类前提（连同几个我们无须怀疑具有不太重要性的前提）推出的第一个结论。不仅是资产阶级的数量小，而且它们的物质存在、他们的"新陈代谢"都依赖无产阶级。剥削者、寄生虫没有被剥削者就会饿死；无论如何，如果他摧毁了被剥削者，那么他就结束了自封作为寄生虫的生涯。因此，他不能取胜；他充其量能够进行延续的斗争。另外，工人并不因为自身的物质生存而依赖剥削者；一旦工人反叛，一旦他决定向现存的秩序挑战，剥削者就不再具有本质的社会功能。工人无须危及自身的存在就能够摧毁他的阶级敌人。因此，只能存在一种可能的结果：资产阶级将消失。

然而，第二结果是怎样推出的呢？真的是工人的胜利必然导致一个无阶级的社会吗？我认为并不是这样。从两个阶级中只能有一个阶级仍然存在这个事实看，并不能推出将存在一个无阶级的社会。阶级并不像个人，即使我们承认，只要存在两个在战斗中联合的阶级，它们就近乎表现得像个人一样。依照马克思自身的分析，一个阶级的联合或团结，是其阶级意识的组成部分，它们转而在很大程度上又是阶级斗争的产物。世界上并不存在这样的理由，一旦反对共同阶级敌人的斗争的压力消失了，组成无产阶级的个人还会保持阶级联合。一切潜在的利益冲突现在似乎必然将从前联合的无产阶级分裂成新的阶级，并发展成一场新的阶级斗争（辩证法的原则会提示，一种新的对立、一种新对抗，很快就会发展。然而，当然，辩证法充满含糊，并且完全适应于解释一切事物，因此，它也能够解释作为对立面发展的辩证法的必然综合的无阶级社会）。

当然，最可能的发展是，那些在胜利之时实际上掌权的人——那些幸免于权力之争和各种清洗的革命领袖及其僚属——将组成新社会的统治阶级，一种新型的官僚制度的寡头政治；很可能他们会试图掩盖这一事实。通过尽可能地保留革命的意识形态，利用这些思想情感，而不是浪费时间力图摧毁它们（依照帕累托对全体统治者的劝告），他们能够很方便地做到这点。很可能出现的情形是，只要他们同时利用对反革命的发展的恐惧，他们就能够充分利用革命的意识形态。这样，革命的意识形态就能出于辩护的目的为他们服务；作为他们动用权力的一种辩解、一种稳定权力的手段——总之，作为一种新的"人民的鸦片"。

依照马克思自身的前提，诸如此类事情属于可能会发生的事件。然而，作历史预言，或者解释一些革命的既往历史，并不是我这里的任务。我只不过想表明，马克思的结论、无阶级社会来临的预言，并不能从这些前提推出。马克思论证的第三步应该被宣布为不具有结论性。

我不赞同的远不止此。尤其是我不认为，能够预测社会主义不会来临，或者能够说马克思论证的前提根本不可能引入社会主义。例如，持续的斗争和胜利的热情就可能有助于增强团结的情感，使之强烈得能够延续到建立防止剥削和权力的滥用的法律（民主控制统治者的制度，是消除剥削的唯一保障）。在我看来，建立这种社会的时机，很大程度上依赖工人对社会主义和自由的理念的忠诚，而与其阶级的直接利益正相反。这些都是不能轻易预见到的事情；所能肯定说出的一切是，阶级斗争并不永远能够在被压迫者之间产生持久的团结。存在一些类似团结和十分忠诚于共同事业的事例。但是，也存在一些这样的团体和工人，他们甚至在与其他工人的利益和与被压迫者的团结的理念处于公开冲突时，还在追求自己的特殊集团的利益。剥削无须随资产阶级一道消失，因为很可能工人的集团会获得各种特权，这些特权同剥削不幸的集团是一回事。

我们看到，在经历一场胜利的无产阶级革命之后，可能的历史发展的整个过程还会继续下去。肯定也存在运用历史的预言方法的一些可能性。尤其应该强调由于我们不喜欢某些可能性，就忽视它们，是最不科学的。痴心妄想显然是一件不能避免的事情。但是，不应将之误作为科学思维。我们也应该承认，对大多数人而言，所谓的科学预言，只不过提供了一种逃避的形式。它为我们提供了一种由当前的责任向未来乐园的逃避。它通过过分强调，个人在当前它所描述为势不可当的和恶魔般的经济力量面前，所处的孤立无援状态，提供这种乐园做适当的补偿。

如果我们现在更密切地注视这些力量，注视我们自己当前的经济体系，那么，我们就能够发现，我们的理论批判已经被经验证明。然而，我们必须防止按照马克思主义的偏见——"社会主义"或"共产主义"是唯一的选择和"资本主义"的唯一可能的继承者——错误解释经验。无论马克思还是其他人都没有表明，在无阶级社会的意义上，在一种"在那里，每个人的自由发展是一切人的自由发展的条件"的"联合体"的意义上，社会主义是那种无情剥削的经济体系的唯一的可能选择，马克思于一个世纪前（1845 年）首次描述了这个体系，并称其为"资本主义"。诚然，如果有谁试图证明，社会主义是马克思无约束的"资本主义"的唯一可能的继承者,那么,我们只要通过指出历史事实,就可以驳斥他。因为放任主义早就从地球上消失了,但是它却没有被马克思理解的社会主义或共产主义的体系所代替。只是在占地球六分之一的俄国,我们看到一种按照马克思的预言建立的经济体系,在那里,生产资料为国家所拥有,然而其政治权力却与马克思预言相反,根本没有表现出消亡的倾向。但是在整个世界上,有组织的政治权力已开始执行广泛的经济功能。无约束的资本主义已经让位于一个新的历史时期,让位于我们自身的政治干预主义和国家的经济干预的时期。干预主义具有各种不同的形式。有俄国的类型;有法西斯的极权主义形式;有英国、美国以及瑞典所领导的"小民主国家"的民主干预主义,在后者那里,民主干预的技术已经达到尽其可能的最高水平。导致这种干预的发展,在马克思自身的时代,是从英国工厂的立法开始的。它以引进每周48小时工作制取得首次关键性的进步,后来又取得引进失业保险和其他形式的保险的进步。将它与马克思的共产主义革命的十点纲领做一对比,一眼就能够看出把现代民主国家的经济体系等同于马克思所说的"资本主义",是何等的荒谬。如果我们省略这一纲领的极不重要的观点(例如,"4. 没收一切流亡分子和叛乱分子的财产。"),那么,我们可以说,在民主国家,绝大多数这类观点都已经完全或是在相当的程度上付诸实践;与这些观点一起,许多马克思从未设想过的更重要的步骤,已经以社会安全为指向而被采取。我只需提及马克思纲领中的下述观点: 2. 高额的累进或累积税。(已实行)。3. 废除一切遗产继承权。(通过广泛重征遗产税已实现。无论它多么符合意愿,都至少受到怀疑。) 6. 国家集中控制通信和运输手段。(出于军事的理由,早在1914年第一次世界大战之前,中欧就已经不计较利益后果地实行这一条。它也已被大多数小民主国家实现。) 7. 增加国家拥有的工厂和生产设备的数量和规模……（在小民主国家已实现；无论它是否有利，至少一直受到怀疑。）10. 在各种公共的（即国立的）学校里为所有儿童提供免费教育。废除具有现存形式的儿童的工厂劳动……（前一项要求在小民主国家，并且在某种程度上实际上是在一切地方，已经实现；后一项要求早已超越。）

马克思纲领中的一系列观点（例如，"1. 剥夺地产"），在民主国家中还没有实现。这就是为什么马克思主义者正确地认为，这些国家还没有建立"社会主义"。然而，只要他们从这点推出，这些国家在马克思的意义上仍然是"资本主义的"，那么，他们只是证明他们的前提——没有进一步的选择——具有教条式的特征。这点表明，它是如何被先前设想的体系的聪目光芒弄花了眼的。马克思主义对未来不仅是一种坏的指导，而且它还使它的追随者不能认清眼前在他们自身的历史时期发生的有时甚至是通过他们自身的合作完成的事物。

然而，人们可能会问，这一批判不就是千方百计地反驳大规模的历史预言的方法吗？我们能够做到这点。只要我们使自己的前提充分有力，我们总能够达到我们想要的一切结论。但是，对几乎每一种大规模的历史预言而言，情形总是如此，我们将不得不作出这类假设，即我们不可能将马克思所说的"意识形态"这类道德的和其他的要素还原为经济的要素。而马克思却是第一位认为这是一种很不科学的推理的人。他的整个预言方法依赖于这一假设，即意识形态的影响不需要作为独立的和不可预测的要素来对待，但它们却可以被还原为，并依赖于能够观察的经济条件，因此是可以预测的。

有时一些非正统的马克思主义者甚至承认，社会主义的来临并不仅仅是一个历史发展的问题；马克思的"我们能够缩短和减少"社会主义来临的"产前阵痛"的陈述充满着含糊，以致可以被解释为他主张，与将发展的时间缩短到最小值的恰当的政策相比，一项错误的政策甚至可以使社会主义的降临迟几个世纪。这种解释甚至可能使马克思主义者承认,革命的结局是不是一个社会主义社会,很大程度上依赖我们自身;也就是说,依赖我们的目标、忠实和真诚,以及我们的智慧,换言之,依赖道德的或"意识形态"的要素。他们补充道,马克思的预言是道德激励的一个巨大源泉,因此有可能推进社会主义的发展。马克思实际上试图表明的是,只存在两种可能性:要么是一个恐怖的世界将永远继续下去,要么是一个更美好的世界会最终出现;几乎不值得我们浪费时间去认真思考第一种选择。因此,马克思的预言完全获得了证实,因为较明白的人都懂得,他们能够达到第二种选择,较为肯定的是,他们能够实现从资本主义向社会主义的关键性飞跃,但却不能作出更明确的预言。

正是这一论证承认,不可还原的道德的和意识形态的要素对历史过程具有影响,随之承认,马克思主义的方法具有不适用性。至于这一论证试图捍卫马克思主义的那一部分,我们必须重申,谁也没有表明过,只存在"资本主义"和"社会主义"两种可能性。我十分赞同这一观点,即我们没有必要在思考一个很不满意的世界的永久构成上浪费时间。但是,选择既无须我们思考一个更美好世界的预言式的降临,也不需要靠宣传、其他非理性的手段,甚或是暴力帮助它诞生。例如,它可以是直接改进我们生存的世界的技术的发展,是零星的工程学、民主干预的方法的发展。马克思主义者自然会主张,这种干预是不可能的,因为历史不能依照改进世界的合理计划来创造。但是,这种理论具有一种十分奇怪的结果。因为,如果事物不能通过理性的运用来改进,而非理性的历史力量本身却又能够创造一个更美好和更合理的世界,那么它的确是一个历史的或政治的奇迹。

所以,我们又返回到这一立场,即在科学预言的范围内尚未落败的道德和其他意识形态的要素,对历史进程发挥了深远的影响。这类不可预测的要素之一,恰恰是社会工艺学和政治干预在经济事务中的影响。社会工艺学家和零星的工程学家可以设计新制度的建设,也可以设计旧制度的革新;他们甚至可以设计造成这些变化的方法和手段;然而历史并不因他们这样做,就变得更加可以预测。因为他们既不能设计社会整体,也不可能知道是否他们的设计能被实行;实际上,如果没有大的修改,它们几乎很难被实行,这部分是因为在建设期间我们的经验提高了,部分是因为我们必须妥协。因此,当马克思坚持"历史"不能在纸上设计时,他是非常正确的。但是,制度可以被设计;并且它们正在被设计。只有通过逐步的设计捍卫自由,尤其是免受剥削的各种制度,我们才能希望达到一个更美好的世界。

为表明马克思历史主义理论的实际的政治意义,我想通过评论其历史预言对近代欧洲历史所具有的效应,来证实这三章中每一章对其预言式论证的三个步骤所作的讨论。因为这些效应曾是深远的,在中欧和东欧,这要归因于两个马克思主义大党,即共产党和社会民主党所发挥的影响。

对这样一个社会革新的任务,这两个政党都完全没有准备。俄国共产党——它在权力的领域首次发现了自我——在前进中完全没有意识到所面临的严峻问题、巨大的牺牲和痛苦。中欧的社会民主党——它的时机来得晚一点——多年以来一直在逃避共产党如此乐意地让他们担负的责任。他们很正确地怀疑,是否除俄国人民(它受到沙皇专制的最残酷的压迫)之外,其他国家的人民没有谁能够经受革命、内战。以及起初常常是不成功的漫长时期所要求他们的痛苦和牺牲。而且,在从1918年到1926年的关键年代,俄国实验的结果呈现给他们的是那么不确定。诚然,肯定不存在评判其前景的基础。有人可能会说,中欧共产党和社会民主党的分裂是这些马克思主义者之间的分裂,他们一些人对俄国实验的成功抱有一种合理的信念,另一些人更有理由对它表示怀疑。当我说"不合理的"和"更有理由"时，我是用他们自身的标准，即用马克思主义评判他们。因为依照马克思主义，无产阶级革命应该是工业化的最终结果，而不是相反；它应该首先在高度工业化的国家发生，只是在很久以后才会在俄国发生。

然而，这一评论并不是要为社会民主党的领袖辩护，他们的政策完全是由马克思的预言、由他们对社会主义一定来临的绝对信仰决定的。但是在这些领袖那里，这一信仰却又时常与对其自身的直接职能和任务的怀疑。与对直接摆在面前的事情的失望结合在一起。他们从马克思主义学会了组织工人，并以对自身任务的真实美妙的信仰和人类的解放鼓舞他们。可是，他们对自己的前提的实现并没有准备。他们把教科书背得烂熟，他们深知"科学社会主义"的一切内容，他们懂得，为未来准备处方是不科学的乌托邦主义。马克思本人对孔德的一位追随者——他在《实证主义者评论》中批评马克思忽略了实践的纲领——不是进行了嘲弄吗？马克思轻蔑地说道："《实证主义者评论》一方面责备我形而上学地研究经济学，另一方面责备我——你们猜猜看！——只限于批判地分析既成的事实，而没有为未来的食堂开出调味单（孔德主义的吗）。"因此马克思主义的领袖们知道，最好不要在诸如技巧的问题上浪费时间。"全世界无产者，联合起来！"——这样尽无遗地论述了他们的实践的纲领。当他们国家的工人联合时，当有机会承担政府的责任和为一个更美好的世界奠定基础时，当他们的钟声敲响时，他们就让工人孤立无援。领袖们并不知道做什么。他们等待所允诺的资本主义的自杀。在经历不可避免的资本主义的崩溃之后，当事情彻底失败时，当一切都处于消融之中，失信和受辱的风险对他们本身大为减弱时，那时他们就希望成为人类的救星（诚然，我们必须记住这一事实，即共产党在俄国的成功之所以毫无疑问成为可能，部分是因为在他们夺取政权之前，利用了已经发生的恐怖)。然而,当大萧条——他们首先把它作为允诺的崩溃来欢迎——正在继续时,他们开始明白,工人不断厌倦以历史的解释来灌输和欺骗;这并不足以告诉他们,依照马克思的一贯正确的科学社会主义,法西斯主义一定是资本主义在即将发生的崩溃之前的最后一站。领袖们逐渐开始明白了这种等待和期望大的政治奇迹的政策的可怕后果。可是这已为时晚矣。他们的时机已经丧失。

这些评论是非常粗略的。然而,它们对马克思社会主义来临的预言的实际后果,却提供了一些启示。

四、论马克思主义

（一）论历史唯物主义

看到马克思被这样描述为一切心理学的社会理论的反对者，很可能会令一些马克思主义者和反马克思主义者感到惊讶。他们认为，马克思早就教导说，经济动机在人的生活中有着广泛的影响；通过指明"人的难以抑制的需要是获得生存的工具"，马克思成功地解释了经济动机的无比强大的威力。因为他证明，诸如利润动机或阶级利益的动机的范畴，不仅对个人的行动，而且也对社会集团的行动，具有基本的重要性；他也指明了如何把这些范畴用来解释历史的过程。诚然，他们认为，马克思主义的本质表现在这一理论上，即认为经济动机成其是阶级利益是历史的推动力，"历史的唯物主义解释"或"历史唯物主义"的名称——一个马克思和恩格斯试图借以概括其教导的本质的名称——所暗含的恰恰是这一理论。

这类观点是极其普通的；但是我毫不怀疑，他们曲解了马克思。那些赞美马克思持有这类观点的人，我称之为庸俗马克思主义者（马克思曾用"庸俗经济学家"这一名称暗指某些他的反对者）。惯常的庸俗马克思主义者认为，马克思通过揭示贪婪和贪求物利的隐秘动机，让社会生活的邪恶的秘密暴露出来，这种隐秘动机驱使着隐藏在历史的舞台背后的各种力量,为满足自身追求利润的卑鄙欲望,狡诈地和有意识地在广大群众之中制造战争、萧条、失业、饥荒以及其他形形色色的社会苦难(庸俗马克思主义有时也严肃地关注把马克思的主张和弗洛伊德、阿德勒等的主张调和起来的问题;如果他没有从中选择一种的话,他也许认定,饥荒、爱和贪求权力是马克思、弗洛伊德和阿德勒这三位现代人的哲学的伟大创造者所揭示的人类本性中三大隐秘的动机……)。

无论这类观点是否具有持久性和吸引力,它们似乎与马克思称之为"历史唯物主义"的理论根本就没有什么关系。应该承认,马克思有时也谈论诸如贪婪和利润动机等心理学的现象,但却从不是为了解释历史。毋宁说他是把它们解释为社会体系——一种在历史过程中发展起来的由各种制度构成的体系——的腐化影响的征兆,解释为腐化的结果而不是其原因;解释为历史的反应而不是其推动力。无论正确与否,他发现,在广大群众中,诸如战争、萧条和饥荒等现象,都不是出自"大企业"或"帝国主义战争贩子"的狡诈诡计的结果,而是各种行为的不必要的社会后果,是由系身于社会体系之网络的行为者导引的不同结果。马克思把历史舞台上的人间演员(包括所谓"大"人物)都看作是被经济线路——被他们无法驾驭的历史力量——不可抗拒地推动着的木偶。他教导说,历史的舞台被设置在"必然王国"之中(但是总有一天,这些木偶会摧毁这个体系,并赢得"自由王国")。

马克思学说中的这一理论已经被他的大多数追随者放弃——也许是出于宣传方面的理由,也许是因为他们并不理解他——一种庸俗马克思主义的密谋理论已经广泛地取代了独创的、原初的马克思的理论。这是一种可悲的理智上的堕落,这种堕落从《资本论》降到了《二十世纪的神话》的水平。

然而,通常被称作"历史唯物主义"的,才是马克思本人的历史哲学。它构成了这几章的主题。在现在这章中,我将提纲挈领地解释一下它对"唯物论"或经济因素的强调;之后我再更详细地讨论阶级战争和阶级利益的作用,以及马克思主义的"社会体系"观。

对马克思经济的历史主义的说明,可以很便利地与我们对马克思和穆勒所做的比较联系起来。马克思和穆勒一样坚信,社会现象应该从历史方面获得解释,我们应该尝试将一切历史时期理解为先前发展的历史产物,正如我们所看到的,他与穆勒的分歧点在于穆勒的心理主义(与黑格尔的唯心主义相对应)。在马克思的教导中,这种心理主义已被他称为唯物主义的东西所取代。

人们关于马克思的唯物论所谈的许多内容,都是根本站不住脚的。经常被重复的一种主张是,马克思并不承认超乎人类生活的"较低等的"或"物质的"方面之外的任何东西,这是一种特别荒谬的曲解(这只不过是重弹另一种老调,即认为大多数古代箴言,例如赫拉克利特的"他们像野兽一样只知道填饱肚子"的箴言,都是对自由的捍卫者的反动诽谤)。然而,在这个意义上,马克思根本不能被称作一位唯物主义者,即使他受到18世纪法国唯物主义者的强烈影响,即使通常把自己称作一位唯物主义者,而唯物主义者的主张又与他的许多理论相一致。因为在马克思那里,有许多文字很难能够被解释为唯物主义的。我认为,真实的情况是,例如,他并不像恩格斯或者列宁那样,关心纯哲学的问题,他所感兴趣的主要是问题的社会学方面和方法论方面。

在《资本论》中有一段著名的话,马克思在那里说:"在他(指黑格尔——引者)那里,辩证法是倒立着的……必须把它倒过来。"它的倾向是明显的。马克思试图表明,"头脑",即人的思维本身,并不是人类生活的基础,而不过是一种建立在物质基础之上的上层建筑。一种类似的倾向也在这段话中获得表达:"观念的东西不外是移入人的头脑并在人的头脑中改造过的物质的东西而已。"但是,人们也许并不充分认可，这几段话不仅没有展示一种唯物主义的激进形式；相反，它们指示了一种身心二元论的肯定倾向。也可以这样说，马克思的哲学是一种实践的二元论。虽然精神在理论上对马克思说来，显然只是物质的另一种形式（或者另一个方面，或许是一种派生现象），但在实际上，它与物质是不同的，因为它是物质的另一种形式。上述援引的文字指明，虽然正如曾经有过的情形那样，我们的双脚必须站在物质世界的牢固的基础之上，我们的头脑——马克思认真思考的人的头脑——却只关心思想或观念。依我看来，除非我们认可这种二元论，否则马克思主义及其影响就不好评价。

马克思热爱自由，热爱真正的自由（不是黑格尔的"真正的自由"）。这是就我所能认清他遵循着黑格尔的自由与精神相伴随的著名公式而言，是就他相信我们只有作为精神存在才是自由的而言。同时，他实际上承认（作为一名实践的二元论者），我们既是精神，同时又是肉体，更现实点说，肉体是这两者的基础。这就是他为什么转而反对黑格尔，以及为什么他说黑格尔把事情颠倒了。然而，虽然他承认物质世界及其必然性是基本的，他并不感到"必然王国"有什么可爱，因为他称之为一个受物质需求束缚的社会。正如一切基督教的二元论一样，他非常珍爱精神方面；在他的著作中，甚至有不少憎恶和鄙视物质的迹象。接下来的论述将表明，对马克思的观点的这种解释可以获得他自己的文本的支持。

在《资本论》第 3 卷的一段话中，马克思十分聪明地把社会生活的物质方面，尤其是把它的经济方面，即生产和消费方面，描述为人类新陈代谢的一种扩大，即人同自然界的物质交换的扩大。他明确地表述，我们的自由必须总是受到这种新陈代谢的必然性的限制。他说，一切在促使我们变得更加自由方面所能够取得的成就，都是"合理地调节他们和自然之间的物质变换……靠消耗最小的力量，在最无愧于和最适合于他们的人类本性的条件下来进行这种物质变换。但是不管怎样,这个领域始终是一个必然王国。在这个必然王国的彼岸,作为目的本身的人类能力的发展,真正的自由王国就开始了。但是,这个自由王国只有建立在必需和外在目的规定要做的劳动终止的地方才开始;因而按照事物的本性来说,它存在于真正物质生产领域的彼岸"。他通过得出一个实际结论结束了这整个一段话,这一结论清楚地表明,他的唯一目的同样是为一切人开辟通往非唯物论的自由王国的道路:"工作日的缩短是根本条件。"

我认为,这段话并没有为我称之为马克思的实践生活观的二元论留下问题。与黑格尔一样,他认为自由是历史发展的目的。与黑格尔一样,他将自由王国等同于人的精神生活的王国。但是他承认,我们不是纯粹的精神存在;我们既不是完全自由的,也不能获得完全的自由,因为我们总是不能使自身彻底从新陈代谢的必然王国中,因而从生产的罗网中解放出来。我们所能取得的一切成就,只是改善令人精疲力竭的、有损于人的尊严的劳动环境,使它们更适宜于使人平等,并把苦役减小至这一程度,使我们大家都能够自由支配我们生命中的某一部分。我认为,这就是马克思的"生活观"的核心观念;我认为就其在马克思的理论中似乎最具有影响而言,也是很重要的。

现在,我们必须将这一观点与上述讨论的方法的决定论(见第13章)结合起来。依照这一理论,对社会的科学探讨,以及科学的历史预测,只是就社会是由它的过去来决定而言,才是可能的。然而这意味着,科学只能研究必然王国。如果人真能够变得拥有完全的自由,那么,历史的预言,随之而来还有社会科学,就都会完结。诸如此类的"自由的"精神活动,如果它存在的话,就只存在于科学研究的彼岸,因为它必须永远是寻求原因、寻求决定因素。因此,只是我们的思想和观念是由"必然王国"、物质,尤其是我们生活的经济条件和我们的新陈代谢所引起、决定或必需而言,它才能研究我们的精神生活,只是借助于一方面对它们所派生的物质条件,即派生它们的人所生活的经济条件的思考,另一方面对它们被采纳的物质条件,即选择它们的人的经济条件的思考,思想和观点才能够从科学上获得探讨。因此,从科学的或因果律的观点看,思想和观念应该作为"建立在经济条件基础之上的意识形态的上层建筑"来探讨。与黑格尔相反,马克思认为,历史的线索,甚至观念史的线索,应该在人与他的自然环境、物质世界的关系的发展中去寻找;也就是说,在他的经济生活中,而不是在他的精神生活中去找。这就是为什么我们把马克思的历史主义的印记,描述为与黑格尔的唯心主义或与穆勒的心理主义相对立的经济主义。但是,如果我们把马克思的经济主义等同于那种意味着对人的精神生活采取一种蔑视态度的唯物主义,这表明是一种完全的误解。马克思对"自由王国",即对人从物质自然界的束缚中获得局部的但却公平的解放的看法,毋宁可以被描述为唯心主义的。

这样来考虑的话,马克思的生活观似乎是很连贯的;我认为,在它对人类活动的部分是决定论的、部分是自由主义的看法中,已被发现的这类明显的矛盾和困难,就消失了。

从马克思的历史观来看,它具有我所称作的二元论和科学决定论的色彩是显然的。科学的历史——马克思认为它与作为整体的科学是一致的——应该探索人据以与自然界进行物质交换的各种规律。其中心任务应该是解释生产条件的发展。社会关系只有同它们与之密切相关的生产过程的程度相适应,才具有历史的和科学的意义;这种生产过程或者影响它,或者受它的影响。"像野蛮人为了满足自己的需要,为了维持和再生产自己的生命,必须与自然进行斗争一样,文明人也必须这样做;而且在一切社会形态中,在一切可能的生产方式中,他都必须这样做。这个自然必然性的王国会随着人的发展而扩大,因为需要会扩大;但是,满足这样需要的生产力同时也会扩大。"总之,这就是马克思的人的历史观。

类似观点也由恩格斯表达过。在恩格斯看来,现代生产资料的扩大"不仅可能保证一切社会成员有富足的和一天比一天充裕的物质生活，而且还可能保证他们的体力和智力获得充分的自由的发展和运用，这种可能性现在第一次出现了……"随之而来，自由成为可能，即能够从自身中解放出来。"于是，人在一定意义上才最终地脱离了动物界，从动物的生存条件进入真正人的生存条件。"就人还在受经济支配而言，严格说来他还处于桎梏之中。当"产品对生产者的统治也随之消除……人们第一次成为自然界的自觉的和真正的主人，因为他们已经成为自身的社会结合的主人……只是从这时起，人们才完全自觉地自己创造自己的历史……这是人类从必然王国进入自由王国的飞跃"。

如果我们现在重新将马克思的历史主义观点与穆勒的观点进行比较，那么，我们就会发现，马克思的经济主义能够很容易解决我所指明的穆勒的心理主义面临的致命困难，我记住了这种能够用经济的优先性去取代心理学观点的理论。这种观点在马克思的理论中找不到对应物。用经济的优先性去取代心理学的优先性，绝不会造成类似困难，因为"经济"包含了人的新陈代谢、人与自然界的物质交换。即使在人类之前的时代，这种新陈代谢是否一直从社会上被组织起来……除了社会的科学应该与社会的经济条件——马克思通常称作"生产条件"——的发展史相符合这点之外，他没有假定更多的东西。

值得注意的是，在插入语中，"生产"这一马克思主义的术语，是在广义上被使用的，它涵盖了包括分配和消费在内的整个经济过程。然而，后面这些从未引起过马克思和马克思主义者的过多关注。他们的主要兴趣仍是该词的狭义上的生产。这恰好构成朴素的历史的一生成的态度的又一例证，构成信奉科学只应该寻求原因的又一例证，这种信仰认为，即使在人造事物的领域中，科学也只应该问："是谁创造了它？""它是由什么构造的？"而不是问："谁将使用它？"

"制造它用什么?"

如果我们现在继续对马克思的"历史唯物主义",或者对它获得深入描述的如此丰富的内容,作出批判和评价,那么,我们应该区分两个不同的方面。第一方面是历史主义,主张社会科学的领域应该和历史的或进化论的方法相一致,尤其是和历史相一致。我认为,这种主张应该消除。第二个方面是经济主义(或"唯物主义"),即主张社会的经济组织、我们与自然界进行物质交换的组织,对一切社会制度,尤其是对它们的历史发展而言,是基本的。我认为,这种主张是很正确的,只要我们是在通常含混的意义上对待"基本的"这一术语,而不是过分地强调它的话。换言之,根本无须怀疑,实际上一切社会研究,无论是制度研究还是历史研究,如果它们是以一种关注社会的"经济条件"的眼光进行的话,都可以是有益的,甚至一门诸如数学之类的抽象科学的历史也不例外。在这个意义上,马克思的经济主义在社会科学的方法上,可以说是代表了一种极其有价值的进步。

但是,如我在前面所说的,我们不应该过于认真对待"基本的"这一术语。马克思本人无疑是这样做的。由于他所受的黑格尔式的教养,马克思受到"实在"与"表象"的古典的区分,以及"本质"和"非本质的"相应区分的影响。他倾向于在"实在"与物质世界(包括人的新陈代谢)的同一中,在"表象"与思想或观念的世界的同一中,揭示他自己对黑格尔(和康德)的改造。所以,一切思想和观念都必然通过将它们还原为基础的本质实在,即还原为经济条件,才能获得解释。这种哲学观点当然并不比一切其他形式的本质主义好多少。它在方法论领域中的反应,必然引起一种对经济主义的过分强调。因为,尽管马克思的经济主义的普遍重要性可能几乎不被估计过高,但在一切特定的情境中,对经济条件的重要性估计过高是很容易的。例如,某些经济条件的知识不少对数学问题的历史有帮助,但是，对该目的而言，数学问题的知识本身则更为重要；甚至根本无须涉及它们的"经济背景"，也能够写出一部优秀的数学问题史（在我看来，科学的"经济条件"或"社会关系"，本身就是论题，它既容易被做过头，也易于沦为陈词滥调）。

然而，这仅仅是过分强调经济主义所面临的危险性的一个小小事例。经济主义经常一扫无遗地被人解释为这一种理论，即认为一切社会发展都依赖经济条件的发展，尤其依赖生产的物质手段的发展。可是这种理论显而易见是错误的。在经济条件和观念之间存在一种互动，但后者并不是简单地单方面依赖前者。如果可能的话，我甚至会断言，正如从下述思考中可以看到的，一定的"观念"——那些构成我们的知识的观念——比生产的较为复杂的物质手段更基本。试想某一天，如果我们的经济体系（包括全部的机器设备和社会组织）被毁灭了，但是科学技术方面的知识却还能保存下来。在这个例子中，它要获得重建（在一种较小的范围内，经过无数人饿死之后），可想而知用不了多少时间。然而，试想有关这些事物的一切知识都消失了，而这些物质的东西却保存着。这好比是一个野蛮的部落占据了一个高度工业化却又废弃了的国家所发生的情形。它很快就会导致文明的物质遗迹的完全消失。

具有讽刺意味的是，马克思主义的历史本身提供了一个实例，清楚地证明这种言过其实的经济是站不住脚的。直至俄国革命前夕，马克思的"全世界无产者联合起来"的思想都具有极其重大的意义，对经济条件发生了影响。但是随着革命的发生，情况却变得十分困难，主要是因为，正如列宁本人所承认的，没有了进一步建设性的观念（参见第13章）。因而提出了一些新观念，它可以扼要地以这句口号来概括："社会主义就是无产阶级专政加上广泛引进最现代的电气设备。"这种新观念成为一种发展的基础，该发展改变了六分之一世界的整个经济和物质的背景。在反对巨大差别的斗争中，无数物质困难被克服，无数的物质牺牲被付出，为的是改变，或者毋宁说是从空白中建立生产的条件。这种发展的驱动力是对一种观念的热情。这个事例表明，在一定的条件下，观念可以使一个国家的经济条件发生革命性的变革，而不是这些条件形成观念。用马克思的术语讲，我们可以说，他低估了自由王国的力量，低估了它征服必然王国的机遇。

俄国革命的发展和马克思的经济现实的形而上学的理论及其意识形态的表现之间所形成的强烈反差，可以最清楚地从下述一段话中看出，"在考察这些变革时，"马克思写道，"必须时刻把下面两者区别开来：一种是生产经济条件方面所发生的物质的、可以用自然科学的精确性指明的变革，一种是……法律的、政治的、宗教的、艺术的和哲学的，简言之，意识形态的形式。"在马克思看来，期望通过运用法律和政治的手段实现一切变革，是徒劳的；一场政治革命只能导致一批统治者让位给另一批统治者——一种纯粹的扮演统治者的个人的交换。唯有基本的本质和经济现实的进化，才能产生一切根本的或真正的变化——社会革命。唯有当这种社会革命成为一种现实，唯有那时，政治革命才具有任何意义。然而，即使在这种情况下，政治革命只不过是先前发生的或真正的变革的外在表现。依据这一理论，马克思断言，每次社会革命都是以下述方式发展的。生产的物质条件成长和成熟起来，直至它们开始与社会和法律的关系发生冲突，它们就像衣服那样再也撑不下，直至炸裂。"那时社会革命的时代就到来了，"马克思写道，"随着经济基础的变更，全部庞大的上层建筑也或慢或快地发生变革……而新的更高的生产关系"（在上层建筑内部）"在它的物质存在条件在旧社会的胎胞里成熟以前，是绝不会出现的。"我认为，从这一陈述可以看出，不能把俄国革命与马克思所预言的社会革命等同起来；实际上，俄国革命无论如何都与它没有相似性。

值得注意的是，在这一点上，马克思的朋友、诗人 H. 海涅，对这类问题作了完全不同的思考。他写道："记住吧，你这骄傲的行动者"，"你不过是思想家的不自觉工具，他经常在谦卑的隐退之中，命令你去执行无法规避的任务。罗伯斯庇尔只不过是卢梭的手而已……"我们看到，用马克思的话讲，海涅是一位唯心主义者，他把自己对历史的唯心主义解释应到法国革命。这是马克思用来支持其经济主义的最重要的事例之一，而这一事例似乎并不怎么适合于这个理论——尤其是如果我们现在要将它与俄国革命进行比较的话。然而，尽管有这种异端，海涅仍然是马克思的朋友；因为在那些幸福的日子里，在那些为开放的社会而斗争的人之中，因异端而放逐仍不十分普遍，容忍仍被容忍着。

我对马克思的历史唯物主义的批评，当然不应该解释为，它表达了我对黑格尔的"唯心主义"比对马克思的"唯物主义"有任何偏好；我希望我已经澄清，在这场唯心主义与唯物主义的冲突中，我同情的是马克思。我所试图表明是，马克思"对历史唯物主义的解释"，也许有它的价值，但是不应该过于认真对待；我们不过应当把它看作一种最有价值的揭示，它向我们表明，考虑事情必须照顾到它们与经济背景的关系。

（二）论阶级战争

在马克思关于"历史唯物主义"的各种不同的阐述中，他（和恩格斯）的一个陈述占有重要地位："至今一切社会的历史都是阶级斗争的历史。"这一陈述的倾向很明确。它意味着，历史是由阶级战争而非民族战争推动，人的命运是由阶级战争而非民族战争决定（与黑格尔和大多数历史学家的观点相反）。在对历史发展（包括民族战争在内）的因果性解释中，阶级利益应该取代所谓的民族利益，后者实际上只是民族的统治阶级的利益。但是，除此之外，阶级斗争和阶段利益还能够解释一些传统史学一般不想尝试的现象。在这类现象中，一个对马克思主义理论无比重要的事例，是生产率不断增长的历史趋势。即使传统史学也许会记录这种趋势，但它用军事力量的基本范畴根本不能够解释这一现象。然而，在马克思看来，阶级利益和阶级战争却能够完全解释它；诚然，《资本论》的很大一部分都在分析这一机制，在马克思所说的"资本主义"时期，生产率的增长是由那些力量借助这一机制实现的。

阶级战争的理论是如何与上面讨论过的制度主义的社会学自主性理论联系起来的呢？乍看起来，似乎这两种理论处于公开的冲突之中，因为在阶级战争的理论中，基本的角色是由阶级利益所扮演的，它明显是一种动机。但是我并不认为，在马克思的这部分理论中，存在任何严重的不一致性。我甚至认为，没有谁理解马克思，尤其是不理解他反对心理主义的主要成就，马克思并不认为心理主义能够与阶级斗争的理论相调和。我们无须像庸俗马克思主义者那样假定，阶级利益应该从心理学上获得解释。在马克思本人的著作中，可能就有几段话具有一点庸俗马克思主义的味道。然而，无论他在哪里严肃使用任何阶级利益之类的词句，在自主性社会学的领域之内，马克思一直是意指一件事物，而不意指一种心理学范畴。他一直是意指一件事物、一种情形，而不是意指一种精神状态、一种思想或一种对某件事物感兴趣的情感。对一个阶级有益的，只不过是这种事物、这种社会制度或情形。一个阶级的利益只不过是推动其力量和繁荣的一切。

马克思认为，阶级利益在这种制度的或者"客观的"意义上（如果我们可以这样说的话），对人的精神产生了决定性的影响。用黑格尔的行话，我们可以说，某个阶级的客观利益在其成员的主观精神中变得自觉起来；它促使他们具有阶级旨趣和阶级觉悟，促使他们遵之而行动。在我所援引的格言中（第14章开头），马克思这样描述过阶级利益作为一种制度的或客观的社会情形，以及它对人的精神的影响:"不是人们的意识决定人们的存在,相反,是人们的社会存在决定人们的意识。"我们只需给这句格言补充一个评论,即更准确地说,马克思主义认为,人的意识是由人在社会中所处的地位和阶级境况决定的。马克思多次提示过,这种过程是如何发生的。正如我们在上一章中从他那里获悉的,只有我们能够从生产解放自身,我们才是自由的。然而现在我们必须明白,在迄今为止的一切现存社会中,我们甚至在这一领域也是不自由的。他问道,我们如何才能够从生产过程中解放自身呢?唯有迫使他人替我们从事肮脏的工作。因此,我们被迫把他们用作实现目的的手段;我们必须贬低他们。只有以奴役他人为代价,通过将人类分裂为阶级,我们才能购买更大程度的自由;统治阶级获得自由,是以牺牲被统治阶级和奴隶为代价的。然而,这一事实具有一种后果,即统治阶级的成员必须为自身的自由付出新的奴役的代价。如果他们想维护自身的自由和地位,就必须要压迫被统治者并与他们斗争;由于他们不这样就不再属于统治阶级,他们只能如此。因此,统治者是由他们的阶级境况决定的;他们不能摆脱自己与被统治者所处的社会关系;由于他们要受到社会的新陈代谢的制约,也受到被统治者的制约。因此,无论是统治者还是被统治者,全都陷入罗网之中,被迫相互斗争。马克思认为,把统治者和被统治者的斗争引到科学方法的研究和科学的历史预言的研究之中来的,正是这种制约、这种决定;它使科学地研究社会的历史同阶级斗争的历史一样成为可能。这张阶级所陷入和被迫彼此进行斗争的社会罗网,就是马克思主义所谓的社会的经济结构或社会体系。

依据这一理论,社会体系或阶级体系是随着生产条件的变化而变化的,因为统治者借以剥削和斗争被统治者的方式依赖这些条件。任何一种特殊的社会体系都是与某个特殊的经济发展时期相适应的;每一个历史时期的特征都可以由其社会的阶级体系来表现;这就是为什么我们谈论"封建主义""资本主义"等的原因。"手推磨,"马克思写道,"产生的是封建主义的社会,蒸汽磨产生的是工业资本家的社会。"赋予社会体系以一定特征的阶级关系是不依赖单个人的意志的。因此,社会体系很像一架庞大的机器,个人被身系其中和碾碎。"人们在自己生活的社会生产中,"马克思写道,"发生一定的、必然的、不以他们的意志为转移的关系,即同他们的物质生产力的一定发展阶段相适合的生产关系。这些生产关系的总和构成社会的经济结构",即社会体系。

虽然这种社会体系有自身的逻辑,它的运行却是盲目的和不合理的。那些系身于这架机器的人,一般说来也是盲目的或者说是近乎如此。他们甚至不能预见自己行为的一些最重要的反应。一个人有可能令许多人得不到某种广泛适用的物品;他也可能恰好买了一件不值钱的东西,从而在关键时刻避免了价格的微跌。另一个人可能心地善良地把财富分配掉,有助于阶级斗争的减弱,但也可能因此造成被压迫者延缓获得解放。由于不能预见我们行为的更遥远的社会反应,由于我们每个人都系身于这一网络,我们不可能认真尝试对付它。我们显然不能够从外部影响它;但是如果像我们现在这样盲目的话,我们甚至也不能够为从内部对它进行改造而作出任何计划。社会工程学是不可能的,因此社会工艺学也是无用的。我们不能把自己的阶级利益强加给社会体系;相反,社会体系却把令我们信以为自己的利益强加给我们。它通过强迫我们依据自己的阶级利益去行动,就能做到这点。谴责不公正,谴责社会环境的不道德,并因之而对个人,即使是对个体的"资产阶级"或"资本家"进行惩罚,也是徒劳的,因为迫使资产阶级这样做的是环境体系。希望环境可以通过改造人而获得改造,也是徒劳的;相反,如果人所生活的体系优良的话,他们也会变得更好。马克思在《资本论》中写道:"资本家只有作为人格化的资本,他才有历史的价值……但既然这样,他的动机,也就不是使用价值和享受,而是交换价值和交换价值的增值了。"(他的真实的历史任务)"作为价值增值的狂热追求者,他肆无忌惮地迫使人类去为生产而生产……他同货币贮藏者一样,具有绝对的致富欲。但是,在货币贮藏者那里表现为个人的狂热的事情,在资本家那里却表现为社会机制的作用,而资本家不过是这个社会机制中的一个主动轮罢了……而竞争使资本主义生产方式的内在规律作为外在的强制规律支配着每一个资本家。竞争迫使他不断扩大自己的资本来维持自己的资本……"

在马克思看来,这就是社会体系借以决定个人行为的方式;无论这些个人是统治者,还是被统治者,是资产阶级或资本家,还是无产者。它成了上述所谓"社会境况的逻辑"的一个例证。正如马克思以黑格尔式的风格所表述的,在很大程度上,资本家的一切行为只是一种"通过他才有了意志和意识的资本的职能"。然而,这只不过意味着,社会体系也决定了资本家的思想;因为思想或观念在一定程度上是行动的工具,也即如果它们获得公开表达的话,它们在一定程度上也是一种重要的社会行动;因为在这种情况下,它们直接是以影响社会的其他成员的行动为目的。这样,通过决定人的思想,社会体系尤其是阶级的"客观利益"就在其成员的主观精神中成了自觉的意识(正如我们前面以黑格尔的行话所言)。阶级斗争和同一阶级的成员之间的竞争都是实现这一过程的手段。

根据马克思的观点,我们已经揭示,为什么说社会工程学和社会工艺学最终是不可能的;这是因为,依赖的因果之链使我们受制于社会体系,而不是相反。但是,虽然我们不能随心所欲地改变社会体系,资产阶级和工人却注定有助于它的变革,有助于我们最终从社会体系的羁绊中获得解放。通过驱使"人类去为生产而生产""资本家迫使他们去发展社会生产力,去创造生产的物质条件;而只有这样的条件,才能为一个更高级的、以每个人的全面而自由的发展为基本原则的社会形式建立现实基础"。就这样,即使是资产阶级的成员,也必须在历史的舞台上扮演自己的角色,推动社会主义的最终来临。

从随后的论证来看,对通常译为"有阶级意识的"和"阶级意识"的马克思主义术语,在此有必要附带作一点语言学的评论。首先,这些术语表明了上述分析的过程的结果,由此客观的阶级境况(阶级利益和阶级斗争)在其成员的心中有了意识,或者用一种完全摆脱黑格尔的语言来表述同一思想,可以说成由此阶级的成员意识到自己的阶级境况。有了阶级意识,他们不仅知道自己的地位,而且也知道自己的真正的阶级利益。但是除此之外,马克思所用的这个原初的德语词汇还揭示,翻译中通常遗漏了某种含义。这个术语来源于并暗示着一个普通的德语词汇,该词汇已经成为黑格尔行话的组成部分。虽然可以把它直译为"自我意识",但是该词汇即使在通常的用法上,也具有意识到自身的价值和权力的意思,即即具有为自身感到骄傲、完全肯定自身,甚至是自我满足的意思。因此,译成"有阶级意识的"一词,在德语中不只是意味着此,毋宁说意味着"肯定自己的阶级或为自己的阶级骄傲",以及通过需要团结的意识来制约它的意思。这就是为什么马克思和马克思主义者几乎专门只把它用于工人阶级,而很少用于"资产阶级"。具有阶级意识的无产阶级亦指的是这一种工人,他不仅意识到自己的阶级境况,而且也为阶级而骄傲,充分有自身阶级的历史使命,并坚信自己的坚强斗争能够创造一个更美好的世界。

工人阶级如何知道这一定会发生呢?因为有了阶级意识,他们必然成了马克思主义者。马克思主义的理论及其对社会主义来临的预言,本身就是历史过程的组成部分,由此阶级境况"变成了意识",并使他本身在工人阶级的精神中获得确立。

我对马克思阶级理论(就其强调历史主义)的批评,遵循了上一章所采取的路线。"一切社会的历史都是阶级斗争的历史"的公式之所以有价值,在于它提示我们应该注意阶级斗争在权力斗争和其他发展中所扮演的重要角色。由于柏拉图对阶级斗争在希腊城邦历史上所扮演角色的卓越分析，在往后时代几乎不被采纳，这一提示就显得更有价值。然而，我们当然不应该重新过于认真地对待马克思的"一切"一词。如果考虑到阶级内部本身的问题所扮演的重要角色，即使是阶级问题的历史也不都是马克思主义意义上的阶级斗争的历史。诚然，在统治阶级和被统治阶级中，利益的歧异发展得如此严重，以致马克思的阶级理论应该被视为一种危险的过分简化，只要我们承认富人和穷人的问题一直具有基本的重要性的话。中世纪历史上的伟大主题之一——教皇和国王之间的斗争——就是统治阶级内部发生间离的一个实例。把这种争执解释成剥削者和被剥削者之间的争执，显然是错误的（当然，我们可以拓宽马克思的"阶级"概念，以便它能够涵盖这种类似的情况，同时再缩小"历史"概念，直至最终马克思的理论成为琐碎的真正——一种十足的同义反复；然而，这会使它丧失一切意义）。

马克思公式的危险性之一是，如果过于认真地对待它，就有可能误导马克思主义者把所有的政治冲突，都解释成剥削者和被剥削者之间的斗争（或者解释成有人试图掩盖"真实的问题"，掩盖基本的阶级冲突的结果是，有许多马克思主义者尤其是德国的马克思主义者，把第一次世界大战之类的战争，解释成革命者或"没有掌握"核动权力的人和保守分子联盟或"拥有"国家的人之间的战争——一种可以被用来为任何侵略作辩护的解释）。这只是马克思的无所不包的历史主义抽象中隐含着危险性的一个实例。

另外，马克思试图用所谓"阶级境况的逻辑"来解释工业体系的制度运行，尽管有一定的夸张成分，也忽视了这种境况的某些重要方面，在我看来还是令人钦佩的；至少他对工业体系的那个阶级所作的社会学分析，是令人钦佩的，马克思所着重思考的工业体系，是一百多年以前的"无约束的资本主义"（我将这样称呼它）的体系。

（三）论法律和社会体系

我们现在准备探讨马克思主义的分析和批判中可能是最关键的论点，这就是马克思的国家观，以及（对某些人可能是自相矛盾的）一切政治都是无能的观点。

马克思的国家理论可以通过将上述两章结合起来加以描述。在马克思看来，法律或司法行政体系——由国家强制的法律制度体系——必须被理解为建立在经济体系的现实生产力基础之上，并反映这种生产力的上层建筑。当然，这并不是经济或物质的现实以及与之相适应的阶级关系在意识形态和观念的世界中呈现自己的唯一方式。在马克思看来，这种上层建筑的另一个事例，是占优势的道德体系。与法律体系相反，道德体系不是国家政权强制的，而是受统治阶级所创造和控制的意识形态制约。这种区别大致上是一种说服和强制的区别（正如柏拉图所说的）；动用强制的是国家、法律或行政体系。正如恩格斯所指出的，它是统治者强加给被统治者的一种"镇压的特殊力量"。《共产党宣言》也说："是一个阶级用以压迫另一个阶级的有组织的暴力。"列宁提供了一种类似的描述："在马克思看来，国家是阶级统治的机关，是一个阶级压迫另一个阶级的机关，是建立一种'秩序'来抑制阶级冲突，使这种压迫合法化、固定化。"总之，国家正是统治阶级从事斗争的机器的组成部分。

在继续展开这种国家观的结果之前，应该指出，它在某些方面是制度主义的理论，而在另一些方面又是本质主义的理论。就马克思试图弄清法律制度在社会生活中所具有实际功能而言，它是制度主义的。然而，就马克思既不探讨这些制度可能适用的（或者被适用的）丰富目标，也不揭示为使国家适用于这些目标——马克思本人也许认为这些目标是称心的——应该做何种必要的制度改革而言，它是本质主义的。马克思并没有提出国家、法律制度或运行着的政府应该具有什么职能的要求或方案，而是问："何谓国家？"也就是说，他试图发现法律制度的本质的功能。前面已经指明，这种典型的本质主义的问题很难以一种令人满意的方式回答；然而，这个问题无疑将马克思的本质主义的研究和形而上学的研究联系在一起，后者将观念和规范的领域解释为经济现实的表现。

这个理论的结果如何呢？其最重要的结果是，一切政治、一切法律和行政的制度，以及一切政治斗争，从不具有基本的重要性。政治都是无能的。它们从不能根本改变经济现实。一切开明的政治活动的主要的（如果不是唯一的）任务是要弄清，司法的——行政的幕后的改变，能否与社会现实中，也即生产方式和阶级间的关系中的变化步调一致，这样，如果能够避免政治滞后于这些发展，这种困难就肯定产生。或者换言之，任何一种政治发展既然都是肤浅的、不受深层次的社会体系的现实制约的，在这种情况下，它们势必不具有重要性，并且永远不能真正帮助被压迫者和被剥削者。否则，政治发展只能反映经济背景和阶级境况中的变化，在这种情况下，它们具有火山爆发和或许能够预见的全面革命的特征，由于它们产生于社会体系，因而它们的残暴可以被爆炸性的力量的抵抗所减缓，但是这种革命性的政治发展既不是由政治行动所引起，也不能够被政治行动所压制。

这些结果再一次表明马克思的历史主义的思想体系的统一性。然而试想一下，很少有哪种运动像马克思主义一样能够激励政治行动的兴趣，那么这种政治基本上是无能的理论主张在某种程度上就显然自相矛盾（当然，马克思主义者也许认为，这种评论受到两种论证中任何一种的赞同。一种论证是，在所有陈述的理论中，政治行动有其功能；因为，即使工人的政党不能通过这种行动来改进大批的被剥削的劳苦大众，它的战斗可以唤醒阶级意识，从而为革命做准备。这恐怕是激进派的论证。另一种论证为温和派所用，即认为，可以存在不同的历史时期，其中政治行动可能是直接有帮助的；即存在这样一些时期，其中两大对立的阶级的力量近乎达到平衡。在这种时期中，政治努力和能量在实现工人的十分重要的改进方面可能很关键——显然，如果不明白这点，因而不寻找问题的根源，第二种论证就牺牲了这一理论的某些基本的立场）。

值得注意的是，依照马克思主义的理论，只要工人的政党继续扮演指定的角色，并强烈地坚持工人的主张，该党是几乎不会犯任何重大的政治错误的。因为政治错误实际上不能影响现实的阶级境况，甚至影响不了其他任何事物最终依赖的经济现实。

这个理论的另一个重要结果是，从原则上看，一切政府，即使是民主的政府，都不过是统治阶级对被统治阶级的一种专政。《共产党宣言》说："它不过是管理整个资产阶级的共同事务的委员会罢了。"依照这种理论，我们所谓的民主，在特定的历史境况下只不过碰巧是阶级专政的最方便的形式（这种理论并不符合上面提到的温和派的阶级平衡理论）。在资本主义条件下，国家恰好是资产阶级的专政，因此，在社会革命之后，它首先将成为无产阶级的专政。但是，只要旧的资产阶级的抵抗一经破除，这种无产阶级的国家必然丧失功能。因为无产阶级革命导致了一个单一阶级的社会，所以也会导致一个根本不存阶级专政的无阶级的社会。因而当国家被剥夺了一切功能之后，就必然消失。正如恩格斯所说的："它是自行消亡的。"

我并不是要捍卫马克思的国家理论。他的一切政治都是无能的理论，尤其是他的民主观，在我看来不仅是错误的，而且是致命的错误。然而，也必须承认，在这种严酷而天真的理论背后，存在一种严酷而压抑的经验。在我看来，尽管马克思不能理解他如此强烈地渴望和预见的未来，但我仍然认为，甚至他的错误理论也成为他热切地从社会学上洞察其自身的时代状态、不屈的人道主义和正义感的证据。

虽然具有抽象和哲学的特征，马克思的国家理论无疑为他自身的历史时代提供了一种启蒙的解释。他的这一观点至少是站得住脚的：所谓的"工业革命"一开始主要是作为一场物质生产资料，即机器的革命发展的；这场革命接着导致一种社会的阶级结构的变革，从而导致一种新的社会制度；政治革命和其他法律体系的变革，只是作为第三步来临。虽然马克思主义对"资本主义兴起"的这一解释受到一些历史学家的挑战，这些历史学家能够揭示资本主义的深藏着的意识形态的基础（虽然它对马克思的理论具有摧毁性，但或许是没有受到马克思的怀疑），然而，这种马克思主义的解释作为一种最早的近似值，以及在这一领域中为其后继者提供的服务，它所具有的价值是毋庸置疑的。虽然马克思所研究的一些发展受到法律措施的审慎推进，并且确实只有通过立法程序才能成为可能（正如马克思本人所说的），但是马克思是第一位这样的思想家，他不仅讨论了经济发展和经济利益对立法程序的影响，还讨论了法律措施作为阶级斗争的武器，尤其是作为创造"剩余人口"（随之也创造工业无产者）的手段所具有的职能。

显然，从马克思的许多段话中可以看出，这些观点使他确信，司法的行政的体系不过是建立在社会体系，即经济体系基础之上的"上层建筑"；我认为，这种理论尽管无疑被后来的经验所驳斥，但它不仅仍然有趣，而且还包含着真理的颗粒。

然而，这种受其历史经验影响的理论，并不仅仅是马克思关于经济体系和政治体系的关系的一般观点；他关于自由主义和民主的观点——马克思只不过把它们看作掩饰资产阶级专政的面罩——尤其提供了一种对他的时代的社会境况的解释，正如不幸的经验所证实的，这个时期只是显得适应过了头。因为特别是在他的青年时代，马克思所生活的是一个最无耻和残酷的剥削的年代。伪善的辩护士们居然还以人类自由的原则、人有决定自己命运的权利、人有自由订立一切他认为有利于自身利益的契约的权利等为借口，为这种无耻的剥削进行冷嘲热讽的辩护。

这一时期的无约束的资本主义还以"一切都对以平等自由竞争"为口号，在1833年之前成功地抵制了任何劳动立法，劳动立法的实际执行则经历了更多的年月。结果是人们过着令人难以置信的痛苦生活。这里有两个引自马克思《资本论》的事例："威廉·伍德，9岁，'从7岁零10个月就开始做工'……他每周天天早晨6点上工，晚上9点左右下工。""一个7岁的孩子一天劳动15个小时！"马克思对1863年童工调查委员会的一份官方报告发出感叹！另一些儿童被迫在早上4点开始工作，或是工作一个晚上直至早上6点，对年仅6岁的儿童来说，被迫一天工作15个小时是常事——"玛丽·安·沃克利同其他60个女工一起连续干了26.5小时，一间屋挤30个人……医生基斯先生被请来的时候已迟了，他直率地向验尸陪审团做证说：'玛丽·安·沃克利致死的原因，是在过分拥挤的工作室里劳动时间过长……'为了教医生讲话得体，验尸陪审团却说：'死者是中风死的，但是也有理由担心，在过分拥挤的工作室里劳动过度，……'"这就是1863年马克思写作《资本论》时工人阶级的状况。马克思对这些罪恶的愤然抗议（这些罪恶在当时是被容忍的，有时甚至不仅受到职业的经济学家，而且也受到宗教人士的辩护），将永远确保马克思在人类的解放者中占有一席之地。

从这种经验看，我们无须怀疑，马克思没有深入地思考自由，他在议会民主中只看到披着面纱的资产阶级专政。对他来说，把这些事实解释成支持他对法律和社会体系的关系的分析，是很容易的。依照法律体系，平等和自由至少是近似地确立了。然而，这在现实中意味着什么呢？诚然，我们不应该谴责马克思坚持经济事实才是"真实的"，法律体系只不过是一种上层建筑、一具掩饰这种现实的面纱、一种阶级支配的工具。

法律体系和社会体系之间的对立，在《资本论》中获得最清晰的展开。在《资本论》理论篇之一中，马克思通过把法律体系在各方面都是完美的这一前提加以简化和理想化，讨论了对资本主义经济体系所作的分析。自由、法律面前的平等、正义，一切都被假定为获得每个人的赞同。在法律面前绝没有特权阶级。而且，他还假定，在经济领域中，甚至不存在任何种类的"掠夺"；他假定，一切商品——包括在劳动市场中出售给资本家的劳动力——要以"恰当的价格"交换。价值对一切这类商品是"恰当的"，是在这一意义上说的，即一切商品都是依照商品的再生产所需要的平均劳动量的比例进行买卖（或者用马克思的话说，商品是依照自己的真实的"价值"进行买卖）。当然，马克思知道，这一切都是一种过分的简化，因为他的意见是，工人几乎从没有这样公平地被对待过；换言之，他们通常是受欺骗。从这些理想化的前提进行论证，他试图表明，即使在如此良好的一种法律体系之下，经济体系也会以工人阶级不能够欣赏自由的方式运行着。尽管有这些"正义"，他们也不会比奴隶好多少。因为只要他们穷，他们就只能在劳动市场上出卖自身、妻子和孩子，以换取自己的劳动力再生产所必需的生活品。也就是说，对他们的全部劳动力而言，他们最多只能得到仅够维持生存的资料。这就表明，剥削不仅仅是掠夺。它仅靠法律手段是不能消除的（蒲鲁东的"财产就是盗窃"的背叛就更肤浅了）。

由于这一结果，马克思被导致认为，工人不能对法律体系的改进抱太多的期望，正如每个人都知道的，这种法律体系虽然允诺，富人和穷人同样有在公园的凳子上睡觉的自由,但它也威吓他们,如果"没有看得见的支持手段"而试图生存,将同样会受到惩罚。就这样,马克思实现了可被称为形式的自由和实质的自由(用黑格尔式的语言来说)的划分。形式的或法律的自由——尽管马克思对它的评价并不低——对于我们要确保那种马克思视为人类历史发展目标的自由,是很不充分的。真正相关的是现实的,即经济的或实质的自由。这只有通过摆脱苦役的平等解放才能实现。因为这种解放,"这种劳动日的缩短是基本的前提"。

对马克思的分析我们还应该说什么呢?我们还会相信政治或法律体系的框架,对于补救这种境况,在本质上就是无能的吗?还会相信,只有一场全面的社会革命、一种全面的"社会体系"的变革,才有办法吗?抑或我们还会相信,无约束的"资本主义"体系的辩护士所强调的(我认为是正确的),巨额的利润产生于自由市场的机制,并由此推断出真正自由的劳动市场对一切相关的人而言,是具有最大的利润的市场吗?

我认为,马克思对无约束的"资本主义体系"的不公正和不人道的描述,是无可质疑的;然而,它们可以依据前一章中我所说的自由的修论来解释。我们看到,只要自由不受限制,它就会击溃自身。不受限制的自由意味着,一位强者可以自由地威胁一位弱者,并剥夺他的自由。这就是为什么我们要求国家对自由作一定程度的限制,以便每个人的自由都受到法律的保护。没有谁会听凭别人的摆布,但是大家都有受到国家保护的权利。

现在我相信,这些当初意味着应用于野蛮的势力领域的关于物质威胁的思考,如今也必须被应用于经济领域。即使国家保护公民免受经济力量的误用而击溃我们的目标,在这样的国家,经济上的强者仍然有威胁经济上的弱者的自由,并剥夺弱者的自由。在这种情况下,无约束的经济自由可能正好像不受限制的物质自由一样自我击溃，经济力量可能近乎和物质暴力一样危险；因为那些拥有剩余食品的人无须使用暴力，就可以驱使那些因饥饿而被迫'自由"接受奴役的人。假定国家将其活动限制为暴力镇压（和保护财产），一小部分经济上强大的人就可以用这种方式剥削那些大部分经济上薄弱的人。

如果这一分析是对的，那么，补救的性质就清楚了。它必须是一种政治的补救——一种与我们用来反对物质暴力的补救相似的补救。为了保护经济上的弱者免受经济上的强者的剥削，我们应该建立各种受国家的权力强制的制度。国家应该看到，对它而言，没有谁出于惧怕饥饿或经济毁灭，需要接受一种不公正的安排。

当然，这意味着，必须放弃不干预、无约束的经济体系的原则。如果我们想让自由变得安全可靠，那么我们就应该要求，不受限制的经济自由的政策应该被有计划的国家的经济干预所取代。我们应该要求，无约束的资本主义让位给一种经济干预主义。这恰好是已经发生的事情。马克思所描述和批判的经济体系，已经在一切地方终止存在。它不仅被一种国家开始丧失功能并最终"显示出消亡迹象"的体系所取代，而且被各种不同的干预主义体系所取代，在这些干预主义体系中，国家在经济领域的功能远远超越了保护财产和"自由契约"的范围（这一发展在下一章中将进行讨论）。

我希望把这里已经达到的论点，描述为我们的分析中最核心的论点。只是在这里，我们才开始明白历史主义和社会工程学的冲突的重要性，以及这种冲突对开放社会的朋友之政策的影响。

马克思主义并不只要求成为一门科学。它远不止是作出一种历史的预言。马克思主义要求成为实际的政治行动的基础。它批判现存的社会，并断言，它能够指引通往更美好的世界的道路。然而，依照马克思本人的理论，例如，我们就不能够随意通过法律变革改变经济的现实。政治只不过能够"缩短和减少产前的阵痛"。我认为，这是一个十分贫乏的政治纲领，它的贫乏在于，它把政治权力在权力等级中的位置归因于第三等级的结果。因为在马克思看来，现实的力量在于机器的进化；其次具有重要性的是经济的阶级关系的体系；最不重要的影响是政治的影响。

我们在分析中已经达到一种隐含在这一立场中的、直接对立的观点。它把政治权力视为基本的。从这种观点看，政治权力能够控制经济权力。这意味着政治活动领域的一种极大的扩大。我们可以问，我们希望获得什么和怎样获得它。例如，为保护经济上的弱者，我们可以推广一种合理的政治纲领。我们可以制定法律限制剥削。我们可以限制工作日，然而我们还可以做更多的事情。运用法律，我们可以给工人（如果是全体公民当然就更好）提供伤残、失业和养老保险。这样，我们就使建立在对工人不提供帮助的经济立场之上的剥削形式成为不可能，在这种剥削形式中，工人为了不挨饿，必须向一切屈服。当我们能够通过法律确保一种每个人都愿意工作的生存状态时，我们没有理由不能不这样做，那时保护公民不受经济恐惧和经济威胁的自由，就将接近完善。从这个观点看，政治权力是经济保护的关键。政治权力及其控制就是一切。不应该承认，经济权力可以支配政治权力；如果必要的话，经济权力应该受政治权力的打击和控制。

从这一已达到的观点看，我们可以说，马克思对政治权力的轻蔑态度不仅意味着，他忽略了发展一种使大多数弱者过得更好的最重要的潜在手段的理论，而且意味着，他忽略了对人的自由所构成的最大的潜在危险。他朴素地认为，在无阶级社会中，国家权力会丧失功能并"消失"，这清楚地表明，他从未把握住自由的悖论，他从未理解国家权力在为自由和人道服务中所能够和必须履行的职能（然而，马克思的这种看法证明了这一事实，虽然他有阶级意识的集体主义要求,但他最终是一位个人主义者)。这样,马克思的观点就和自由主义的信仰相类似,即认为,我们所需要的一切都"机会均等"。我们当然需要这种"机会均等"。但是这是不够的。它并不能防止那些天赋低下、值得同情或者不幸的人,成为受那些天赋较高、缺少同情心或者幸运的人剥削的对象。而且,从我们已经达到的观点看,马克思主义者所轻蔑地描述的"纯粹形式的自由",变成了其他一切的基础。这种"形式的自由",即民主、人民评判和解散政府的权利,是我们能够保护自己不受政治权力误用的已知唯一手段;它是被统治者对控制者的控制。由于政治权力能够控制经济权力,政治民主也成了被统治者控制经济权力的唯一手段。如果没有民主的控制,世界上就再也找不出理由来解释,为什么一切政府出于与保护公民的自由完全不同的目的,而滥用政治权力和经济权力。

马克思所忽略的是"形式的自由"的基本作用,他们认为形式的民主是不充分的,并试图以他们通常所说的"经济的民主"来补充它;这个含糊和十分肤浅的词语掩盖了这一事实,即"纯粹形式的自由"是民主的经济政策的唯一保证。

马克思发现了经济权力的重要性;可以理解,他夸大了它的地位。马克思和马克思主义者无处不看到经济权力。他们这样进行论证:有钱的人就有权力;因为如果必要的话,他可以收买枪支,甚至是匪徒。但是,这是一个兜圈子式的论证。实际上,它包含着一种允诺,即有枪的人就有权力。如果有枪的人意识到这一点,那么不用多久,他就会既有枪又有钱。然而,在无约束的资本主义条件下,马克思的论证只适用于一定的范围;因为一种统治只发展控制枪支和匪徒而不控制金钱权力的制度,是很容易受到这种金钱权力的影响的。在这样的国家里,一个不受控制的财富匪帮就可能进行统治。但是我认为,马克思是第一个承认,并不是所有国家都会这样的,例如,历史上也有过各种时期，那时一切剥削都是掠夺，是直接建立在铁拳的威力的基础之上的。今天，没有谁会支持这一朴素的观点，即"历史的进步"一劳永逸地终结了这些剥削人的更直接的方式，一旦获得形式的自由，我们就不会再受这种原始的剥削形式的支配。

这些思考足以驳斥这种教条式的理论，即认为经济权力比物质权力或国家权力更基本。但是，也还存在其他的思考。正如不同的作者所正确地强调的（在他们之中有 B. 罗素和 W. 李普曼），只有国家的积极干预——靠物质制裁支持法律所保护的财产——才使财富成为一种潜在权力的来源；因为，一个人如果没有这种干预，很快就会丧失财富。因此，经济权力完全依赖政治和生活的权力。罗素曾例举历史的事件以证实这种财富的依赖性，有时甚至这种依赖是无效的："国家中的经济权力，"他写道，"虽然最终源于法律和公众意见，即很容易获得一定的独立性。它能够通过腐败影响法律并通过宣传影响公众意见。它能够使政治家承担干预自由的责任。它能够威胁要引起金融危机。然而对它所能取得的成功存在很多的限制。凯撒因其债权人的帮助夺得了权力，这些债权人发现，除了让凯撒成功，根本没有希望得到偿还；但是，当凯撒取得成功之后，他就有了足够的权力拒绝向他们偿付。查理五世向福格尔家族借钱以购买皇位，但是当他当上皇帝之后，他便厉声地申斥他们，他们也就丧失了自己借出的钱。"

认为经济权力是万恶之源这一教义必须被抛弃，应该代之以对一切形式的不受控制的权力所构成危险的理解。钱之类的东西并不特别危险。只有当它能够或者直接地，或者通过奴役那些为了生存必须出卖自身的经济上的弱者而收买权力时，钱才变得危险。

我们甚至应该以比以往马克思所用的更加唯物主义的术语来思考这些问题。我们应该明白，对物质权力和物质剥削的控制仍然是核心的政治问题。为了建立这种控制，我们应该建立"纯粹形式的自由"。一旦我们达到这点,并学会了如何将它们用于政治权力的控制,那么一切都会取决于我们。我们不应该再斥责任何人,也不应该叫嚷什么反对隐藏在幕后的邪恶的经济恶魔。因为在一种民主制度中,我们掌握了控制这些恶魔的钥匙。我们能够制服它们。我们应该明白这点,并使用这些钥匙。我们应该建立各种制度,对经济权力进行民主控制,并保护我们不受经济剥削。

有关收买选票——或直接地或通过收买宣传——的可能性,许多都被马克思主义者所指出。然而,更深入的思考表明,我们在此可以为上述分析的政治权力的情形提供一个适当的例证。一旦我们实现了形式的自由,我们就能够以各种方式控制贿选。有各种法律对选举的费用做了限定,有关这类更严厉的法律的引入完全视我们而定。法律体系能够建成为保护自身的强大武器。此外,我们可以影响公众意见,在政治问题上坚持一种更为严厉的道德准则。这一切我们都能做到;然而我们首先应该明白,这种社会工程学是我们的任务,它处于我们的掌握之中;我们不应该等待奇迹般的经济地需会为我们创造一个新的经济世界,使我们大家都必须要做将要做的一切,去展现这个新世界,去脱掉陈旧的政治外套。

当然,实际上马克思主义者从未完全依赖政治权力是无能的理论。只要他们有机会行动或计划行动,他们通常会像其他人一样假定,政治权力可以被用来控制经济权力。但是,他们的计划和行动从不是建立在一种对其起源理论的明晰的驳斥之上,也不是建立在对一切政治的最基本的问题的深思熟虑的观点之上:即对控制者和国家所代表的权力的危险积聚进行控制的问题。他们从不明白民主作为唯一已知的实现这种控制的手段的具有的全面意义。

结果是,他们从不明白增强国家权力的政策所固有的危险性。虽然他们多少不自觉地放弃了政治是无能的理论,但却仍然保留了这一观点，即认为国家权力只反映不重要的问题，只是当它被资产阶级掌握时才是恶的。他们并不明白，一切权力，政治权力至少像经济权力一样，都是危险的。因此，他们仍然保留了无产阶级专政的公式。他们并不理解这一原则（参见第8章），一切大规模的政治必须是制度化的，而不应该是个人的；当他们叫嚷扩大国家权力时（与马克思的国家观相反），他们从未考虑过，不良的个人也许有一天会掌握这些扩大的权力。只要他们继续考虑国家干预，这就会构成其理由的一部分，即为什么他们计划赋予国家在经济领域实际上拥有无限制权力。他们仍然保留了马克思的历史主义和乌托邦的信仰，即只有一种打上新印记的"社会体系"才能增进问题的解决。

在前面章节（第9章）中，对于这种马托邦和罗曼蒂克的探讨社会工程的方式，我提出过批评。但是，我想在这里补充，经济干预，即使是这里所提倡的零星的方法，将趋于增强国家的权力。因此，干预主义是十分危险的。这并不成为反对它的论据；国家权力从来就是一种危险的，却又是必要的恶。然而，也应该告诫，如果我们放松自己的戒备，如果在我们通过干预主义的"计划"赋予国家以更多权力时，没有增强民主制度，那么，我们就可能丧失自由。如果自由丧失了，包括"计划"在内的一切也就丧失了。因为如果人民没有权力强制这些计划，为什么还会有这些有关人民的财富的计划实行呢？只有自由才能保证安全。

因此我们看到，不仅存在一种自由的悖论，而且存在一种国家计划的悖论。如果我们计划得太多，如果我们赋予国家以太多的权力，那么自由就会丧失，那将是计划的终结。

这些思考使我们转而诉诸零星的、反乌托邦的或反整体论的社会工程学方法。它们使我们转而要求，各种措施应该是设计来同具体的恶做斗争，而不是建立理想的善。国家干预应该限制在保护自由所实际必需的方面。

但是，这并不等于说：我们的解决是一种最低限度的解决；我们应该充满戒备；我们不应赋予国家以超乎保护自由所必需的权力。这些评论可以提出一些问题，但它们并不能指出一条问题的途径。甚至可以设想，根本无法解决问题；国家获得新的经济权力——与公民的权力相比，国家这些权力总是具有很大的危险性——将成为不可抗拒的。这样，我们就既未明白自由能够被保存，也未表明它如何才能够被保存。

在这种条件下，记住我们在第7章中对控制政治权力和自由的悖论问题所进行的思考，是有用的。

我们所作的区别存在于个人和制度之间。我们指出，当日常的政治问题需要一种个人的解决时，一切长期的政策——尤其是一切民主的长期的政策——就应该依照非个人的制度来构想。我们指出，尤其重要的是，控制统治者和检查他们的权力的问题，主要的是一个制度的问题——总之，是设计各种不同制度防止即使是坏的统治者也不能造成太大的伤害的问题。

类似的思考将用于控制国家的经济权力的问题。我们所防备的是统治者的权力的增强。我们必须防备一些个人及其专横。有些制度类型可能将专横的权力授予一个人；但另一些制度类型却会否认个人拥有这种权力。

如果我们从这种观点来考虑劳动立法，那么我们就会同时发现这两种制度类型。其中有些法律没有赋予什么权力给国家的执行机构。可以设想，需要肯定的是，例如，反对童工的法律可能就会被公务员误用来威胁和支配无知的公民。然而，如果与那些立法中固有的危险性相比较（它将自由处理权，例如引导劳动的权力，授予统治者），这种危险性几乎并不严重。同样，一项法律确定公民误用财产将受到没收惩处，其危险性与一项法律赋予统治者或国家的公务员以征收公民财产的自由处理权，是几乎没法相比的。

因此，我们区分了国家借以推行经济干预的两种完全不同的方法。第一种方法是设计一种保护制度的"法律框架"（例如，限制动物拥有者或土地拥有者的权力的法律）。第二种方法是授权给国家机构，让它们（在一定限度内）视实现统治者所承担的目标之必需而随时采取行动。我们可以把第一种程序称为"制度化的"或"间接的"干预，把第二种程序描述为"个人的"或"直接的"干预（当然，居间的事例也存在）。

从民主控制的观点看，毋庸置疑，这两种方法中的哪一种更可取。就一切民主的干预而言，只要可能的话，明显的政策必然是使用第一种方法，并把第二种方法的使用限制在和一种方法不适应的情形中。（这种情形是存在的）典型的事例是财政预算——它表达了财政大臣对平衡和正确的收支状况的判断力和感觉。可以设想，尽管非常不合需要，一项相反的措施能被迫具有相同的特征。

从零星社会工程学的观点看，这两种方法之间的差别是很重要的。只有一种，即制度化的方法，使依照讨论和经验进行调整成为可能。它唯一使将试错的方法应用于我们的政治行动成可能。它具有长期性；然而，对框架中其他部分的变化等而言，为了替未预见到的不合需要的结果留有余地，永久性的法律框架可以被逐渐改造。当我们的心中为一定的目标缠绕时，它只允许我们通过经验和分析，发现我们实际上正在做什么。它们都是短期的决策，是暂时、日复一日变化着，或者充其量是年复一年变化着的决策。作为一条规则（财政预算是个极端的例外），它们甚至不能被公开讨论，一方面是由于缺乏必要的信息，另一方面是由于采纳决策所依赖的原则是含糊的。即使它们全然存在，它们通常也不能被制度化，而是内在的局部传统的构成被制度化。

然而，并不仅仅是在这个意思上，第一种方法可以被描述为合理的，第二种方法则被描述为不合理的。它也表现在完全不同的和十分重要的意思上。法律框架可以被单个公民知道和了解；它应该被设计来能够这样获得理解。它的职能是可以预测的。它把确定性和安全的因素引入社会生活。当它受到改变时，在整个变化时期，对于那些拟定期望它经久不变的计划的个人，会留有余地。

与这种方法相反，个人干预的方法必然把一种正在发展的大可预测的因素引入社会生活，随之而发展一种情感，即社会生活是不合理的和不安全的。一旦自由处理权变成一种可接受的方法，它的使用可能迅速增多，因为调整将是必要的；调整自由处理的短期决策，几乎不能通过制度化的手段执行。这一倾向必然极大地加剧制度的不合理性，在各方面造成一种存在一些幕后的隐蔽的权力的印象，使他们易于轻信社会的密谋理论，其结果是——搜寻异端并造成民族、社会和国家的敌对情绪。

虽然如此，为制度化的方法选择可能之所的明确政策，一般却很难为人接受。之所以不能接受它，我想可以归结为不同的理由。其一是，它需要一定的分离，以便从事重新设计"法律框架"的长期任务。然而，政府却现挣现吃地活着，自由处理权就属于这种生活类型——且不……这两种方法的区别的重要性并不被理解。理解它的途径受到柏拉图、黑格尔和马克思的追随者的阻碍。他们从未看到，"谁将是统治者"这一古老的问题，应该被"我们如何才能驯服他们"这一现实的问题所取代。

如果我们现在回顾一下马克思的政治无能理论和历史力量的权力理论，那么，我应该承认，它是一座庄严的大厦。它是马克思的社会学方法的直接结果，是马克思的经济历史主义的直接结果，是马克思经济体系的发展或人的新陈代谢的发展决定其社会和政治的发展之理论的直接结果。马克思时代的经验、他的人道主义的尊严，以及给被压迫者带来预言的慰藉的需要、他们取胜的希望甚或确定性，所有这一切，在一种可以和柏拉图与黑格尔的整体论的体系相媲美，甚至优于它们的宏大的哲学体系中统一了。只是由于他不是一位反动派这一偶然性，哲学史才不会怎么注意他，并假定他主要是一位宣传家。一位《资本论》的评论者写道："乍看起来……我们能够断定，作者是德国唯心主义哲学家中的伟大人物之一，也就是说，在'唯心主义'一词的坏的意义上。然而实际上，他比任何前辈都更具有强烈的现实主义色彩。"这位评论家击中了要害。马克思是伟大的整体论体系的构建者中的最后一位。我们应该小心地把它搁置一旁，不要用另外的伟大体系去取代他的体系。我们要的不是整体论。它是零星社会工程学。

至此，我可以结束我对马克思的社会科学方法、经济决定论和预言式历史主义的哲学所做的批评性分析。然而，对方法的最终检测必然是其实际结果。因此，我现在开始继续对他的方法的主要结果——一个无阶级社会即将来临的预言——做更详细的审查。

（四）论社会革命

马克思预言式论证的第二步把这一假定作为其密切相关的前提，即资本主义必然导致财富和苦难的同步增长；在人数日减的资产阶级方面，是财富的增长，在人数日增的工人阶级方面是苦难的增长。这一假定在下一章中将受到批判，但在这里是受到赞同的。由它所推出的结论可以被分成两部分。第一部分是对资本主义的阶级结构的发展的预言。它断言，除资产阶级和无产阶级之外的一切阶级，尤其是所谓中间阶级，注定要消失，结果是增加了资产阶级和无产阶级之间的张力，后者不断变得具有阶级意识并联合起来。第二部分是这一预言，即这种张力可能消除不了，它将导致一场无产阶级的社会革命。

我认为，这两个结论都不能从前提推出。我的批评将主要与上一章提出的观点相类似，就是说，我将试图表明，马克思的论证忽视了一系列可能的发展。

让我们首先考虑第一个结论，即马克思的这一预言：除资产阶级和无产阶级（其阶级意识和团结必然会增强）之外，一切阶级注定要消失，或者说变得不重要。应该承认，这个前提——马克思的财富和苦难同步增长的理论——的确为一定的中间阶级、较弱小的资本家和小资产阶级的消失做了准备。正如马克思指出的，"一个资本家打倒许多资本家"。这些资本家老兄的确可能被降落到工薪阶级——它对马克思来说与无产阶级是相同的——的地位。这一运动是财富的增长、越来越多的资本积累、积聚和集中在越来越少的人手中的组成部分。正如马克思所说的，一种类似的命运与"中间等级的下层"相碰撞。"小工业家、小商人和小食利者、手工业者和农民——所有这些阶级都降落到无产阶级的队伍里来了，有的是因为他们的小资本不足以经营大工业，禁不起较大的资本家的竞争；有的是因为他们的手艺已经被新的生产方法弄得不值钱了。无产阶级就是这样从居民的所有阶级中得到补充的。"尤其就手工业所及而言，这一描述当然是极其准确的；许多无产者来自农民，这也是正确的。

然而，尽管马克思的观察值得令人惊叹，他所描述的图景却不完美。他所探讨的运动是一场工业运动；他的"资本家"是工业资本家，他的"无产者"是工业工人。尽管实际上许多工人来自农民，但这并不意味着，例如，农场主和农民都会逐渐降落到工业工人的地位。即使是农业劳动者，通过共同的团结情感和阶级意识，也并不必然会与工业工人联合起来。马克思承认,"农业工人在广大土地上的分散,破坏了他们的反抗力量,与此同时,资本集中在少数人手中,却增强了城市工人的反抗力量"。这几乎难以令人想起以一种阶级意识整体达成的统一。相反它表明,至少存在一种分裂的可能性,农业工人有时可能过于依赖他的主人——农场主或农民——而不会与工业无产阶级一道去创造共同的事业。然而,农场主或农民却很容易选择支持资产阶级,而不支持马克思本人所提到的工人;像《共产党宣言》这样的纲领(它的第一项要求就是"剥夺地产"),就几乎难以设计来抵制这种趋势。

这表明,农村中间阶级不会消失、农村无产阶级不会与工业无产阶级融合,至少是可能的。然而这并不是问题的全部。马克思自身的分析表明,对资产阶级而言,煽动工薪阶级的分裂是至关重要的;正如马克思本人所看到的,这至少能够以两种方式达成。一种方式是创造一个新的中间阶级,创造一个有特权的工薪阶级群体,他们会感到比体力工人优越,但同时又依赖统治者的怜悯。另一种方式是利用社会的最低阶层——马克思将之命名为"流氓无产阶级"。正如马克思所指出的,它是各种罪犯吸纳的基础,这些罪犯可能准备把自身出卖给阶级敌人。正如马克思所承认的,苦难的不断增长必然趋于扩大这一阶级的人数;这是一种几乎很难归功于一切被压迫者的团结的发展。

然而,甚至工业工人这一阶级的团结也不是苦难不断增长的必然结果。应该承认,苦难的不断增长必然会造成反抗,它甚至可能造成叛乱。但是,我们论证的前提是,在社会革命取得胜利之前,苦难不可能减缓。这意味着,从事反抗的工人在他们改善自身命运的无结果的尝试中,会一次次被击败。但是,这种发展不需要使工人具有马克思主义意义上的阶级意识,即为自己的阶级自豪并坚定自己的使命;相反,它可以使它们具有这一意义上的阶级意识,即意识到实际上他们隶属于一支失败的队伍。如果工人在实现过程中没有发现优势,即他们的人数和潜在的经济权力在不断增长,情况可能就会如此。正如马克思所预言的,如果除工人自身和资本家阶级之外,一切阶级都必然表现出一种消失的趋势,那么,这就是可能会出现的情形。但是,正如我们所看到的,由于这种预言无须兑现,很可能甚至工业工人的团结也会被失败主义所侵蚀。

因此,与马克思的预言——它坚持认为必然会发展一种简单明了的两个阶级之间的分裂——相反,我们发现,即使依照他本人的假定,下述阶级结构也可能发展:(1)资产阶级,(2)土地所有者,(3)其他土地所有者,(4)农村工人,(5)新中间阶级,(6)工业工人,(7)流氓无产阶级。(当然,这些阶级的一切其他组合也可能发展。)而且,我们还发现,这种发展可能会侵蚀工业工人的统一。

因此,我们可以说,马克思论证中第二步的第一个结论并不能推出。正如我对第三步所做的批评那样,在此我也应该说,我并不企图以另一种预言代替马克思的预言。我并没有断定,这个预言不能兑现,或者我所描述的可选择的发展会实现。我只是断定,它们可能会实现(诚然,这种可能性几乎很难被激进的马克思主义派的成员所否定,这些成员把对变节、行贿和缺乏阶级团结的谴责用作特别喜爱的伎俩以替不符合预言进程表的发展辩解)。可能发生的类似事情对每个人都必须是清楚的,这些人目睹了导致法西斯主义的发展,其中我所提及的各种可能性发挥了作用。然而,仅是这种可能性,就足以摧毁马克思论证的第二步中所达到的第一个结论。

这当然也影响到第二个结论,影响到即将来临的社会革命的预言。但是,在我能够对这一预言所借以达到的方式进行批评之前,有必要详细讨论它在整个论证中扮演的角色,以及马克思对"社会革命"一词的使用。

当马克思谈论社会革命时,他所意指的含义乍看起来似乎是足够清楚的。他的"无产阶级的社会革命"是一个历史概念。它或多或少意味着从资本主义的历史时期到社会主义的历史时期的迅速转变。换言之,它是两个主要阶级之间阶级斗争的转变时期的指称,这一时期将延续到工人的最终胜利。当被问到"社会革命"一词是否意味着两个阶级之间残酷的内战时,马克思回答说,并不必然意味着这样,然而需要补充的一点是,不幸得很,避免内战的前景并不十分明朗。他也许会进一步补充,从历史预言的观点看,这一问题似乎也许并不是很不相关,而是无论如何具有次等的重要性。马克思主义坚持认为,社会生活是残酷的,阶级战争要求每天都有牺牲。真实相关的是结果,即社会主义。达到这种结果是"社会革命"的根本特征。

现在,如果我们可以把资本主义被社会主义所取代视为已经确立的,或者视为直觉上肯定了的,那么,这种对"社会革命"一词的解释,也许会令人满意。然而,由于我们必须把社会革命的理论用作科学论证的一部分,凭借它我们试图确立社会主义的来临,这一解释的确就非常令人不满意了。如果在这一论证中,我们试图把社会革命描述为向社会主义转变,那么,这一论证就变得像医生的论证那样拐弯抹角,医生在被要求为其预言病人的死亡作论证时,不得不供认,他既不了解病症,也不了解疾病的其他情况——只是它一定会变成"致命的疾病"(如果病人没有死,那么它就还不是"致命的疾病";如果革命没有导致社会主义,那么它就还不是"社会革命")。我们也能赋予这一批评以简单的形式,即在这一预言式论证的三个步骤之中,没有一个步骤是我们必须假定为只可从后一步骤中推导出来的。

这些思考表明,对马克思论证的恰当重构而言,我们应该看到,这种对社会革命的描述并不涉及社会主义,它只是承认,社会革命在这一论证中尽可能地发挥了它的作用。一个实现这些条件的描述似乎就是这种描述。社会革命是大量的联合起来的无产阶级夺取全部政权的一种尝试,如果暴力为实现这一目标所必需,则动用不辞暴力的彻底的解决办法,以反抗反动派企图重新恢复政治影响的任何努力。这一描述避免了所提及的各种困难;假定第三步无疑具有似是而非的程度,只要第三步是有效的,这一描述就与论证的第三步相符合;正如将要指明的,这一描述是符合马克思主义的,尤其符合马克思主义的历史主义倾向,对于暴力在这一历史阶段是否实际上会被使用,该倾向避免作出明确的陈述。

然而作为一种历史预言,尽管上面提出的描述对暴力的使用不明确,但重要的是要明白,从道德的或者法律的观点看,情况并不如此。如果从这种观点考虑,这里所提出的对社会革命的描述,无疑使它具有暴动的意思;因为是否实际上使用暴力的问题,并不比意图重要。如果为实现运动的目标所必需的话,我们已经假定了一种不辞暴力的彻底的解决办法。应该说,如同暴动不仅符合道德和法律的观点、而且符合日常事物的观点一样,一种不辞暴力的解决办法对社会革命的特征具有关键性。因为如果一个人为实现自己的目标决定使用暴力,那么我们可以说,不论暴力是否实际上在特殊情形中被使用,他已对一切意图和目的采取了一种残暴的态度。应该承认,在试图预见这个人的未来行动时,我们将不得不也像马克思主义那样不明确,主张我们不知道他实际上是否诉诸武力(因而在这点上,我们的描述符合马克思主义的观点)。但是,如果我们不试图作历史的预言,而是试图以一种日常方式描述他的态度,那么这种明确性的缺乏显然就消失了。

现在,我想更明确地指出,从实际政治的观点看,我认为正是这种可能发生暴力革命的预言,是马克思主义中最具伤害性的因素;我想,在我进行分析之前,如果能简略地解释一下我所持观点的理由,可能会好一些。

我并不是在任何情境和条件下都反对暴力革命。我赞同一些中世纪和文艺复兴时期的基督教思想家的看法，他们教导说，在专制的条件下，如果确实不可能有其他可能性，诛戮暴君是可以接受的，暴力革命也可以被认为是正当的。但是我也认为，任何这类革命必须把建立民主作为其唯一的目的；我并不是用民主去意指某种诸如"人民的统治"或"大多数人的统治"之类含糊的东西，而是指一套制度（其中尤其是普选，即人民有解散政府的权利），该制度承认公众对统治者的控制、他们可以由被统治者解雇；对被统治者而言，无须使用暴力、即使是违背统治者的意志，也能实现改革。换言之，暴力的使用只是在专制的条件下才是正当的，专制使改革没有暴力就不行，目标只有一个，就是造成一个事务的国家，它使改革没有暴力也能进行。

我并不相信，除达到这一目标之外，我们还能尝试用暴力手段达到别的什么。因为我坚信，这种尝试可能会冒摧毁一切合理改革的前景的风险。暴力的连续使用可能最终会导致自由的丧失，因为它易于造成一种强者的统治，而不是理性的非情绪化的统治。一场除摧毁专制之外还试图尝试达到别的目的的革命，正如它可能达到自己现实的目的一样，至少可能造成另一种专制。

在政治辩论中，只存在我认为是正当的对暴力的更深一层的使用。我是指，一旦民主实现了，就可以反抗一切对民主宪章和民主方法之使用的攻击（不论来自国内还是国外）。任何这类攻击，尤其是如果它来自掌握政权的政府，或者它被这种政府容忍，都应该受到全体忠诚的公民的反抗，甚至是使用暴力。实际上，民主的运行很大程度上依赖这一理想，即一个试图滥用权力和把自身建成专制（或是它容忍其他人建立专制）的政府，其本身在法律上就是不合法的，公民不仅有权利而且有义务把这种政府的行为视为犯罪、把它的成员视为一群危险的犯罪分子。但是我认为，这种对推翻民主的企图的暴力反抗应该毫不含糊地受到保护。不应有任何怀疑，反抗的唯一目的是为挽救民主。威胁要利用这种情形建立一种反专制，正如起初试图引进一种专制一样是犯罪；这种威胁的使用，即使是以威慑敌人、挽救民主的公正意图促成，结果也只能算是一种捍卫民主的坏方法；诚然，这种威胁在危险时刻能够扰乱民主的捍卫者的队伍，因而可能帮助敌人。

这些评论指明，一项成功的民主政策，需要捍卫者遵守一定的统治。有些这类统治在本章的后面将会列出；在此我只能指明，为什么我把马克思主义对暴力的态度，看作马克思一切分析中应该探讨的最重要的观点之一。

依照马克思主义者对社会革命的解释，我们可以把他们区分为两种主要派别，即激进派和温和派（只是粗略地而非精确地相对于共产党和社会民主党而言）。

马克思主义者经常讨论暴力革命是否是"正当的"这一问题，他们说，他们不是道德家，而是科学家，他们并不讨论应是什么的直思，而只讨论所是什么和将是什么的事实。换言之，他们将自身限定为预见什么将会发生这一问题的历史预言家。然而，我们可以假定，我们在劝说他们讨论社会革命的正当性方面已经成功。在这种情形下，我相信我们会发现，一切马克思主义者原则上都会同意这一老观点，即暴力革命只是因为它们直接反对专制，才是正当的。从现在开始，这两派的意见有了不同。

激进派认为，在马克思看来，一切阶级统治必然是一种专政，即一种专制。因此，一种真正的民主只能通过建立无产阶级的社会，通过（如果必要的话）用暴力推翻资本家专政，才能实现。温和派不同意这种观点，但却认为，民主在某种程度上甚至可以在资本主义条件下实现，所以，通过和平的和渐进的改革，能够造成社会革命。然而，即使这个温和派也认为，这种和平的发展是不确定的；它指出，如果在民主的战场上面临被击败的前景，可能诉诸武力的恰是资产阶级。他们辩解道，在这种情形下，工人在反击和用暴力手段建立自己的统治时，是正当的。这两派都声称代表马克思的真正的马克思主义，在某一方面两者都是正确的。例如，正如上述提及的，马克思在这个问题上的观点，由于他的历史主义的探讨，在某种程度上是模棱两可的。而且，他似乎在自己的一生中改变了观点，以激进的立场开始，后来则采取一种较温和的立场。

我将首先审查激进派的立场，因为在我看来，这是唯一符合《资本论》和马克思预言式论证的总倾向的立场。因为《资本论》的主要理论是，资本家和工人之间的对抗必然会增长，根本不存在妥协的可能，所以，资本主义只能被摧毁，而不能被改进。最好是援引《资本论》的基本论断，马克思在其中最终概括了"资本主义积累的历史趋势"。他写道："随着那些掠夺和垄断这一转化过程的全部利益的资本巨头不断减少，贫困、压迫、奴役、退化和剥削的程度不断加深，而日益壮大的、由资本主义生产过程本身的机构所训练、联合和组织起来的工人阶级的反抗也不断增长。资本的垄断成了与这种垄断一起并在这种垄断之下繁荣起来的生产方式的桎梏。生产资料的集中和劳动的社会化，达到了同它们的资本主义外壳不能相容的地步。这个外壳就要炸毁了。资本主义私有制的丧钟就要响了。剥夺者就要被剥夺了。"

从这一基本论断来看，可以毋庸置疑，马克思《资本论》的教导的核心是，改造资本主义是不可能的，并预言它将被暴力推翻；这是一种符合激进派的理论。这个理论也能够符合我们的预言式论证。

因为我们不仅赞同第二步的前提,而且也赞同它的第一个结论,那么,依照我们从《资本论》所援引的论断,社会革命的预言确实能够推出(正如上一章所指出的,工人的胜利也能够推出)。诚然,似乎很难设想一个完全联合的和有阶级意识的工人阶级,如果他们的苦难不能用任何其他手段减缓,他们最终不会进行一次具有决定性的推翻社会秩序的尝试。但是,这当然不能挽救它的第二个结论。因为我们已经表明,第一个结论是无效的;只从这个前提、从财富和苦难同步增长的理论出发,是不能得出社会革命的不可避免性的。正如我们在对第一个结论的分析中所指出的,我们所能说的是,暴动可能是难以避免的;但是,由于我们既不能肯定阶级联合,也不能肯定工人中有一种发达的阶级意识,我们就不能把这种暴动等同于社会革命(他们都无须取得胜利,因而假定他们代表社会革命,与第三步是不相符的)。

　　同至少很符合预言式论证的激进派立场相反,温和派立场完全摧毁了这种论证。然而,正如前面说过的,它也有马克思的权威做支持。马克思活得够长,他看到了改革的实行,这种改革依照他的理论是根本不可能的。可是,他从不认为,工人命运的这些改善同时驳斥了他的理论。他关于社会革命的模棱两可的历史主义观点,允许他把这些改革解释成社会革命的前奏,甚或是解释成它的开端。正如恩格斯告诉我们的,马克思得出了这一结论,即无论如何,"英国是唯一可以完全通过和平的和合法的手段来实现不可避免的社会革命的国家。当然,他从来没有忘记附上一句话:他并不指望英国的统治阶级会不经过'维护奴隶制的叛乱'而屈服在这种和平的和合法的革命面前。"这份报告与马克思逝世前三年写的一封信是符合的:"我们党……认为英国革命并不是必然的,然而——依照历史的先例——却是可能的。"值得注意的是,至少在这些陈述的第一个陈述中,"温和派"的理论获得了清楚的表达;这个理论是,如果统治者不屈服,暴力就不可避免。

在我看来,这些温和的理论摧毁了整个预言式的论证。它们意味着,妥协和资本主义的渐进改革都是可能的,因而不断减缓阶级对抗也是可能的。但是,预言式论证的唯一基础是阶级对抗不断增强的假定。为什么通过妥协实现的渐进改革,一定会导致资本主义体系的彻底毁灭;为什么工人——他们凭经验懂得通过渐进的改革能够改善自己的命运,即使不能创造"全面的胜利",即让统治者屈从,他们也不愿固守这种方法;为什么他们不愿同资产阶级妥协,与其说通过达成易于导致暴力冲突的要求去让自己的一切所得冒险,也不让资产阶级拥有生产资料;这一切根本没有逻辑的必然性。只要我们假定,"无产者……失去的只是锁链",只要我们假定,苦难不断增长的规律有效,或是它至少使改进成为不可能,到那时我们就能够预言,工人将不得不进行推翻整个体系的尝试。所以,对"社会革命"的进化论解释,把从第一步到最后一步的马克思主义的论证摧毁了;留给马克思主义的,只是历史主义的探讨。如果某个历史预言还在进行尝试,那么它一定是建立在一种全新的论证的基础上。

如果我们试图依照马克思后来的观点和温和派的观点去构建这种修正过的论证,并尽可能地保存原初的理论,那么我们就达成一种完全建立在这一要求之上的论证,该要求主张,工人阶级现在代表、将来还代表人民的大多数。这一论证将这样进行。资本主义将受到"社会革命"——我们现在只不过用它来意指资本家和工人之间斗争的推进——的改造。这场革命可以用渐进的和民主的方法进行,它也可能是暴力革命,甚至在不同的交替时期它既是渐进的又是暴力的革命。这一切将取决于资产阶级的反抗。但是无论如何,尤其是如果发展是和平的发展,它必将以工人都获得《共产党宣言》所说的"统治阶级"的地位而告终；他们必须"争得民主"；因为"无产阶级的运动是绝大多数人的、为绝大多数人谋利益的自觉的独立的运动"。

重要的是要明白，即使在这种温和的修正过程中，预言也是站不住脚的。理由就是这样。如果渐进改革的可能性被承认，痛苦不断增长的理论就必须放弃；但是随之而来，断言工业工人某一天将必然构成"绝大多数"这一论据的伪装就会消失。我的意思并不是说，这个断言实际上是从马克思的苦难不断增长的理论推出的，因为这个理论从未对农场主和农民予以足够的注意。然而，只要假定使中间阶级降落到无产阶级的水平、苦难不断增长的规律无效，那么我们就应该准备发现，一个非常值得重视的中间阶级将继续存在（或者出现了一个新的中间阶级），它会与其他非无产阶级联合起来反对工人的权力要求；没有谁能够肯定地说出这种争夺的结果将是什么。诚然，统计学家从未表明过工业工人的人数相对于人口中其他阶级的增长趋势。反之，如果放开生产工具的积累还在继续的事实不论，却存在相反的趋势。这一事实独自驳斥了修正过的预言式论证的有效性。所留下来的是这一重要的观察（可是它并不符合历史主义预言的狂妄标准），即在被压迫者的压迫下，或者在阶级斗争（如果这一术语被选用的话）的压迫下，社会改革已被广泛实行，也就是说被压迫者的解放主要已由被压迫者自身实现。

无论在激进的还是在温和的各种解释中，预言式论证都是站不住脚和无法弥补的。然而，就全面理解这种情形而言，它并不足以驳斥修正过的预言；对审查暴力问题上的模棱两可的态度，它也是必要的，我们在激进的马克思主义政党和温和的马克思主义政党中，都能够观察到这种态度。我判断，这种态度对"挣得民主"是否能够成功的问题，有着相当重要的影响；因为无论温和的马克思主义派在哪里赢得普选或接近赢得普选，理由之一似乎是，他们吸引了大部分的中间阶级。这应该归功于他们的人道主义,归功于他们支持自由和反对压迫。然而,他们对暴力的态度的系统性的模棱两可不仅趋于使这种吸引中立化,而且也直接促进了反民主者、反人道主义者和法西斯主义者的利益。

在马克思主义的理论中,存在两种密切相关的模棱两可,从这种观点看,二者都重要。其一是建立在历史主义探讨之上的对暴力的模棱两可态度。另一是像《共产党宣言》所指出的,马克思主义者借以谈论"无产阶级夺取政权"的模棱两可的方式。这意味着什么?它可能意味着,并且它有时也是这样被解释的,工人政党有着与每个民主政党同样无害的和显然易见的目的,即争取绝大多数并组成政府。然而,它也可能意味着,并且这点经常被其所指的马克思主义者暗示,工人政党一旦掌握政权,就会使自身牢固地占据这个位置;也就是说,它将以这种方式利用它的得票多数,使得其他人很难以普通民主的手段重新获得权力。这两种解释之间的差异是极其重要的。如果一个在特定时期处于少数派的政党计划压制其他政党,不论是用暴力还是用得票多数的手段,那么,它就通过暗示承认,当前大多数政党有权同样这样做。这就丧失了一切抱怨压迫的道德权利;诚然,这等于用卑鄙手段欺骗了当前统治政党中那些试图用武力压制对手的集团。

我可以简略地把这两种模棱两可称作暴力的模棱两可和夺取权力的模棱两可。二者不仅根源于历史主义探讨的含糊,而且根源于马克思主义的国家理论。只要国家在本质上是一种阶级的专制,那么,一方面,暴力是容许的,另一方面,所能做的必然是以无产阶级专政去代替资产阶级专政。对形式的民主的过分担心只不过表明缺乏历史感;正如列宁所说的,"民主……只是历史发展的过程中的阶段之一"。

在激进派和温和派的策略理论中，这两种模棱两可都发挥了重要作用。这是可以理解的，因为模棱两可的系统使用能够使他们扩大未来的追随者得到补充的领域。这是一种策略优势，然而，这种策略优势在关键时刻可能容易导致失利；每当激进派的成员认为采取暴力的钟声已经敲响时，它就会导致分裂。激进派借以系统使用暴力的模棱两可的方式，由下述引自帕克斯最近对马克思主义的批判剖析，可以得到说明。"由于现在美国共产党不仅宣称，它现在不提倡革命，而且宣称，它从未提倡过革命，从共产国际的纲领（1928年起草）援引几句话，也许是适当的。"帕克斯接着从其他地方援引了如下出自这个纲领的几段文字："无产阶级夺取政权，并不意味着通过议会多数和平地'控制'现代的资产阶级国家……夺取政权……是用暴力推翻资产阶级政权，摧毁资本主义的国家机器……党……面临着引导群众直接进攻资产阶级国家的任务。这点通过……宣传……以及……群众行动可以做到。这种群众行动最终包括……联合武装起义的总攻……后一种形式（它是最高的形式）……应该依照战争的规则进行……"从这些引文中，我们可以看出，纲领的这一部分是十分模棱两可的；然而，这并不能够防止该党系统运用暴力的模棱两可，如果策略形势需要的话，又可撤至对"社会革命"一词作非暴力的解释；它并不顾及《共产党宣言》中的一段结论性的文字（1928年纲领保留了它）："共产党人不屑于隐瞒自己的观点和意图。他们公开宣布：他们的目的只有用暴力推翻全部现存的社会制度才能达到。"

然而，温和派系统地使用暴力和夺取政权的模棱两可的方式，甚至更重要。它在上述援引的马克思的较温和的观点的基础上，尤其被恩格斯所发展，并成为一种极大的影响到后来发展的策略理论。我记住的这个理论可以描述如下：如果我们能够拥有它的话，我们马克思主义者非常愿意有一种通往社会主义的和平的和民主的发展。然而，作为政治的现实主义者,我们预见到这种可能性,即当我们处于接近赢得多数时,资产阶级不会平静地袖手旁观。他们宁可摧毁民主。在这种情形下,我们不应该退缩,而应该反击,并夺取政权。由于这种发展是一种可能的发展,我们应该为它提供工人准备;否则,我们将背叛自己的事业。这里是恩格斯论述这个问题的一段话:"就目前来说……法律……的运行是如此有利于我们,以致当它还在持续时而我们却将它放弃,那当然是疯狂。它是否不属于资产阶级,仍有待观察……该阶级为了以暴力压倒我们首先会放弃它。放第一枪吧,资产阶级的绅士们!无须怀疑,他们会是首先开火的人。总有那样一个美好的日子……资产阶级会目睹着迅速增长的社会主义的力量……偿感到厌倦,他们就要诉诸非法和暴力了。"因此,所发生的除了留下系统的模棱两可还会有什么呢。而且,这种模棱两可还被用作一种威胁;因为在后面的文字中,恩格斯还以下述方式告诫"资产阶级的绅士们":"如果……你们破坏宪法……那么,社会民主党就可以自由采取行动,也可以自由制止反对你们的行动——它爱怎么做就怎么做。然而,不管将来做什么,它今天几乎是不会放过你们的!"

有意思的是可以看出,这一理论如何极大地不同于马克思主义的原初概念,这个原初概念曾经预言,革命将作为资本主义对工人压迫的不断增强的结果而来临,而不是作为成功的工人运动对资本家压迫的不断增强的结果而来临。这一显著的路线变化,表明了现实的社会发展的影响,这种社会发展是苦难不断减少的表现之一。然而,恩格斯的新理论在策略上是荒谬的,它注定是要失败的,因为它把革命的,更确切地说,把反革命的主动性留给了统治阶级。原初的马克思主义理论教导说,工人的革命将在萧条最严重的时刻,即在政治体系被经济体系的崩溃削弱的时刻,在一种能特别有利于工人的胜利的形势下,才会爆发。但是,如果"资产阶级的绅士们"应邀开了第一枪，可以想象，难道他们会愚蠢到不会明智地选择自己的时机吗？他们不会为自己即将进行的战争做准备吗？而且由于，依照这一理论，他们掌握政权，这种准备难道不意味着动员各种力量，以反对工人几乎不存在的胜机吗？通过修正这种理论，以便工人不会等到另一方面的攻击而试图解放自己，就不会遇上这种批评，因为依照它自身的前提，对那些掌权者而言，把准备做在前头总是容易的——如果工人准备棍棒，他们就准备步枪，如果工人准备步枪，他们就准备大炮，如果工人准备大炮，他们就准备俯冲式轰炸机，等等。

然而，这种批评，正如实际上所是和经验所证实的那样，只不过是表面的。这一理论的主要缺陷存在于更深之处。我现在要提供的批评试图表明，无论是这一理论的前提，还是它的策略后果，都只能如此，它们可能恰好造成资产阶级的反民主的运动——这种反动是该理论预见到却又（模棱两可地）表示憎恶的：资产阶级的反民主因素的增强以及最终是内战。我们知道，这可能导致失败，导致法西斯主义。

简略地说，我想起的批评是，一旦它们被重要的政党所采纳，恩格斯的策略理论，更一般地说，暴力和夺取政权的模棱两可，就会使民主的运动成为不可能。我把这个批评建立在这一争论的基础上，即只有各主要政党都对民主的职能持一种可以用某些规则概括如下的观点时，民主才能够运行（也可参阅第7章第2节）：

（1）虽然普选制度是最重要的，却不能把民主完全描述为多数人的统治。因为多数人可能以专制的方式进行统治（那些不足6英尺高的多数人可能会决定，高于6英尺的少数人应该支付全部赋税）。在一个民主的国家，统治者的权力应该受到限制；民主的准则是这样：在一个民主国家（也就是说政府），可以不经流血而为被统治者解散。因此，如果掌权者不能维护这些制度——它能够确保少数人有实现和平变革的可能性——那么，他们的统治就是一种专制。

(2) 我们只需要区分两种形式的政府，即拥有这种制度的民主政府和一切其他的专制政府。

(3) 一部具有连贯性的民主宪法只排斥法律体系的一种变化类型，即一种危及其民主特征的变革。

(4) 在民主国家，对少数人的全面保护不会扩大到那些违法者，尤其不会扩大到那些煽动其他人用暴力推翻民主者。

(5) 一项捍卫民主的构架体系的政策必然永远是从这一前提出发，即在被统治者和统治者中总会存在各种反民主的倾向。

(6) 如果民主被摧毁了，一切权利就都会被摧毁。即使一定的为被统治者所欣赏的经济利益能够维持，它们也只是在表面上维持。

(7) 由于民主承认非暴力的改革，它就为一切合理的改革提供了一个无价的战场。如果在一切爆发在该战场上的特殊战斗中，维护民主不被引为头等考虑，那么，一切存在的潜在的反民生倾向（它诉诸那些被我们在第10章称作在文明的胁变下蒙受苦难的人），就可能造成民主的崩溃。如果对这些原则的这一理解尚未被发展，那么就必须为它们的发展而斗争。相反的政策也许会证明是致命的；它可能造成最重要的战斗——追求民主本身的战斗——的失利。

与这种政策相反，马克思主义政党的政策可以被描述为一种使工人怀疑民主的政策。恩格斯说："实际上，国家无非是一个阶级镇压另一个阶级的机器，而且在这一点上民主共和国不亚于君主国。"然而，这种观点必然会产生下述政策：

(a) 谴责民主不能够防止一切罪恶，而不承认民主者应该受斥难、不承认反对者通常并不比多数派少（每个反对党都拥有它应得的多数）。

(b) 教育被统治者不要把国家视为自己的，而是视为隶属统治者的东西。

(c) 告诉他们只存在一种改进事情的方式,即彻底夺取政权的方式。然而,它忽略了民主的一项实际上很重要的职能,即它能够制衡权力。

这种政策等于从事开放社会的敌人的工作;它为他们提供了一支不自觉的第五纵队。《共产党宣言》模棱两可地说:"工人革命的第一步就是使无产阶级上升为统治阶级,争得民主。"与之相反,我断定,只要它作为第一步被接受,那么,争得民主也会丧失。

这些就是恩格斯的策略理论,以及根源于社会革命理论的模棱两可的总结果。最终,它们不过是柏拉图以寻问"谁将统治国家"的方式提出政治问题的最后结果。对我们来说,十分紧迫的是要明白,与"权力如何被行使"和"行使多大权力"的问题相比,"谁应该行使权力"的问题几乎是无关紧要的。我们应该明白,在相当长的时间内,一切政治问题都是制度问题,是法律构架的问题,而不是个人的问题,通往更平等的进步只能靠对权力的制度控制来保证。